国語教育実習個体史

野地潤家著

溪水社

まえがき

わたくしが広島高等師範学校附属中学校における教育実習に参加したのは、昭和一七年（一九四二）六月後半から七月初旬にかけてであった。六月一八日（木）から七月四日（土）まで一五日間、予定された教育実習日程にしたがって、きびしく鍛えられた。当時はすでに太平洋戦争下にあり、加えて梅雨期に入っていて、むし暑さに堪えながらの緊張した日々であったが、教育実習そのものは充実していた。周到な指導のもとに、実地の授業経験を重ねながら、国語科授業のありかたについて眼を開かれることが多かった。

戦後、国語科教師として旧制高等女学校（のち、新制中学校）に勤め、さらには母校広島高等師範学校（のち、広島大学教育学部）に帰って、国語科教育（国語教育学）を担当するようになってからも、かつて国語科教師への出発点にあって経験した教育実習のことは、わたくしの内部にたえず重い位置を占めてきた。

たまたま、広島大学教育学部附属中高等学校国語科の教官方が日ごろの実践・研究の成果を収録される「国語科研究紀要」を創刊されることになり、わたくしにも寄稿するようにとのお誘いがあった。昭和四三年（一九六八）の秋のことである。わたくしは附属中高等学校の先生方のご好意に接して、かつて附属中学校で受けた教育実習のことを記述してみようと思い立った。国語教育実習の記録の類は、原爆が投下された時期、郷里（四国、愛媛県下の山村）の生家の方に疎開させていたこともあって、無事だったのである。「国語科研究紀要」への連載は、爾来昭和四六年（一九七一）まで計四回に及び、ひとまず完結した。

これらの諸稿に加えて、わたくしは教育実習で行なった実地授業の一つ「平家の都落」をとり上げて、その授業成立の過程と淵源を明らかにしようと試みた。この論稿のみは大下学園（広島市）祇園高等学校国語科の「研究紀要」に掲載された。

これよりさき、附属小学校における教育実習のことは、昭和三二年（一九五七）五月、「国語教育経験課程の一事例」として芦田恵之助先生のことを中心にまとめる機会があった。この稿の一部は、「芦田先生に学んだもの――期一会までの私の成長史における先生――」と題して、「回想の芦田恵之助」（昭和32年7月20日、実践社刊）に収載された。

このたび、以上の諸稿をⅠⅡⅢ章に収め、『国語教育実習個体史』として刊行することとした。未熟な教育実習経験の記述ではあるが、みずからの個体史研究の一環としてまとめえたよろこびは大きい。

それにつけても、このように国語教育実習経験を記述する機会を与えられ、かつ発表の場を提供してくださった、広島大学（当時は教育学部）附属中高等学校の国語科の先生方に深く感謝申し上げるしだいである。刊行については、溪水社木村逸司社長になにかとご高配を得た。記して、厚くお礼を申し上げたい。

昭和五六年八月七日

野地潤家

目次

Ⅲ　国語教育経験課程の事例

国語教育実習個体史

I　わたくしの国語教育実習個体史

一　はじめに

わたくしが附属中学校（旧制）で教育実習を経験したのは、一九四二年（昭和一七）六月後半から七月初めにかけてであった。当時、太平洋戦争激化のため、広島高等師範学校では、六カ月卒業時期を繰り上げざるをえなくなり、例年であれば、第三学期（一月〜三月）に実施される教育実習が、臨時に六月に行なわれたのであった。

文科第一部（国漢科）の生徒（定員は三〇名）は、二つの班に編成され、それぞれ附小・附中に分かれて赴き、途中で交替した。わたくしは、初め、六月一日から一七日まで、附属小学校で実習をし、のち、一八日から七月四日まで、附属中学校で実習をした。戦時下、実習期間はそれぞれ一五日ずつに短縮されていた。

二「教生心得」

当時、教生に渡された「教生心得」は、校舎平面図とともに、つぎのように記されていた。

教生心得

附属中学校

一、当校生徒ノ訓育及ビ管理ニ関シテハ総ベテ当校ノ規定ヲ守ルコト

二、毎朝朝礼ニ列シ所定ノ時間中ハ許可ヲ得ズシテ退出セザルコト

三、登校ノ際ハ必ズ制服ヲ着用スルコト

四、欠席セントスルトキハ欠席届ヲ（ナルベク前日中ニ）指導教官ヲ経テ当校教務部ニ差出スコト

五、当校生徒ヲ本校寄宿ニ伴ヒ又ハ校外ニ引率セントスル場合ニハ予メ主事ノ承認ヲ受クルコト

六、当校生徒ノ家庭ヲ訪問シ又ハ父兄ヲ引接スルコトヲ得ズ

七、教材並ニ教法ニ関シテハ予メ教案ヲ作リ指導教官ノ検閲ヲ受クルコト

八、教案ハ所定ノ用紙ニ認メ左記ノ通リ提出スルコト

1　普通授業　○当校指導教官ニ前日中ニ一通提出　○大学本校教官ノ指導セラルヽ場合ハ前日正午マデニ本校教務課ニ一通提出

2　合同批評授業　○当校指導教官及ビ同科教生全部ニ前日中ニ一通宛提出　○本校教務課ニ前日正午マデニ一通提出

九、各学部ニ当番ヲ定メ通達其ノ他ノ任ニ当ルコト（野地注、鉛筆で、連絡と書き入れている。「心得」の説明を聴いていて、メモしたものである。）

十、教授用参考図書ヲ借用スル場合ニハ必ズ該科教官ノ許可ヲ受ケ当該教官室以外ニ持出サザルコト

十一、水曜一時四〇分、第六限、二五号教室、主事講話（野地注、この項は、鉛筆で書き加えたものである。）

附属中学校校舎平面図

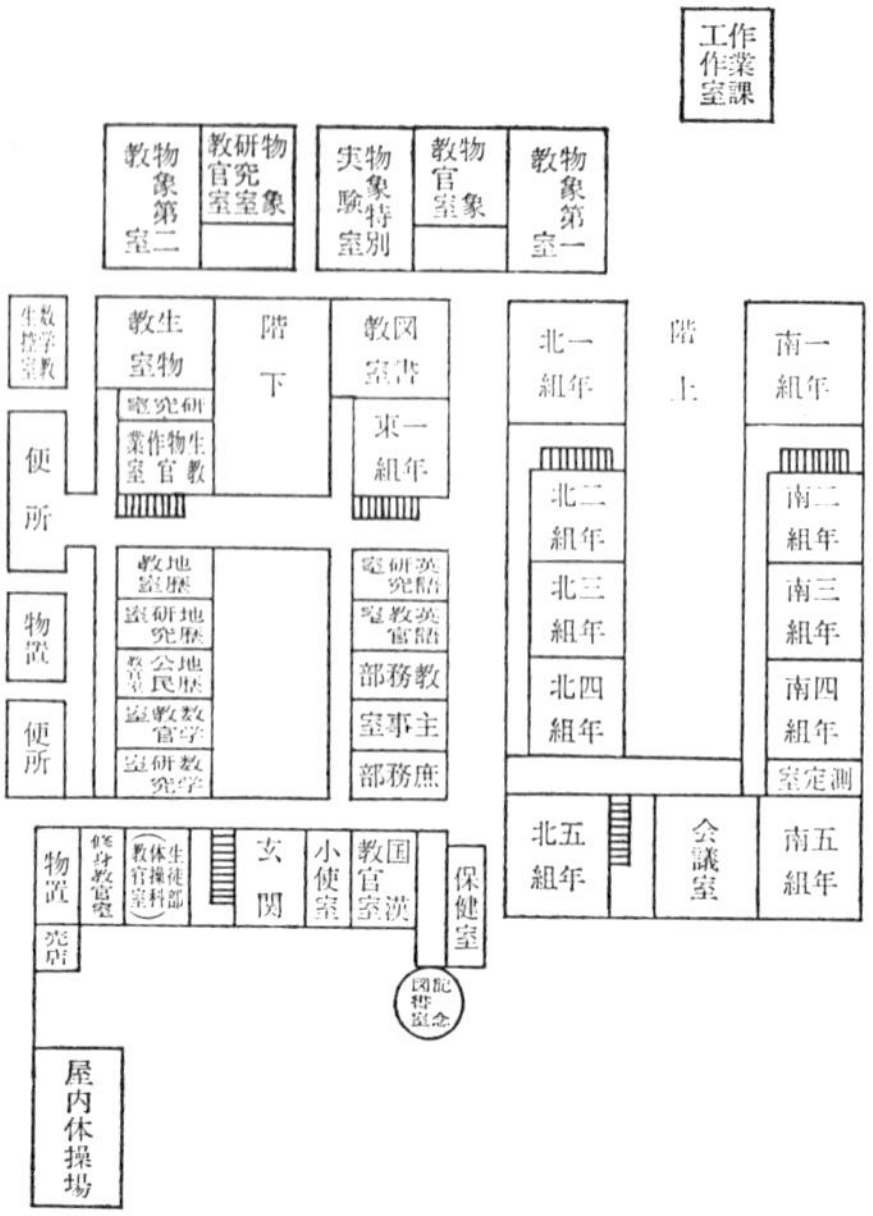

なお、この「心得」の左端には、朝礼7.25　自立本位　教権確立　参観態度　と、鉛筆で書き入れている。「教生心得」についての講話を聴きつつ、強調された点を、書き加えたものである。

わたくしどもの教生控室は、右の平面図（階下）にある、「記念図書室」であった。

三「昭和十七年度附属中学校概要」

教育実習のオリエンテーションには、「昭和十七年度広島高等師範学校附属中学校概要」（昭和17年5月30日刊、広島高等師範学校附属中学校編、増田兄弟活版所印刷、菊判四七ページ）が各教生に渡された。この「概要」には、つぎのような項目が収めてあった。

1校舎配置図　2沿革大要　3当校の使命　4設備大要　5校務分掌　6職員（担任学科・事務分掌・学科担任表）　7生徒附入学考査　8生徒教養の方針（訓育・知育・体育）　9生徒の教養（四六項目）　10普通教育の研究　11教育実習の指導　12広島高等師範学校附属中学校報国会会則　13広島高等師範学校附属中学校報国隊規則　14父兄団　15校歌

すべて、至れりつくせりの説明がなされていた。なお、この「概要」に加えて、当時の中等教育制度上の問題であった、1「中学校両種課程ノ編成」・2「甲乙両要目ノ学科課程」について表示したものが添付されていた。

当時の附属中学校の国語漢文科の教官は、つぎのようであった。

氏名	校務	報国会	報国隊
山根安太郎	庶務部主任、国語漢文科主任、第三学年北組主任補助	生活部部長、学芸部図書班参与、総務部参与	本部経理係
満窪　鉄夫	体錬部主任、第四学年南組主任、生徒部生徒係	鍛錬部部長、総務部参与、鍛錬部修練班班長	第一中隊長
小谷　等	第三学年北組主任、研究部調査研究係	学芸部学術班参与、学芸部図書班参与、鍛錬部剣道班参与	第二中隊附
瀬群　敦	第一学年北組主任、学習研究施設管理、庶務部庶務係	学芸部図書班班長、総務部参与、鍛錬部山岳班参与、学芸部弁論班参与、生活部参与	第四中隊附
藤原　与一			
山口　義男			

なお、主事は河野通匡氏、理事は相原克己氏であった。

さらに、昭和一七年度の学科担任は、つぎのようになっていた。

学科		1	2	3	4	5
国語	国語	9瀬群	6小谷	4山根	5満窪	4山根
	漢文	3山口	4山口	4小谷	4瀬群	5満窪
漢・文	作文	2南北瀬群 1東藤原	1小谷	1山根	1満窪	1小谷
	文法	3藤原		2山根		
	習字	3小谷	1小谷			
備考		(1)全校運動　毎週水曜日第六限（但シ三年ハ教練トシテ算入） (2)課外指導　毎週木曜日第六限ヨリ（但シ四、五年）				

各教官の担当時間数は、

山根安太郎　11時間　　満窪　鉄夫　11時間
小谷　等　16時間　　瀬群　敦　15時間
藤原　与一　4時間　　山口　義男　7時間

であった。藤原与一先生、山口義男氏は、非常勤講師として、勤めていられたのである。

当時の附属中学校生徒数は、定員五二五名、現在数四三八名（四月現在）であった。

組＼学年	一	二	三	四	五	総計
東	四一					
南	四二	四三	四一	四二	三四	
北	四〇	四二	四二	三八	三三	
計	一二三	八五	八三	八〇	六七	四三八

学科課程は、一年から五年まで、つぎのように編成されていた。

学科目＼学年	第一学年	第二学年	第三学年
国語 漢文	現代文　平易ナル近古文ノ講読　漢文ノ初歩　作文　簡易ナル国文法（口語）　習字	前学年ニ準ジ稍進ミタルモノ及漢文ノ講読　作文　習字	現代近世ノ国文　平易ナル近古ノ国文　漢文ノ講読　作文　国文法（文語）
	七	六	六

第一種課程		第二種課程	
第四学年	第五学年	第四学年	第五学年
現代近世近古ノ国文　平易ナル中古ノ国文　漢文ノ講読　作文	現代近世近古ノ国文　平易ナル中古上古ノ国文　漢文ノ講読　作文　国文学ノ史的発展	現代近世近古ノ国文　平易ナル中古ノ国文　漢文ノ講読　作文	現代近世近古ノ国文　平易ナル中古上古ノ国文　漢文ノ講読　作文　国文学ノ史的発展
六	六	五	五

四・五両学年に示されている、第一種課程は、規定の上には存していたが、現在までのところ、希望者がほとんど皆無なので、実施していないと、ことわっている。

なお、課程外指導については、第四学年以上に、実施されていた。昭和一七年度、国語、漢文関係の課外は、

指導題目	第四学年	第五学年	計
万葉集講義	九	九	一八
日本外史論賛	五	三	八

のようであった。題目下の数字は、人員を示す。

さらに、「課外読物」・「生徒研究室」については、「概要」に、つぎのように述べられていた。

○課外読物

「図書閲覧室又は生徒研究室に各種の図書雑誌を備へ附け、生徒に自由に閲覧させてゐる。

本年三月末図書数　二二六九部　三四一七冊　雑誌　五種類

昭和十七年図書費　報告会支弁　二〇〇円

閲覧時間は毎日放課後から午後五時迄とし、生徒は随意書棚から引出し閲覧することが出来る。又日曜・休日・休暇中には貸出しをも行ふ。

閲覧室の管理は報国会図書班長、同参与（教官）及び幹事（生徒）が之に当る。」（「概要」、二四ぺ）

○生徒研究室

「図書閲覧室の外に、地歴・英語・数学・物象・生物等の各科に於ては教官室に隣接して生徒用研究室を設け、其処には必要な図書・器具等を備へ、或は問題の解答、生徒の成績品を掲示する。生徒は休憩時・放課後等に随時其の研究室に於て其の科に関する自習を行ひ、或は教官に質問し又は相互に研究することが出来る。

此の生徒研究室の設備は、目下のところ建物並に経費の関係上甚だ不充分なものであるが、之を各科に亘らせ其の内容を充実すれば、教育上多大の効果を収めるものと信じてゐる。」（「概要」、二四ペ）

さて、「教育実習の指導」については、つぎのように定められていた。

「高等師範学校文理科生徒及び文理科大学生の教育実習は、昭和十五年度まで、第三学期に行ふ例であったが、両校の卒業期繰上げのため昨年度は第二学期に行った。本年度は高等師範学校文理科生徒には第一学期に、文理科大学学生及び新に始まる臨時教員養成所生徒には第二学期に行ふ。

実施授業及び批評会、普通各班単位にて其の班の指導教官の下に行ふ。

合同批評授業及び批評会　其の科主任の指導の下に授業を行ひ、其の科の全教官全教生相寄って批評を行ふ。

当校教官の模範授業

他学科の教生の授業参観　其の科の教生の教授は固より、他科の教生の授業をも参観させる。

他校参観　実習期間中二回位、広島市内中等学校を主とし、時に県下の他地方又は近県の学校の参観に赴くこともある。

講　話　主事、生徒部主任・体育部主任・各科主任又は教官が、中等教育一般に関し、或は其の所管事項に関し、又は其の科の教授法に関して講話を行ふ。」（「概要」、三六～三七ペ）

右のうち、「他校参観」は、当時、戦時下であって、わたくしどもの実習中には行なわれなかった。

四　教育実習日程

さて、わたくしの教育実習日程は、およそつぎのようになっていた。

6月18日（木）　示範授業（国語）一南　第二時限瀬群敦先生

6月19日（金）　1 実地授業「日本海海戦」二北　第三時限（指導、岡本明教授・小谷等先生）

6月20日（土）　示範授業（漢文）三北　第三時限　小谷等先生、一東　英語の授業参観

6月21日（日）　教材研究（午前中、図書館で）、夜半まで教案に取り組む。

6月22日（月）　2 実地授業「東郷元帥と乃木大将」二南　第二時限（指導、小谷等先生）

6月23日（火）　3 実地授業「表現」（作文）二北　第五時限（指導、小谷等先生）

6月24日（水）　授業参観（終日）

6月25日（木）　授業参観（終日）、漢文の教案を、夜遅くまで準備する。

6月26日（金）　4 実地授業「心の小径」二北第三時限（指導、小谷等先生）

6月27日（土）　5 実地授業「張儀連衡」（漢文）三北　第三時限（指導、河野辰三教授・小谷等先生）

6月28日（日）　教材研究（午前中、図書館で）、夜半、二時す

ぎまで、教材研究
6月29日（月）　[6]実地授業「平家物語、福原落」四南・四北第一・二時限（指導、満窪鉄夫先生）
6月30日（火）　[7]実地授業「習字」（お話を主に）　一東（指導、小谷等先生）
7月1日（水）　授業参観（終日）主事講話　第六時限
7月2日（木）　授業参観、午後は、教案作成
7月3日（金）　合同批評授業『妹に与ふ』（国語）二南　第一時限　教授者　横屋芳明（指導、小谷等先生）、[8]「下ニ筑後河一、過ニ菊池正観公戦処一、感而有レ作」（漢文）四南　第四時限　教授者　野地潤家（指導、瀬群敦先生・白木直也教授）なお四北にも、批評授業の前に同じものを実施した。
7月4日（土）　教育実習終了。

右のように、わたくしは、実習期間中、
○示範授業　国語・漢文各一つ。ほかに、瀬群敦先生の「富士登山」（一年）の授業ならびに藤原与一先生の「感動詞」（文法）（一年）の授業を見せていただいた。
○実地授業　講読　国語――四回（＋《プラス》一回）
　　　　　　　　　漢文――一回
　　　　　　作文　　――一回
　　　　　　習字　　――一回
○批評授業　漢文　　――一回（＋《プラス》一回）
○授業参観
などを経験した。本校（高等師範学校）からは、岡本明・河野辰三・白木直也の三先生が来られて、指導、助言をされた。

なお、当時、最高学年の五年生には、教育実習は保留されていた。したがって、教生は、一年から四年までの授業を経験したのであった。

五　瀬群敦先生の示範授業

昭和一七年（一九四二）六月一八日（木）、すなわち、附属中学校教育実習の最初の日、第二時限に、瀬群敦先生の示範授業が行なわれた。

教材は、つぎのような詩二編であった。

一六　海と山

一　海　　千家　元麿

海が見える、
充溢した歓喜で
張りつめたやうな
海面の美しさ。
何といふ静な力のこもった海、
永遠の緑を深くたたへて
盛り上つてゐる海。
日に輝いて純白な帆が
花のやうに流れてゐる。
（炎天）

二　山

川路　柳虹

力づよい斧をもつて
たち割つたやうな岩石の山、
よく晴れた空がうしろで、
鏡のやうにそれをかぎつてゐる。
……あの山だ、
夏の猛威が人を苦しめる日に、
人が自然と競争して、
その胆力を示すのは。
そそり立つ岩をよぢのぼつて、
隠れた森林にいこひ、
冷却した太古の雪水の
腹にしみ渡るのをすくひ、
天上の楽音のただよひと響く
あの冷たい風を吸ふのは。
山をおもへば
わが心踊る。

（温室の花）

（学習院教授　東条操編、「新制国語読本」巻一、昭和16年10月30日、中等学校教科書株式会社刊、八五〜八七ぺ）

この教材については、つぎのような国語科教授案が用意され、教生に配布された。

第一学年南組国語科教授案

教授者　瀬群　敦

日　時　昭和十七年六月十八日（木）第二限

教　材　新制国語読本　巻一　一六　海と山

教材観　夏の自然は若い生命に呼びかけるものを持つてゐる。そして、それは海と山とに於て最も著しい。ここに掲げられた自由詩二編は力強い格調の中に、夏の海洋のひかりと山岳の高邁の気とをうたひ得てゐる。発想から見れば一は描写であり一は思慕である。向暑、漸く惰気の萠さんとする候にあたつて、生徒の心をうちひらく教材と言へよう。

目　的　詩の格調にぴつたりと呼吸の合つた朗読を完成させたい。次に、日常生活に於て磨り減らされた自然へのおどろきの心を呼び覚まさせたい。

時間配当　一時間

教授過程

「海」　指名読（三回）　範読（一回）　斉読（一回）
　深　究　季節・天候を明かにし、次に表現面から直観された海の感じの整理。
　　その感じによる表現の吟味。
　整理読（一回）

「山」　指名読（三回）　範読（一回）　斉読（一回）
　深　究　作者の「山への思慕の情」に眼を向けさせる。
　　頭にひろげられる山岳図絵の展開に従つて表現の吟味をなす。
　整理読

整　理

準　備　整理段階に使用する紙黒板一

この教案は、生徒の作文用原稿用紙（28字×23行）に、「孔子と顔回」の課の漢字練習をしたものの、裏にプリントされていた。戦時下のこととて、用紙を節約しなければならなかったのである。

わたくしは、右の教案にもとづく瀬群先生の示範授業を見せていただきながら先生の板書を、つぎのようにメモしている。

海

真夏　日本晴　静な海

美しさ
- 歓　喜
- 永遠の緑
- 花のやうな白帆　深く―濃く　永遠―不変

力づよさ
- 張りつめたやうな
- 盛り上つてゐる
- 流れる

山

山をおもへば　わが心踊る
- 屏風のやうな岩山
- 隠れた森林（神秘）
- 太古の雪水（万年雪）
- 冷　風

「海」と「山」の二つの詩を一時間（五〇分）で完全にまとめられる英断と手際のよさに、わたくしはまず感服した。詩の取り扱いを示範授業として参観することができたのは、前後にこれのみであった。ほぼ、教授過程にしたがって、授業を進められたが、読みにおいて、「範読」は、省かれたようにおもう。

二つの詩とも、「深究」においては、それぞれ発問が的確であって、生徒たち（一年南組）は、つぎつぎに適切に答えて、およそ滞るということがなかった。たとえば、「海」においては、指名読みの後、まず「季節」が問われ、「天候」が明らかにされ、「海」の印象・感じが確かめられた。それらがつぎつぎに板書された。ついで、「海」という詩の表現面から直観された海の感じを、「美しさ」・「力づよさ」の二つにまとめ、それぞれにもとづいて、表現の吟味が進められた。それは表現面に即してなされた。その中に「深く」・「永遠」という語も扱われた。むだなものは、一片も見られない授業だった。

つぎに、「山」の詩については、作者の「山への思慕」に眼を向けさせて、「山をおもへば、わが心踊る」をおさえ、「教案」の「深究」の項にあるとおり、「頭にひろげられる山岳図絵の展開に従って」、表現の吟味が、発問によって、なされた。その操作も、洗練されていて、あざやかであった。「整理」の段階においては、山嶽のことをうたった短歌（山の歌）を、あらかじめ紙黒板に記しておいたものを掲げて、「山」の扱いをまとめられた。瀬群先生は、すぐれた歌人であって、「詩」の取り扱いのおしまいに、「歌」を据えられたのであった。それは余情を持つものとなった。

瀬群敦先生は、話しことば・書きことばの面で、成長過程におけるわたくしの言語生活の上で、規範者であった。この授業にも深い感銘を受けた。――「教案」に記された、「教材観」においても、「目的」においても、簡潔に要をえたものが見られ、実地の「授業」運びについても、一つ一つまなこをひかれる思いがした。

冗長さのない、ひきしまった、それでいて、のびやかさのある授業であった。それは、この「授業」そのものが一編の詩のようであった。もっとも、限られた時間の中で、詩二編を扱われるのであるから、「目的」にうたわれた、「詩の格調にぴったりと呼吸の合った朗読を完成させたい。」というところまで、到達することはむずかしかった。けだし、やむをえないことであったろう。

瀬群敦先生の示範授業「海と山」は、わたくしの詩（韻文）の授業の「典型」ないし「古典」のようになっている。それはほんとうに、実地授業の拠るべき源泉でもあって、それこそは、永遠の「示範」として、わが胸底に生きているのである。

さて、瀬群敦先生の示範授業をもとにして、授業を進めていくうえの一般的注意が与えられた。それは、左のようなものであった。

1　朝礼に出ること。事前の打ちあわせは、余裕のあるようにすること。教案を提出すること。

2

Ⅰ	Ⅱ	Ⅲ	Ⅳ	Ⅴ	Ⅵ
7.40	8.40	9.50	10.50	0.40	1.40
8.30	9.30	10.40	11.40	1.30	2.30

3　チョーク箱　教室から持ってかえること。返却する。新しいチョークをついでおくこと。

4　「教材観」は、簡潔にしていくこと。

5　「目的」は、最後の急所である。授業の「ヤマ」になるところをおさえて書くこと。

6　「教授過程」は、「教順」ともいう。ここには、発問も列挙しておくこと。

7　本校から上司（教授）がこられたときは、授業後、教科書（テキスト）を持って、批評を受けにいくようにすること。

ゆきとどいたご注意だった。あれから今日まで、心に生きていることも少なくないのである。

さて、実習期間中、瀬群敦先生の一年生へのご授業を見せていただいた。それは、「教案」を準備しての示範授業というのではなかった。お願いして、見せていただいたのである。教材は、「富士登山」であった。

一七　富士登山　　荻原井泉水

お山は実に鮮やかに晴れてゐる。夕陽の色どりを失つて、只黒く隆々と盛り上つた偉大な土の塊《かたまり》が、却つて彫刻的な尊厳を以て仰がれた。空は硝子の様に透明で、ちぎれ雲の影一つさへなかつた。昼の光が消え失せたにもかかはらず、空気そのものが光を持つてゐる様に、薄青く暮れずにゐた。路はお山へ向けて真直ぐについてゐた。馬は慣れた道を心得顔に、自分の好きな歩調で私たちを運んでゐた。ここらの裾野は小松が多かつた。小松の中に秋草が様々に咲いてゐるらしいが、丈の低いのは皆夕の色に埋もれてしまつて、丈の高い女郎花と、路に近く咲いてゐる月見草とだけが暮れ残つてゐた。ふと西の空を見ると、今しもにじみ出た明星がたつた一つ、ぱつちりと光つていた。それはこの限りない野の広さを支配する神の灯かとも見えた。又、この山の昔ながらの尊さを、私たちに暗示する表象かとも思はれた。私はだんだんと薄れる靄に包まれて行くあたりの景色を、馬上から眺めながら、そしてその目でじつと明星を見つめてゐると、何といふことなしに、涙ぐましいほどな美しくさびしい感激が、心にこみあげて来るのを覚えた。

「おお、月が――」 私は覚えず馬上でかう叫んだ。それは東の空に低く、研ぎすまされたまん円い光が玲瓏と揺ぎ出た所であつた。月が出ると共に、景色の調子はすべて一変した。今まで一様に薄青かつた空や、裾野は、くつきりとして、光と影との二つに分れた。空は朗々として光沢を帯びた。そしてお山はいよいよ黒く大きな姿を以て出現した。その半腹から上の方には、小さな宝石のやうな灯が点々として鏤《ちりば》められてゐた。それは石室の灯であつた。路の上にも白い光が流れて来た。そして、私たちの七頭の馬が長い黒い影を投げはじめた。

馬返しの茶屋に着いた時は、夜気を感ずる程だつた。「これから山も高くなるし、夜もふけるから、」と、強力がいふので、私たちはメリヤスの肌着を着込んだ。榾《ほだ》の明りの暗い手元で、饂飩を一杯づつ食べた。そして又自分自分の馬に乗つた。「今夜のお山はいゝぞ。」「こんな日和は今年になつて初めてだ。」――馬子と茶屋の主人とが、かう話してゐた。

一合目から上は樹の茂りがある。月は大分高くなつたらしいが、枝がこんもりと茂つてゐたので、路は暗かつた。先に立つて行く馬子が一人、提灯をつけて馬をひいて行く。後ろの馬はただ先の馬に続いて、暗い中を進むのであつた。勾配もだんだん急になつた。それに岩や石が多いらしく、馬の蹄の音がかつかつと鋭く鳴つて来た。暗さの為か、急な上りの為か、馬は時々躓いた。さういふ時には、蹄鉄から火花が飛び散つた。併し樹の枝の薄くなつてゐる所では、月の光が雪のやうに葉の上にかがやいて、そこらを明るくした。又、ふつと茂みのとだえて居る所では、月の光が滝のやうになだれ落ちて、路の上に溢れて居た。さういう所を、馬は勇ましく歩を運んだ。

三合目、四合目の室《むろ》はもう戸を閉ぢてゐる。その前をひつそりと乗りながら過ぎた。五合目に着くと、馬は心得たやうにぴつたりと止つた。樹帯はこゝらで全く尽きて、月はお山一面に照つてゐた。私たちは馬を下りた。馬はしつとりと汗ばんで、水を浴びたやうに濡れた肌を月にさらしながら、おとなしく足を揃へて居た。私たちはそこの室にはいつて、熱い茶を旨く味はつた。そして用意して来た夕食の弁当を開いた。室には宿泊してゐる人が、布団一枚をひつかけて、ごろごろと寝て居た。

五合目は「天地の境」と称せられて居る。如何にもこのあたりまで登ると、地上を離れたといふ感じがする。吉田口から裾野を来る時、しつとりと薄い夕霧が襲うて来るやうに思つたが、それはもやもやとした白い雲となつて、ここから見ると低い裾野一面を蔽うて居る。その彼方に、吉田の町の灯がちらちらと光つてゐる。それよりも尚遠く尚幽に見えるのが、船津の灯であつた。

　馬と馬子とを帰してからの私たちは、強力を先に立てて、静に《ママ》静に一歩一歩を踏んで行つた。この夜ふけの山を踏んで居るものとては、実に私たちだけであつた。鳥もゐず虫もゐず、死のやうな静寂の中に、七人の金剛杖の音のみが、かちりかちりと岩にあたつて鳴つた。その杖は、五合目の室で「天地の境」といふ焼印を押してくれたものだつた。月はまことによく冴えて、何も遮るもののない山の肌は、昼のやうに明るかつた。時計を出して見ると十時に二十三分過ぎてゐる。その針がはつきりと月光に読まれた。

　自分の服にさはつて見ると、露でじつとりと湿つてゐた。茣蓙や笠は暑さをしのぐ為に身につけて来たのだが、それが今では露をしのぐ為のものとなつた。山肌の岩や砂にすがつて生えてゐるわづかの青いもの――偃松《はひまつ》や浜梨の木や薊《あざみ》など――の葉にも露が光つてゐた。空を見ると、まばらな星が、大きな露の雫のやうに、きらきらしてゐた。さうした星が、ふつと流れて下界の方へ落ちたりした。ここから見ると、白い雲が海のやうに浪立つてゐる、下界の方へ。――

　六合目の室はぴつたり閉ぢて居たが、その前に差掛けのベンチが出来て居た。そこへ腰掛けて休んだ。私は精進《しやうじ》の宿を立つ時、新しく替へて来た草鞋を踏み切つたので、強力の背から一足取つて穿きかへた。

　頂に近くなるにつれて、路といふ路がなくなつてしまふ。纔に人が踏んだあとの砂が、それと判るのであるけれども、踏み堅められてゐるのではなく、足をかけると、さくりさくりと辷るので、歩は著しくはかどらなかつた。「さんげ〱――六根清浄。――」登山の行者が唱へるこの言葉を、先へ行く者と後ろになつた者とが、お互に呼びかはして、心を引きしめ合つたりした。

　七合目を越して八合目の室に入つて休んだ。時計を見るともう一時を過ぎてゐた。非常に睡いやうでもあつたが、ここでなまじひに眠つてはいかぬと思つた。室の中の炉で木の枝を焚く煙が非常にけむくて、目から涙がぽろぽろと落ちた。やはり目が疲れてゐる為だと思つた。室の一隅に幕を引いて、別室のやうに仕切つて泊つてゐた外人の一群は、もう起きて、立つ用意をしてゐた。頂上で御来迎を観ようとするならば、そろ〱ここを出なければならぬ頃だ。いつか炉の傍らに横になつて眠つてしまつた強力の青年を呼び起して、私たちは又登りはじめた。

　山に酔つたといふよりも、睡眠を奪はれた為であらう、頭がふら〱する。さういふ者が私の外に一人二人あつた。自分の茣蓙を山の勾配の儘に砂の上に敷いて、ごろりと寝て見た。砂の上には草一本の影もない。月はちやうど額の上に懸つて、いよ〱天心に澄み切つてゐる。頭を高く仰向けになつた視線のうつろなはてに、北斗七星がきら〱と光つてゐる。私はその一つをじつと見つめてゐた。と、その星がふら〱と動き始める。小さな螺旋を描きながら踊つてゐる。不思議だなと思つて他の一つの星を見つめた。するとその星も、亦螢の様にゆら〱と舞ひ始めた。これは幻覚だ。さう思ふと眼の疲労の激しいことが解つた。また月を見た。月の光が眩し過ぎて涙がにじみ出た。九合目には久須志神社といふ社がある。そこへ入つて休んだ。神官の二三人が、「なか〳〵寒い。併し今朝は氷が張らないから――」などと、もう朝の言葉を交はしてゐた。さうして私たちには、「ここは日の御子といつて、東へ真正面の所です。こちらで御来迎をお拝みなさい。」といつたが、日の出までにはまだ二時間近くも間があるので、私たちは頂上を指す事にした。「頂上へ行く方は御祓《おはらひ》をしていらつしやい。」神官はかうもいつて祝詞《のりと》を読んだ。それは、このよき日にお山へ詣でるよき人々の一族の平安を祈るといふ意味を、神代の長々しい言葉を集めて綴つたものだつた。そして大きな御幣で、皆の並べた頭の上をばさりばさりとはらつた。外へ出ると、これまで感じなかつた風が冷え〴〵と動いてゐた。それが黎明の近い事を思はせた。又、その風がふら〳〵した頭を幾分しつかりさせてくれた。

月の光は漸く衰へ始めた。その上、路が東へ廻つたため、西へ傾きかけた月が頂の峯の陰になつてしまつた。光と影との差別は薄らいで、裾野の夕に見た様な、混沌として青白い色が一様に漂うて来た、その混沌たるものの中から、新しい光の生れるのを待つばかりになつた下界は――殊に甲州に寄つた方は――雲がびつしり閉してゐた。その雲のはづれに、今までは雲と同じやうに白く見えてゐたものが、大きな勾玉の形をした湖水であるといふけぢめも、やつと明らかに認められた。それが山中湖であつた。五湖の一として見残したこの湖を、私たちはかうして鳥瞰的に眺め得たのであつた。

頂上の室では、もう灯を消して居たが、屋根の下は薄暗かつた。そこへ私たちは上つて御来迎を待つことにした。じつとしてゐると寒さはひしひしと身に迫つて来る。手は凍えるし、息も白く見えた。褞袍《どてら》を借りてかぶる者もあつた。下の室を早く立つて来たと見える人々がぼつ〳〵と登つて来て、室はいつか一杯になつてしまつた。皆、草鞋のまゝで上るのだが、脚と脚とを入れちがへて余地もないやうな所へ、牡丹餅の箱などが並べられた。名物といふ真黒な甘酒だけはうまかつた。

暁紅！朝の始まる前の先触として、ほんのりとぼかし染にせられる地平線の赤さは、かうして高みから眺める時に、たゞに美しい許りでなく、地上の物の一切の希望を語つてゐるやうな純潔なる尊さがにじみ出てゐる。「あゝ、ぢきに御来迎だ――」さういふ言葉が口々に伝へられて室の中にゐた者も皆外に出た。大分明るくなつた岩の上には霜が置かれてゐた。それを踏んで寒さうな緊張した顔が並んだ。

地平線の赤さは、うつすりと吸ひ取られて、雲ではないが、ある神聖なものの誕生をつつんでゐる幕のやうな霞が、つや〳〵しい光を帯びて来た。

――つと、一点の輝いた朱の色が、霞の幕を押分けたと思ふ間に、その朱の一点が見る〳〵拡がつて、麗しい太陽の姿となつた。刹那、新しい光線は地上に又天上に漲つて来た。その第一の光線がまつしぐらに届いたのは、この頂上に並んでゐる私たちの瞳であつた。

朗らかな朝は来た。大空は実によく晴れてゐた。大地も実によく晴れてゐた。太陽を産んだ後の霞が消えた所に、煙の靡くやうに仄《ママ》に這つてゐるのは房総半島である。海は空と差別がないが、雲のやうに置かれた大島が、そこは太平洋の中だといふ事を示してゐた。その手前に、更に鮮やかに一抹の線を引いてゐるのが三浦半島である。海岸線に沿うて目を移すと、小さくしかも静《ママ》に江の島が見える。馬入川が見える。その右手は大磯であらう。小田原・熱海と思はれる辺も、箱根や足柄の山々と、水銀を盛つたやうな芦の湖が、外輪山の器の中に秘められてゐるのも、手にとるやうに見える。近くは愛鷹山《あしたかやま》の青い隆起を隔てて、天城山を重心とする伊豆半島がどつしりと延びてゐる。その右には洋々とした駿河湾が、描き残された素絹《しらぎぬ》の白さを以て光つてゐた。沼津・原・田子の浦と、順々に南を眺めると、蛇の匍うたやうな富士川を越えて、三保の岬が小さく清水湾を抱いてゐる。その先に突出してゐるのは御前崎であらうか、そこらはもう霞んでゐる。私はこの大きなパノラマのやうな景観に心を放つてゐた。

太陽はずん／＼と高く昇つて、強い光が霊山の頂から下界へ向けて拡がつて行つた。（山水巡礼）

（同上「新制国語読本」巻一、八八〜一〇六ペ）

井泉水の、右の教材「富士登山」は、「初夏の奈良」（「観音巡礼」）（同上読本の第八課に収められていた。）と並んで、採録されていたが、長大な分量を持っているため、取り扱いは容易ではなかった。

教生が、初め、扱い、そのあとを受けて、瀬群先生がみずから扱われたのであった。教室のうしろにいて、先生のご授業を拝見したのである。たしか、一年東組であった。——授業の詳細なことはもうおぼえていないが、示範授業の「海と山」の扱いに比べると、いっそう自然で地道な扱いであった。

瀬群敦先生は、きょうの授業は失敗したと、ふだんとかわらぬ面持で言われた。それは先生にとって、快心の授業ではなかったというほどの意と思えた。しかし、わたくしどもは、瀬群先生の謙虚なご述懐に、かえってそのきびしさとつつましいお人柄とを汲みとることができた。それにしても、正式に示範授業されたあとも、このように先生の授業を見せていただけたことは、ありがたいことであった。

六　瀬群敦先生との出会い

瀬群《せむれ》敦《あつし》先生は、大分県中津市角木町百参拾四番地ノ壱の出身、大正二年（一九一三）十二月一日に生まれられた。

昭和五年（一九三〇）三月一日、大分県立中津中学校を卒業し、つづいて、同年四月十一日、広島高等師範学校文科第一部（国語漢文科）に入学し、昭和九年（一九三四）三月七日、卒業された。卒業して、同年四月三〇日、新潟県立三条中学校教諭に任ぜられ、七級俸を受けられた。雪国の三条中学校に満七年間勤務し、昭和一六年（一九四一）四月一五日、広島高等師範学校助教諭に任ぜられ、四級俸を給せられた。ついで、昭和一七年（一九四二）三月三一日、広島高等師範学校講師を兼ね、さらに特設予科（東南アジヤからの留学生）の国語の授業をも担任された。

　さらに、昭和一七年（一九四二）五月一四日には、広島高等師範学校教諭に任ぜられ、高等官七等に叙せられた。昭和二〇年（一九四五）八月六日、原子爆弾の業火のため、ついに死去された。同日付で、広島高等師範学校教授に任ぜられた。

　瀬群敦先生は、高師在学中、四年間つねに首席で通された、秀才で聞こえていた方であった。わたくしどもが、教育実習でご指導を受けたのは、先生二十八歳の若さにあられた。当時、瀬群先生がそんなに若くいられたとは、どうしても思えないほどである。

　先生はまた、統三というペンネームを持ち、短歌誌「言霊」（先生の恩師、岡本四明先生主宰）の幹部会員として、毎号、出詠されていた。

　新潟県立三条中学校時代の生徒たちのことを、先生は、

　吾が生徒真男さびてもの言ふや幅広くなりし声のかなしさ
　　　　昭和16年3・4月号

と詠まれ、また、昭和一五年（一九四〇）秋から冬へかけての三条での生活を、

　一身の営為をいでぬ日々のまかり道《ち》すでに蒼く暮れつつ
　国なやむひびきは直《ちか》に感じつつ侏儒の誠といふばかりなり
　きほふべく事無き日々に陋巷のまこと涸れしめて冬深むなり
　柿紅葉をのれおごりて秋あるを炭米のなげき何ぞ重たき
　秋すでに深まる地《つち》の膿みをれば朝門《あさと》出で行くと靴は鳴らさぬ
　あかり戸に掃きしほどなる月あかり暁起きの手にむすぶべく
　　　　以上　昭和16年3・4月号

と詠んでいられる。

　また、雪国での冬のくらしを、つぎのようにも詠まれた。

　日の長さ今かきはまる冬空は夕焼くることもなくて暮づく《ママ》
　あかときに寝聡《いさと》きくせを雪国の冬にやしなひて七年ぞへぬ
　哀愁をかねて思ふにこの国に生きし長さのふるさとに次ぐ
　　　　昭和16年5・6月号

広島を巣立って、雪国（三条）に七年をすごし、ふるさと大分（中津）についで、広島での四年間よりも長く生きたと、感慨を抱いていられるのである。

　昭和一六年（一九四一）五月、瀬群統三先生は、すでに広島に赴任されて、

　庭たづみひきたる朝をかたよりて松の花粉はいろあたらしき
　欠けのこる有明月の白きいろ五月青葉にありてすがしさ
　朝冷えの苗代寒にもの羽織り北とほく人は如何にかをらむ
　家持ちて大学に来し友一人春陽の芝にしみじみといふ

と詠まれた。北国の五月に、おもいを馳せていられもするのである。

　また、かつての教え子を、

我が生徒中島欣也雛鷲として立つ。航空士官学校の血もて築きし歴史を継ぐと言ひこしたれば

上つ毛の夏野すがしき青嵐ながら天翔るときは来向ふ
眉秀でし汝がおもかげに飛行帽よそはせておもふ別れ住みつつ
誇張なく血の歴史つぐと言ひこせし言葉くりかへし我がいさぎよし
おほきみのとほの御楯と大陸の野に影おとし征かん日はいつ
不惜身命の膽よく練れといひやりし夕の茜我が顔に映ゆ

以上、昭和16年9月号

と詠み、広島での生活の中から、その日常を、

堤防に切られし空の夕づきてしづかなる色は潭にかよへり
麦うれて野にすこやかなるもの透り大きなるかな牛の乳房は
茎立ちのほそきが朝は露もちてむらさきつゆくさといふ名がすがすがし

以上、昭和16年9月号

内海の島のなぎさにかたよりて人住むさまは瞰るにかなしき

厳島

仔をつれし鹿ほつそりと向きかへぬ夏木立を降る白き陽の色
梅霖のひと日の暮に街筋の木立が見せしはるかなる色
高原の夏のひかりを説きゐつつふたたびは我が行くこともなし

以上、昭和16年10月号

と詠まれている。

さて、瀬群統三先生は、昭和一六年(一九四一)秋、妻もとめに帰郷されたようである。そのときのことを、つぎのように連作されている。

船着場《ふなつき》にものいふ聞けばほのぼのとふるさとなまり心温たむ
宵やみに小さくいますおくつきのその一群の魂《たま》にものいふ
くろ松のふかきひびきを今日聞けばひさしく父をおもはざりけり
山かげは朝じめりして妻がねの処女を見ると母にたぐへる
秋草の水色桔梗咲くみちは心づま住む村につづける
大和野を処女七行き先立てる佐韋の処女を神は覓《ま》かしき
山をとめ後に立たしめ日の闌けし峯をあふぐと目翳《まかげ》我がする
うつそみの生きゐるはすべてきず持てば足るを知れとぞ母言ひにける

以上、昭和16年11月号

右の連作にも、母上のことが詠まれているが、瀬群先生は、母上とふたり、新潟県三条にも、広島にも住まわれたのである。

「心翳」と題する、つぎのような連作もある。

海見ゆる町角に来てたけひくき母にしたしき物言ひにけり
一門のかくろひ事を人知れり夏陽真白く道灼けてをり
血続きのちりぢりになりしなげかひもおくつきに来て告げんものかも
はるかなる歴史は持たぬ血を享けてつつましきかな墓石いくつ

父がうから母がうからもみながらに心鎖してさむきふるさと
以上、昭和17年1月号

ここには、先生のさみしさの一面がうかがえるようだ。
瀬群先生は、やがておくさまを迎えられた。そのときのことを、つぎのように、ういういしく詠まれた。

合歓の木の葉ごしともいとへ星のかげ

山下の家群《やむら》つばらにおし照るや師走の月夜霜かおくらし
をとめ一人わが妻となす宵の灯の明るき中に入りて坐りぬ
みなしごの如く一人をかへり来て妻がうからに盃まはす
たまきはる命の張りにふれ来つつ君契る酒冬の夜を冴ゆ
うら山に月かたぶくや妻寿《ほが》ひ杣のをぢらが声はり上ぐる
いちはやき背戸の川辺の白梅のすがしきものを君に求めむ
ははそはの母が朝眼にかしづきてものいふ聞けば妻が愛《かな》しさ
厨着の白きを着るとわが新婦さやさやと朝は音のかそけさ
以上、昭和17年3月号

また、おくさまのことを、つぎのようにも詠まれている。

椋鳥の椋鳥なけりすがやかに朝眼ひらきてわが妻も聞け
昭和17年7月号

瀬群統三先生は、中学生のことを、

艦型を正確にいふ中学生の記憶にとほく我等そだちき
昭和17年9月号

と詠まれ、また、夏休み、臨海生活に附中の生徒をつれていかれたときのことを、「夏磯」と題する連作にまとめられた。

さにづらふ人のまな児を家遠く夏潮の磯に率てやどりたり
つぶ〳〵と塩ふき出でし肌ならべ夜居むつみゐる児等がかなしさ
つくね島人住まぬ島の夏磯の真砂に透きて波はたゆたふ
島山の林の鳥はねまどひて星座明るき夜半にこゑ上ぐ
おぼ〳〵と暮れゆく視野に羽搏きて島の鷗は磯かふるらし
夕あかりのこれる空に帆を上げていさり船みな向きとゝのひぬ
以上、昭和19年11月号

瀬群統三先生は、叙景、抒情ともに的確で鮮明であった。実作において、すぐれた力量を示されたばかりでなく、歌論、そのほかにおいても、りっぱな仕事をされた。
たとえば

○共同芸術としての俳諧　「文芸文化」昭和14年5月号(2の5)
第11号
○良寛の「隠」　「文芸文化」昭和15年4月号（3の4）第22号
○言霊の反省と希望　「言霊」昭和16年1・2月号
○叙景歌覚書　「言霊」昭和16年8月号
○作歌態度論　「言霊」昭和17年1月号
○信従の問題　（歩道と暁紅）「言霊」昭和17年3月号
○美の倫理について　「言霊」昭和17年5月号

のように、諸誌に発表していられる。これらは、むろんその一部にすぎないのであるが、鋭い考究、周到な論述、つねに示唆に富むものがまとめられていた。

瀬群敦先生には、教育実習において、初めてお目にかかったのではなかった。「言霊」の歌会において、鋭い批評をされ、それに啓発されるところが多かった。たとえば、昭和一七年(一九四二)一月三十一日の午後、広島市内、山陽記念館で開かれた「言霊」歌会に出席し、わたくしは、「瀬群さんの批評には魅かれた。それにしても、己が精進の必要を切におもふ。」と、「日記」に記している。

そのほか、岡本明先生・瀬群統三先生を中心に、当時、「言霊火曜会」という、月例研究会(合評・輪読)が開かれており、わたくしも、メンバーに加えられていた。この「火曜会」には、会員みんなが月々なにがしかを積み立て、それによって、「歌集」などを購入し、回覧をしていた。――「言霊火曜会」は、その第一回が昭和一六年(一九四一)一〇月七日(火)、広島市新川場町妙慶院で開かれた。出席者は、岡本明、国広友于蔵、栗林三千雄、佐野孝雄、瀬群統三、千日祥子、永本良平、名倉静一、西島宏、松本明、松本勝の諸氏であった。

同級だった、井上正敏君とわたくしとは、昭和一七年一月の第四回火曜会から入会を許されたかと思うが、そのときは、井上正敏君だけ参加して、わたくしは休んでいる。つぎの二月例会から、わたくしは参加した。「火曜会」出席については、当時の「日記」に以下のように記している。

① 昭和17年2月10日(第五回火曜会)――「火曜会にゆく。」

② 昭和17年3月10日(第六回火曜会)――「夜は火曜会へ行った。暗示されるところ多し。夜はまた星がきらめいてゐる。ぐつと親しい感じである。」

③ 昭和17年4月14日(第七回火曜会)――「七時より火曜会。何くそで頑張るのだ。努力黙々精進一路邁往だ。」

④ 昭和17年5月12日(第八回火曜会)――「よる、火曜会。なげきの説など、暗示、示唆多し。十一時すぎの街をあるきあるきかへる。霧が立ちこめようとしてゐる。蛙の声は夜ふけの街に透つてひびく。先生のうた、ことごとく腸にしむ。あゝゆるがずあせらず進まうぞ、ひたすらに……。」この会では、歌集「歩道」(佐藤佐太郎著)の合評。「去来抄」輪読をしている。

⑤ 昭和17年6月9日(第九回火曜会)――「よるは火曜会。努力すべきである。」

⑥ 昭和17年7月7日(第一〇回火曜会)――「よるは火曜会。恥づかしき人々にあふたびに、ことばのつつしみと云ふことを切におもふ。」

⑦ 昭和17年10月10日(第一一回火曜会)――「のち、火曜会。反省さされること多し。かへりに、支那うどんをくふ。夜の電車は空いて、馬鹿にひろく感ぜられる。道の思ひ切に……。星は寒く光つてゐる。」

右のように、「言霊火曜会」には、出席するたびに、いろいろと反省させられ、大きな刺激を受けずにはいられなかった。ここでは、「去来抄」の輪読がつづけられたが、その問題提起と記録整備は、つねに瀬群先生が中心であった。つぎの会までに、瀬群先生は、前月の輪読の結果を、じつにあざやかにまとめられた。記述される文章表現も、よく整っていて、流麗犀緻だった。

また、「言霊火曜会」で、共同購入した「歌集」などは、つぎのようであった。

1	遠天	吉井 勇	甲鳥書林	二円五〇銭
2	伏流	谷 鼎	八雲書林	三、〇〇
3	海峡	橋本 徳樹	八雲書林	二、八〇
4	六.月	土岐 善麿	八雲書林	二、八〇
5	暁紅	斎藤 茂吉	岩波書店	二、八〇
6	歩道	佐藤佐太郎	八雲書林	二、五〇
7	雪祭	穂積 忠	八雲書林	二、八〇
8	桜	坪野 哲久	甲鳥書林	一、七〇
9	黒檜	北原 白秋	八雲書林	三、八〇
10	荒栲	筏井 嘉一	甲鳥書林	一、七〇
11	白鳳	前川佐美雄	ぐろりやそさえて	二、〇〇
12	赤土	山口 茂吉	墨水書房	二、八〇
13	鶯	川田 順	創元社	一、三〇
14	枯山水	植松 寿樹	砂子屋書房	二、五〇
15	六月風	土屋 文明	創元社	一、五〇
19	美の本体	岸田 劉生	河出書房	三、三〇
17	美について	高村光太郎	道統社	二、八〇

(以上、「言霊」昭和19年11月号、七ペ」)

これらのうち、わたくしは、当時、つぎのように借りて通読・回覧している。

昭和17年1月22日――「六月」
昭和17年2月1日――「美について」
昭和17年2月9日――「歩道」
昭和17年2月12日――「海峡」
昭和17年2月13日――「暁紅」
昭和17年2月28日――「伏流」
昭和17年4月17日――「歩道」(71首抄出)
昭和17年6月4日――「荒栲」
昭和17年6月11日――「黒檜」
昭和17年12月6日――「遠天」
昭和17年12月21日――「六月風」
昭和17年12月21日――「白鳳」

この時期、やはり「歌集」にもっともよく接した。

「言霊火曜会」は、しばらく瀬群敦先生宅をお借りして、開かれた。それゆえ、おかあさまにも、おくさまにも、お目にかかることができた。

「歌会」・「火曜会」でしだいに親しくしていただけるようになって、とりわけ、「教育実習」において、指導をしていただいてからは、お会いして、すぐに、「近ごろ読んだうちで、いちばん感心した本は、どんなものですか。」と、たずねられた。平素、しっかり読んでいないと、赤面しなければならなかった。

昭和十七年(一九四二)十月、文理科大学に入学し、土井忠生先生のご講義を拝聴するようになったとき、「古事記」の演習に、附属中学から、瀬群敦先生も、大きい大学ノートを持ってこられ、聴講していられた。土井忠生先生の周到精細をきわめるご講義に、しきりと感嘆していられた。そのことがとくに印象深い。

教育実習からいえば、ずっと後のことになるが、昭和十九年（一九四四）一月一日、わたくしは、「生活語反省」として、つぎのように記している。なお、これには「簡潔」という副題をつけている。

1　瀬群敦先生のことばは、何気ないところにまで、選語意識がはたらき及んで、聴いていて、はつと啓示されることがしばしばである。一体これはなにによるのであらうか。

2　一つには、それは事象把握が鋭敏で、的確であることから、さうした折々に該切にあたることばが生れるのであり、また、それに応ずるだけのことば養ひが、平素から積まれてゐるからであると思ふ。

3　二つには、用語が選択され洗練されてゐるために、ことばに簡潔性に富むあやが生れてくることによると思ふ。

4　このことを裏面からいえば、簡潔に至るといふことは、ことばを惜しんで、余韻をもたせてあることである。簡潔に緊縮されて、しかも要点にじかにふれたことばを学ばねばならない。

5　ここにいふ簡潔的なことば養ひは、一般的に天資の性にもよることではあるが、おほむね創造精神に富み、把握精神にあふれたもののよくするところである。ことば自覚といふものがなされてゐなくては、ことば養ひは到底みえないものとなる。

瀬群敦先生の話法・話しぶりは、すでに完成されていたごとくである。魅力に富むものであった。明快であり、さわやかであった。わたくしは、研究の上にも、話法の上にも、瀬群先生から、大きい学恩をうけている。

さて、わたくしも、主として、附属小学校における教育実習（六月前半）のことを、つぎのように詠んでいる。

雨期教生

子らの名をみな覚えをへゆつくりと教壇に立つ四日目の朝
子供らの持ち来る花を花瓶に活けてたのしも教生われは
たつた一人になりたる時に慕ひ寄るこの子まがなし平塚晶子
つゆの雨しぶける庭のなんてんの白き蕾がむらがりてよし

昭和17年9月号

ともあれ、瀬群敦（統三）先生に、めぐりあえたのは、単に「教育実習」だけでなく、わたくしの学生時代を通じてのしあわせであった。新鮮な規範者として、そこには若い学徒に訴えるものが多かった。

七　小谷等先生の示範授業

示範授業の二つめは、小谷等先生の漢文のご授業であった。昭和一七年（一九四二）六月二〇日（土）、第三時限に、三年北組（小谷先生の担任学級）で行なわれた。そのときの教案は、つぎのように構成されていた。

第三学年北組漢文講読科教授案　　　　教授者　小谷　等

日時　昭和十七年六月二十日（土）第三時限　自午前九時五十分
　　　　　　　　　　　　　　　　　　　　至同十時四十分

教材　一五　豫譲報仇　新訂漢文精選巻二　自十九頁終行　至二十二頁終

目的　春秋乱世の間豫譲仇を報ずるの史実を味読することに依り知遇に感激し身を以て之に尽すの義心に感銘を与へ進んで我が忠義の精神との比較考察を為し併せて訓読上に於いて熟読態度を養成したい。

時間配当　二時間
　第一時　自二十頁　至同頁終行
　第二時　自二十頁終行　至二十二頁終（本時）

教授過程
　一、前次の反省
　二、本時分指名読一回（四名、誤読訂正、難語句注意）
　三、範読一回
　四、構想の吟味
　五、範読に指導的発問を交へつつ難語句を中心として深究

　　左の板書に依り伸展

豫譲報《ズ》レ仇《ヲ》 一、襄子滅二知伯一 二、知伯之臣―豫譲 欲三為レ之報二レ仇　刑人」 子獨何為報レ仇之深也 知伯國士遇レ我 　我故國士報レ之義士也」 厲　　唖………何乃自若如レ此（也） ／為 以二子之才一―得二近幸一 ○将下以愧中天下後世為二人臣一懐三二心一者上也 溲《シウ》器。詐。如《ユク》レ厠。索《ム》レ之 委レ質《チ》。台《オク》。（繹） 識―知　顧《テ》

六、指名読一回

七、質疑応答及感想発表

以　上

当時の小谷等先生は、昭和十七年（一九四二）四月、附属中校教諭として来任されたばかりで、新進気鋭の国漢（習字をも含む）の先生だった。

右の「教案」は、西洋紙半枚分を横に使ってあり、「教案」の中

に、板書機構が具体的に示されていた。気力のこもった、はりつめた授業をされた。

小谷等先生は、示範授業について、みずからなお満足していない旨を述べられた。五〇分、ぎっしりつまった授業だった。そういう授業を、息をつめて拝見したのだ。授業を透視し、授業を把握する、自己修練は、当時のわたくしどもには、ほとんどなかった。

固定した「型」に拘泥することなく、たえず新しい独自の授業を求めていくようにと、小谷等先生は、強調された。「独創性」をたいせつにされるのは、小谷等先生の信条とも見られた。――小谷先生は、漢文科のご専攻で、漢文の授業への要求水準は、高く、そしてきびしかった。

授業に元気いっぱい全身で取り組まれる、厳格なはりつめた先生――小谷等先生は、そういう印象を教生に与えられた。

八　藤原与一先生の「文法」のご授業

実習期間中、当時、非常勤講師として勤めていられた、藤原与一先生の「文法」(一年生、口語文法)の授業を拝見した。同級生の中には、直接実習指導をしていただいた者もいたが、わたくしは、たまたま「文法」の授業を見せていただく機会を得ることができた。

当時、先生は、文理科大学の国語国文学科の講師を勤められ、かねて、高等師範学校の非常勤講師をなさっていた。

藤原与一先生は、一年生の教室(一年南組だったか?)にはいってこられ、初めのあいさつがすむと、さっさと授業を開始された。

「いま、みなさんの目の前に、象のような巨大な動物が立ちあらわれたとすると、みなさんは、どういうことばをだしますか。」――このような発問が身ぶりを伴いつつなされた。一年生たちは、期せずして、「ワー。」とか、「キャー。」とか、いろいろ、おもいおもいに答えた。はやくも教室に活気がみなぎった。先生は、にこにこなさりながら、ほんのしばらく生徒たちに、そういう「こたえ」をさせて、たのしませながら、ついで、つぎのようにたずねられた。

「ここに、火鉢があります。そのふちに、指を触れてみると、」と、おっしゃりながら、「アチチチ！」と、耳たぶのところに持っていかれ、この「アチチチ！」と、さきにめいめい試みた「ワー。」とか、「キャー。」とかと言うのとは、同じことですかときかれた。生徒たちは、ふとまどったようだが、一人の生徒(半ばほどの列の、前から二三番めにいたが)が挙手し、やがて指名されて答えた。

「ア　チチチは、ワーとか、ヒャーとかいうのとはちがいます。アッチーは、『あつい』という形容詞の語幹です。」――このことを、すらすらと言った。

その時間は、品詞論のうち、「感動詞」の項を扱われるのに、先生は、まず、こうしたはいりかた(導入――展開)をなさった。わたくしは、文法のテキストの該当のページをあけさせ、それをもとにして、説明・練習をしていく、型どおりの文法の授業しか、念頭になかったから、藤原与一先生の、こうしたあざやかで密度の高いはいりかたに感嘆してしまった。

ついで、先生は、「感動詞」が独立語としての性格を持っていて、「文」の中で、主・述のような緊密な関係に対して、独立性を持っていることを説かれた。

やがて、文法教科書を机上に開かせ、それまでに、四月初めから、週一時間の文法の時間に学んできたことを、復習していくように指示された。各ページを丹念に読み返すというのではなく、要点・要点をおさえつつ、さあっと、ページをめくりつつ、頭の中の文法の基本知識をまとめていくようにとおっしゃった。先生は、その間、机間巡視をされた。一年生は、めいめい教科書を読みかえした。その時、教室にかもされた、緊張したしずかさは、いまも印象にあらたなものがある。

藤原与一先生の「文法」のご授業には、およそ、たるみというものがなかった。たえず緊張して、頭をはたらかせ、「ことば」（口語文法）について考えさせられた。参観していて、おどろきを感じつづけていたと言ってよい。

——わたくしは、昭和一七年一〇月一日、文理科大学文学科に入学し、一〇月九日には、当時、講師をしていられた藤原与一先生の「語法教育論」のご講義を拝聴した。まず「手引」について述べられた。この日の「日記」に、わたくしは、

「雨である。藤原先生の『語法教育論』手引には感激よりも畏怖と恥深きを覚えた。二時間ぶっとおしで、骨身にこたえて、打たれた。」

と記している。

附属中学校の一年生になされた「文法」の授業の基底には、すでに、「語法教育論」の構想・理論・方法が据えられていたわけである。見せていただいた、あの「文法」の授業は、藤原与一先生の語法教育の結晶であり、また、頂点の一つであった。先生によって、点ぜられた「文法教育」の灯は、なおわたくしどもの胸底に燃えている。

九　山根安太郎先生の「国語教授法」

さて、わたくしどもは、教育実習に臨む前に、当時、附属中学校の国語漢文科の主任だった、山根安太郎先生（のち、広島高等師範学校教授・広島大学教授、広島文教女子大教授）から、「国語教授法」の講義を受けた。講義開始の時期を、いま明らかにしないが、昭和一七年（一九四二）一月になってからとおもう。

山根安太郎先生は、本校（広島高等師範学校）の教室（たしか、国漢の専用教室だった四〇号代の棟の階下の教室と記憶している。）に、附属中学から来られて、講義をされた。講義ノートを持参された。

初めての時間、山根先生は、講義内容を三つにわけて述べるからと、

一、方法理論　形象理論・解釈理論
二、実際方法　国語教育の実際
三、国語教育の思潮　学説・制度の変遷

の三つを示された。

つづいて、「国語教授法」の前提とすべきことを、三つ挙げられた。

一、国語教授法は国語国文の特質の上に立つ。

二、教育学一般・教授法一般はそのままでは役に立たぬ。
三、教材の特質性に即しなければならぬ。

さらに、山根安太郎先生は、左のような三つのことに言及された。

1、研究方法
2、形象理論の四大人
一、芦田恵之助（実践人）
二、垣内松三
三、西尾実（岩波「国語」の編者）
四、佐藤徳市

なお、先生は、これら四大人のほか、石山修平「教育的解釈学」・勝部謙造「わかることの教育観」など、当時の解釈学者の代表的な二人を挙げられた。

3、国語教育に於ける三古典
一、「読み方教授」　芦田恵之助著
二、「国語の力」　垣内松三著
三、「国語国文の教育」　西尾実著

以上を、「国語教授法」の「まえおき」ないし「序説」として、お話しになり、つぎの時間からは、ゆっくりと読み上げて進められるいわゆるノート講義となった。——以下に、その受講ノートから採録する。

第一章　方法理論

一、形象理論

理論はその高遠な観念世界に飛躍し、実践はとかくその固陋な伝統の殻にとぢこもりがちとなるのは、国語教育の領域に於いても屢々みるところの通弊である。しかしながら、理論が単に理論として観念的に論議されてゐる間、真に理論としての威力を発揮するには至らず、実践がまた独善的に過去の伝習のみに捉はれてゐては、その効果をあげることはできない。吾人は常に、実践の面に立つて理論を見、理論の光に照らして、実践を推進していく心構が必要である。

国語教育思潮は、明治以来まさに幾変遷を重ねてきた。そして、近年までに辿りついた二つの理論的頂点が、形象理論と解釈学である。前者は、その原理論であり、後者は、方法論であると見ることができる。一つは国語教育の素材および作用に対し、哲学的解明を与へて、理論的基礎を定立したものであり、他は、その実践面を分析して、之に科学的体系を与へたものであるともいへる。

現在の国語教育の問題が、この二つでつきてゐるわけではないが、両者は、少なくも最も重要な中心的題目であることはまちがひない。しばらく、この二大題目をもつて、方法原理を代表させ、これが一応の解説をなして、この国語教授法の指導的根拠を考察したいと思ふ。

国語教育思潮変遷の跡を詳しく辿ることは、しばらく別の機会に譲る。今、形象理論の生誕に至るまでの過程を大観すると、大体大正年代中期を劃して、それ以前とそれ以後とに二分することができる。即ち、形象理論の発生以後とそれ以前とである。

今、その間の事情を考察する。大正中期以前に、国語教育の由つて立つたところの思想は、こゝろ（心）・ことば（詞）を二元とする思想であつた。すべての方法や主張は、かゝる二元観に立脚してゐた。即ち、この思想が、ある時に、形式主義の国語教育となり、またある時には、内容主義の国語教育論の根底とされ、また時には、両者に折衷主義として現れたりもした。これらはいづれも、心・詞二元対立観の種々なる現れであつたのである。そして、この思想は、次のやうな特質をもつ。

(1) 内容（心）・形式（詞）を別個の存在とし、これはやがて心と物を相対する別世界の存在と見る。

(2) 心・物を別世界のものと見て、心に物が映つて認識が成立すると云ふ模写説の立場に至る。

(3) 心・詞は離れた別の存在とする限り、之を結合させるものは、第三者であるとする。この立場から、詞は心の単なる符号であり、道具であるとする。

(4) かゝる考へ方から、文章教授に於いても、文章を内容と形式にわけ、内容をその形式と全然はなして吟味を進め、形式はまた、内容と無関係に辞書的一般的な詞に還元して、取り扱いを進める。

このやうな立場からなされた、当時の国語教育が、今日から見て、極めて外面的非生命的であつたのは、当然のことである。

この勢の極まるところは、その取り扱いに於いても、国語科は、修身・歴史以下他教科の単なる集合所であるかの如き観を呈し、また、文自体を否定し、その全的な生命に触れることの不可能な欠陥を暴露するに至つた。

ここに於いて、種々彷徨と探索を重ねた結果、見出し得たものが、「心即詞」の一元の世界であつた。そして、この新世界の正体は、何ぞやの討究に努力した結果、把握し得たものが、「文生命観」であつた。即ち、心と詞との融合の世界を求めて、それを主観の方向に掘り下げて行つて辿りついた境地である。こゝに、生命主義の国語教育の登場を見たのである。

かゝる新しい立場を得た国語教育は、

(1) 読みの対象を、文の生命に見出し、

(2) 生命は、知的分析によつては触れえず、体験・直観等と云ふ全体的生命的方法によらなければ、之に到達しえないと主張し、こゝに、鑑賞主義・生命主義・体験主義・創造主義等の方法論を派生せしめたのである。

かゝる方向に進む時は、必然に、生命を以て、一種の神秘的なものと考へがちにし、方法論の欠如と文に於ける客観的なるものの否定とを将来せざるをえない。再び、かゝる欠陥に気づいて見ると、それは実に、心即詞の一元世界を、たゞ主観の方向にだけ着眼したために生じたものであることも、直ちに明らかとなつた。

心詞二元観を砕いて、心即詞の一元世界を発見した国語教育が、再度の転回によつて切り開いたものが、「形象の世界」であつたのである。

主観の方向に着眼して生命を発見したのも、心即詞の世界からすれば、一面的であつて、その転回方向は必然に客観の側へと進んで行く。しかし、心詞融合線上に立つての転回であるから、在来のやうな内容・形式相分離し、或は相対立したやうな世界ではありえない。即ち、心と詞とを一つにしたものであるが、しかし、主観の方向に発見した生命とは、やはりどこか趣のことなるところがあるものでなければならぬ。

この形象の発見こそ国語教育の新展開の重要起点となつたものである。上述の如き理論的探求は、はやくより初等教育界に於いて盛行した。心詞二元観より一元観への転回期に於いて、まづ「読む」作用の吟味より入つて、「読み方は自己を読むものである。」と主張し、生命主義の先駆をなしたものは、芦田恵之助氏の「読み方教授」（大正五年四月出版）であつた。これより、「読む」と云ふことの哲学的理論的解明が、時代々々の哲学思潮に裏づけられつつ、ひきつづき今日まで、なされてゐるのであるが、「読む」は、自己以外の客観的なるものの受け入れでないことが論ぜられ、これがつづいて、「読む」とは、

(1)　文の中に自己を見出すことである。
(2)　文の中に自己を投入することである。
(3)　文によつて、変容せられた自己を読むのである。
(4)　文を機縁として、自己成長を計ることである。

などと云ふ主張がしきりに行はれた。

芦田氏「読み方教授」（「国語の内容と形式」、一二八ぺ）に見るものも、内容形式一如の所論であつて、当時にあつては、はやく心詞一元論の芽生えをほのめかしてゐる。かくて、内容形式対立観の克服より、徐々に心詞一元観に動いて行つた国語教育論壇は、また次第に、形象理論の確立と成長とを促し来つた。

形象論は、土居光知教授の「芸術的形象」（大正五年）（「文学序説」所収）の論などが、比較的早期のもので、これを理論的に国語教育の世界に組み入れたのは、垣内松三教授の「国語の力」（大正十一年）を以て、最も劃期的なものとし、爾来、「表現の読み方」（昭和四年、千葉春雄氏）・「形象直観読み方教育の原理と実践」（昭和六年、西原慶一氏）・「形象の読み方教育」（昭和六年、佐藤徳市）以下、実践方面に於けるこの種の文献は、枚挙にいとまがない。

さらに、これは、昭和の中頃より、実践の科学化としての、解釈学説に移行し、国語教育の営為に、さらに強力にして体系のある組織を与へてゐる。最近数年間は、とくに国語及び国語教育に対する国民の関心が高まり、大東亜圏の通用語たる日本語の品位を高め、能率化を計らんとして、着々その改善が企図されるに至つて、国語の体現・体得を目指した、国語陶冶の徹底化が強調され、その他の新部面と新領域へも、開拓の鍬を振ふべきことが要望されるに至つた。

しかも、これらの主張は、着々一国の政策として実行に移され、国民学校国民科国語の指導方針の改変を初めとし、文部省国語課の新設、或は漢字整理案実施などに具現されてきつつある。

したがつて、学校に於ける国語教育の実際に於いても、原理の哲学的究明を以て満足してゐるわけにゆかず、また、作品の鑑賞・

生命の把握・形象の理会等の理論に止まつてゐることを、許さなくなつてゐる。国語教育は、もつと視野を拡大しなければならない。当該学校に於ける全学年の系統的指導案を確立するは勿論、下級・上級学校の国語教育との聯関を緊密にし、さらに家庭・社会等の国語的環境の利用とそれへの積極的はたらきかけに及ぶ、国語生活指導の大局的考察が、現下最も必要とされる。しかも、在来国語が国民性の生むところであることは、屢々論ぜられたが、さらに国語が国民性を形成するものであることは、充分に自覚せられてゐたとは云ひがたい。わが国語教育は、実に国語によつて皇国民を錬成するところのものであり、積極的なる形成作用であることが重視せられねばならない。

かかる国語教育の歩みに於いて到達し得たる、形象理論及び解釈学説は、方法上の基礎理論として、なほ充分の検討と究明を要する問題であるが、今はその所説の一斑を概観するに止めざるを得ない。

形象理論の提唱されて以来、かなりに年を閲し、已に学界に喧伝されてゐるに拘らず、未だその本質は必ずしも明確にされてゐるとは云ひがたい。(「形象」なる術語の意義も、広狭様々に用ひられてゐる。「岩波哲学辞典」には、「詩的形象」、「教育学辞典」には、「形象」。)

この形象と云ふ問題を、芸術論として、詳しく述べられた、比較的初期のものは、既述の如く、土居光知教授「文学序説」(昭和二年版)中、「芸術的形象」の論文などであらう。大正五年四月の雑誌「現代批判」に寄せられたるもので、氏は論中に、「内面的形象、外面的形象、生ける形象、音楽的形象」などの用語を用ひ、肉眼のみならず、心眼によつて認めえたる「生ける姿」形を、芸術上での深い意味の形象としてゐる。即ち、「普通に用ゐられてゐる形象の意味は、ある物体から感覚的に与へられたものの自らなる最も具象的なる統一である。そして形象を抽象的に考へて、資料或は内容から区別せんとする時、形式或は外形と云ふ。」(六一五ペ)と云ひ、「肉眼に於ける見る」と「心眼に於ける見る」を、直観の問題として展開し、「見ると云ふことは常に肉眼のみでなく心眼によるのである。」(六三〇ペ)とし、この直観としての形象は、内容と形式との一致であることを云ひ、さらに、美的形象は、比喩や抽象的概念を以て説明しがたいものであり、「たゞ体験しうるのみである」(六五二ペ)ことを述べてゐる。

かゝる考へ方を、文学形象に於いて見、解釈の方法としての「センテンス・メソッド」を提起してゐるのは、「国語の力」である。即ち、文の内容と形式の問題を取り上げ、これを併存的なものと見ず、「文の形」として揚棄し、「文の解釈の第一着手を文の形に求むると云ふとき、それは文字の連続の形を云ふのではなくして、文字の内に潜在する作者の思想の微妙なる結晶の形象を観取することを意味するのである」(八二ペ)と云ひ、文章には固有の文の形があり、それを読者が胸中に再構成してみた形を「想の形」と云ひ、この二つの形は、本来同一のものであるべきであるが、解釈の起点は、「想の形」におくべきことを云ひ、「文の形」と云ふことは、誤解を招き易い云ひ方であることを度々経験する。即ち自ここに云ふ文に見ゆる形は事物的な形を云ふのではない。即ち自然の光景とか人物の肖象を見ることを云ふのではない。それは文の形が会得されると共に自然に習得せらるるのであつて、こゝに文の形を見ると云ふのは作者の意識の流動を形に見ることを云ふのである。」（一一六ペ）と説いて、文の形象なるものを明らかにしようとしてゐる。

後に説く如く、氏のこの所説は、さらに複雑難解なるものに発展してゆくが、比較的簡明かつ該切に、形象の意義を説明してゐるのは、西尾氏「国語国文の教育」である。氏は、「文学形象」について、次のやうに云つてゐる。「私は最初に之を全体的直観と云つた。全体的直観と云へば、単にその作品のもつ感覚性の総量ではない。その作品がもたらす生きた芸術的効果でなければならぬ。即ち直観された、作品の意義に外ならない。」（一二六ペ）ことを云ひ、さらに、「かくて形象の概念は形式が抽象的統一様式であるのに対して、具体的統一体であり、形体が感覚的に与へられたものの空間的統合としての統一点であるのに対して、精神的生産としての自律的な時間的展開の過程である。故に形象は形であり姿である点に於ては、形象・形態などとその概念をひとしくしつつしかも超感覚的具象的な統一体である。時間的発展性として成立する作用体系である点に於て特殊概念である。従つて形式及び形態は知的認識の対象であるけれども、形象は、単なる知的作用の対象ではありえない。即ち文学形象は制作に於ては勿論、鑑賞作用に於て表現の立場に於ける体験としてのみ成立する自覚体系でなければならぬ。」（一三一ペ）ことを云ひ、表現の面より、この点を述べてゐる。（一四九ペ）

さらに、文学形象の成立過程及びその意義理会過程など、一連の問題を精緻に分析・究明し、「国語の力」に示されたる方向を深化して、独自の体系を樹立し、所謂垣内学説を以て学界に聳立せるは、垣内松三教授の所論である。氏は、泰西哲学諸家の学説を巧みに吸収して、自家の体系的思惟を宏大精深にし、形象理論としては「形象論序説」（昭十二）を以て整理する一方、独立講座「国語教育科学」（十二巻中、九巻刊行、昭和九―一〇）に於いて、在来の考説を集大成し、宏大なる言語文化体系樹立の企図を示されてゐる。その所説は、最近ドイツ学派の思潮を取り入れつつ、次第に東洋的なる「無」・「零位」などの幽玄なる思惟の展開に至つてゐる。

一、	「国語教育科学概説」	九年　四月
二、	「国語指導論」	九年一二月
三、	「国語教材論」	九年　七月
四、	「国語学習論」	九年　五月
五、	「国語教育論史」	九年一一月
六、	「国語陶冶論」	未　　刊
七、	「国語解釈学概説」	九年一〇月
八、	「国語表現学概説」	九年　八月
九、	「国語教育史」	未　　刊
一〇、	「国語教育の諸問題（上）」	九年　九月
一一、	「国語教育の諸問題（下）」	一〇年一〇月
一二、	「国民精神と国語教育」	未　　刊
○	「基本語彙学」上巻	

これらの諸著には、「国語の力」に示された思惟の思想の整序と発展とを見得るのであるが、今はこれを細説する暇なきを以て、形象と理会とに関する所説の一部を概説する。

即ち、「国語の力」に於ける「文の形」と「想の形」は、「表現」と「再現」として発展せしめ、この「表現」の統一性と「再現」の多様性との同一性を求めてゆくところに、「理会の問題」を設定してゐる（「文学理論」、八〜一七ぺ）。さらに、「文学機構」を分析して、一、叙述的機構二、表現的機構三、象徴的機構として（「文学理論」）、これを「理会の機構」に移して、一、叙述的機構の解釈を(1)知解、二、表現的機構の解釈を、(2)理解、三、象徴的機構の解釈を、(3)理会と規定したが（「形象と理会」）、さらに、これらを整序して、文の内面構造を考察して、「面」より「相」、「相」より「層」へ進め、「言語形象の層位」として、こゝに、(1)叙述層（集積）(2)示現層（原集積）、(3)形象層（象徴層ないし射映）に発展せしめ（「国語教材論」、九一〜一六〇ぺ）、さらに、「言語形象の層序」・「言語形象の層準」等の項目を以て、形象の機構を分析し説明してゐる。

次に、形象の概念を、最も平明に分析して解説してゐる、佐藤徳市氏の所論を検討する。氏の形象論には、二段の進展が見られ、その一つは、「形象の読み方教育」（昭和六年）に、その二は、「解明弁証法的読み方教育の新機構」（昭和九年）に説くところである。即ち前者に於いて、まづ「内容・形式・生命」の関係を述べて、「従来文章を研究する人は、文章の指示するものを内容とし、それを盛ることばを形式と見てきた。この内容と形式とは、例へば器中に入れた内味とその内味を盛る器と云ふ関係に於て眺めてきたものである。そして内容は内容として吟味し、形式は形式として別に吟味して来たものである。ところが、最近の主張では文章を内容と形式の両面にはなして吟味しただけでは、文章それ自身は明らかにならんとして、内容と形式の一体なるものをめがけて進んだ。そして、この一体なるものを、主観の方向に求めた時、そこに生命を発見したのであつた。」（二四二ぺ）と云ひ、形象に論及しては、「形象は生命の形となつて表現されたものであり、生命は実現以前である。内容と形式とは、形象を二つに割けて平面上に対立させた概念である。生命と形象には生命的関係はあるが、内容と形式との関係にはそれがない。そこには抽象的関係しかない。生命が形象となるには生命が一度自己分割によつて、形式と内容とに対立する。そして形式と内容との関係として、己を捕へることになる。そのためには、生命は関係の両項としての内容と形式との相関関係を吟味して、その関係の必然するところを捉へることによつて、対立を止揚する。そこに最初与へられた生

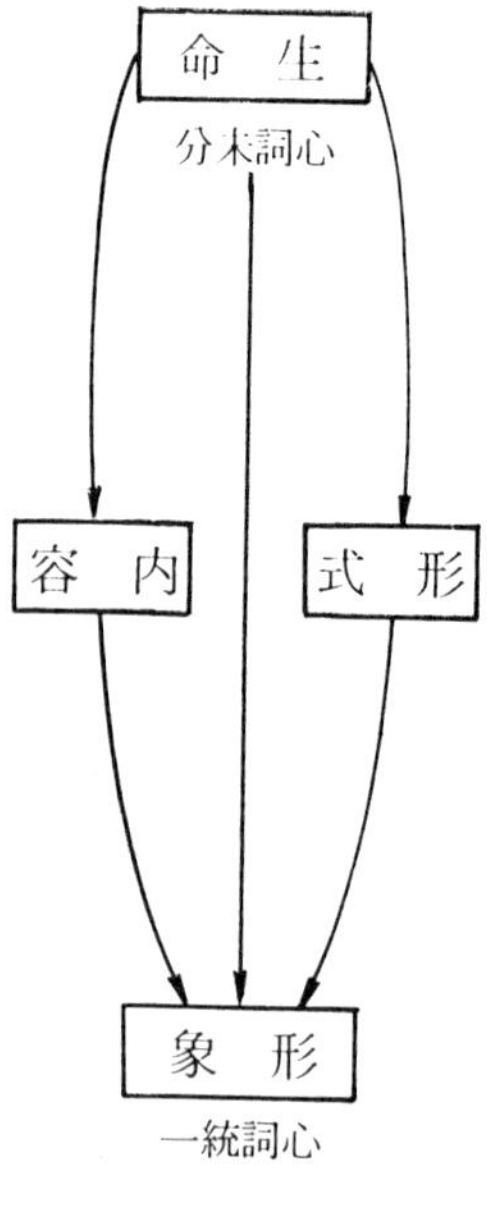

命はあらたなる内容をえてあらはれる。形象はかうしたものである。」（二四三ぺ）として、前頁の如き図式を以て説明する。

そして、「生命と形象とは共に内容形式の一体なるものであるが、両者の区別を云へば、生命は内容と形式の一体なるものの主観の極に位するものであり、形象は客観の極に位するものである。別に云へば、生命は実現以前であり、形象は生命が己を形に即して実現したものである。」（二五四ぺ）とも附加してゐる。

後者に於いては、形象としての文章の成立を、さらに動的に観察し、文（主体的）と語（客観的）との相矛盾する性格を論じて、これの弁証法的解明を試みてゐる。即ち「文は語を限定しようとし、語は亦反対に文を限定しようとする相互限定の関係にあるものであつた。即ち文が自己を表現しようとはたらくとき、同時に語の方から文を規定しようと働きかけてくれる。」（一四二ぺ）性格を究明して、「文が自己展開する所に語があらはれてくる。」とする生命の読み方を破摧し、「形象なる概念は文と語の性格的にことなり互に矛盾するものの弁証法的統一でなければならないことになる。」（二七六ぺ）ことを主張し、「単語を語としその単語がいくつかあつまつて、一つのまとまりをもつものを文と称して来た」過去の文章観を非難して、「文をその要素に分析してゆくと語があらはれ、その語を綜合すると文に成ると云ふことに」なつて、「これは語と文が本質的差異をもたぬたゞ量の差となると云ふ誤謬を指摘して部分があつまつて全体をなすと云ふ要素観的機械観的立場に陥ることを論じ、また「語は材料であり、文は思想である見方」も、なほ「語を思想表現の材料とみるだけで、未だ文と語との性格構造並びにその聯関を説明しえない」と云ふことを述べる（二八〇ぺ）。

かくして、「具体的な文章は主体的自我としての文と、客体としての語の相互限定によつて成立つてゐる。」ことを結論して、「以上一定の歴史的事情の下にあらはれた形象は、文と語と云ふ性格的にことなるものの弁証法的一致でなければならんことを想定し、それを明らかならしむるために、文と語の性格構造並びにその連関について、語つて来た。それによれば文と語は、性格的にことなり、互に矛盾するものであつた。しかしながら同時に文は語を予想し、語は文を予想してゐるものであつた。お互に他を契機とすることによつて、現実的文章となれるものであつた。形象は実にさうした文と語の相互限定によつて、矛盾を止揚したところのものであつた。」（二八四ぺ）と述べてゐる。これらの一々の理論的展開の跡を見ることによつて、形象理論のおよそ意図する概略のものを髣髴しうると信ずる。

文章観に於いて相当に深刻なる面にまで到達してゐることを思はねばならぬ。しかも吾人としては、単に観念的なる理論に低迷するだけでなく、形象論は、結局に於いて解釈の対象たる文章の構造を究明せるものであることを、また教材研究の原理論たることを了得して、さらに実践の方法論たる解釈学に入らねばならぬ。

二、解釈理論

解釈学理論の一般に通ずるには、その歴史の概略より始めて、意義及び体系について、考察することを要するのであるが、今はその片影を概説するに止める。

解釈学史は、遠くその源をギリシャに溯り、詩の技術的解釈として、解釈学の発生を見てより、聖典の解釈にうつり、さらには文献学的解釈学となり、近代に至つては、ディルタイ、ハイデッガー一派の生哲学・現象学等の綜合によつて、哲学的に重要なる学として成立した。特に小篇ではあるが、ディルタイの「解釈学の成立」(一九〇〇)が、わが国に紹介せられてより(土田杏村「国文学研究一」昭和五、栗林茂訳(前半)、池島重信、岩波「哲学論叢」昭和七、全訳)、哲学界・教育論壇のこの問題に対する関心は、特に高まつたものである。わが国の解釈学が学的自覚を以て考究せられるに至つたのは、ごく近年のことに属するが、前代の訓詁や註釈の技術の上にも、なほ解釈学的態度を見出しうるものがあり、宣長を始め、近世国学者諸家の古典研究の方法論にも、独特な解釈理論と見るべき所説が散見される(「国語科学講座」)。

わが現代の国語教育方面に於いて、斯学への関心をもつてなされてゐる所論は甚だ多く、彼の「国語の力」に於いては、なほ「解釈学」なる術語は用ひられてゐないが、明らかに解釈学的意図に立つ著述であり、これは「実践解釈学考」(昭和八)を経て、「国語解釈学概説」(昭和九)につながる、著者のこの方面の体系的述作の第一段階をなしたものである。

解釈理論は、昭和十年前後を最高潮時代として、爾後の国語教育書は、この学説の影響下に立たぬものはないと云つてよく、実践壇に於ける既述の西尾氏・佐藤氏の諸著の外に、山内才治氏の「素直な読方教育」(昭和九)など著名である。そのほか、ディルタイ哲学を祖述される勝部博士の諸著並びに山崎謙氏の「解釈学概論」(昭和一〇)・石山脩平氏の「教育的解釈学」(昭和一〇)等、斯界の代表的著作であり、特に、後者は啓蒙的である一面、体系的によく整頓され、入門書としても好適なる著書である。雑誌方面に於いても、十年前後には解釈学を主題特集とせるもの多く、幾多のこれらの論作が発表されてゐる。

今、解釈学の意義に関して、諸辞書――「入沢教育辞典」・「岩波哲学小辞典」・「平凡社大百科事典」・「岩波教育学辞典」の解説するところは、殆どディルタイの所説を中心とするもので、「かゝる永続的に固定された生活表現の技術的理解を吾々は解釈と呼ぶ」こと、また「文献的に固定されたる生活表現の理会に関する技術論を吾人は解釈学と名づける」もので、かゝる解釈は、解釈者の天分と解釈者と被解釈者の生命の親近とに依存すること大であり、これによつて歴史芸術などに現れたる個性的生命を普遍的に了解しうるとするのである。

かゝる解釈の問題は、形象と意義、さらに体験・表現・理会の究明に関係して考察せらるるのであるが、これも今は省略して、解釈学の「任務」とするところを、石山氏の所説を借りて、つぎに述べる。(「教育的解釈学」、三三ぺ以降。)
一、解釈の方法に関する論究――解釈が方法的に行はれるためには、一定の原理にもとづき、一定の過程を辿つて、行はれねばならんが故に、解釈方法論は、さらに解釈方法上の諸原理の究明と解釈の実践過程の論述とに分かれる。

二、解釈学は、解釈の可能性を基礎づけることを任務とする。解釈者が自らとは別の人間の精神生活の表現を何故に理解しうるか。それの可能なるためには、如何なる根拠があり、如何なる条件が必要であるかを論究する。

三、解釈学は解釈の妥当性を吟味することを任務とする。解釈は普遍的客観的妥当性を要求するのであるが、それは果して如何なる条件によつて充たされるか。従つて、その条件により如何なる程度の妥当を有するか。換言すれば、解釈の限界は、何処に存するのであるか。この点を吟味するのが解釈学の最後の課題である。

然し、如上の課題の解明を、ここではことさらに避けて、出来る限り、国語教育の実践に近い部面の諸問題の骨格だけを拾つてゆくことにする。

まづ解釈の対象たる文の構造について云へば、文の構造は、結局文にまで表現されたところの想（内面）の構造である。即ち、想が語の一般的意味を具体化して、適所に定位せしめ、文法を自由に駆使して文体をなさしめ、以て成立したところのものが、文の構造である。而して、文の構造の第一契機は、「文の事象」である。文は体験が想化せられて、表現せられたものであつて、文はまづなんらかの事象を表現する。しかし、文の事象は単なる外界の事象ではなくて、作者の体験にとり入れられ、表現の意図に導かれて、想化せられたもので、外界の事象の中で表現の意図によつて選択され、また整序されたものである。

文構造の第二契機は、「文の主題」である。これは想化の指導原理であり、事象を統一整序し、意味づける焦点たるものである。これは、文の焦点として一点に統一されてあらはれてゐる場合もあるが、また事象の見方・統一の仕方に潜在し、文全体を貫通する血脈となり、無形の力となつて、一語一句の中にも、生きて動いてゐる場合もある。

第三契機は、「文の情調」であつて、これは想が分節化されて、語と文法とによつて表現されるにあたりあらはれる感情的要素――即ち、快・不快・興奮・沈静・緊張・弛緩などが、如何なる高低・遅速・強弱を以て進行するかと云ふ方面である。文に於けるかゝる情調は、語の色調のみならず、それの結合や配置や句読の切り方などの上にもあらはれて来る。

文の意味は結局この三契機の綜合に於いて捉へられるものであるが、さらにこれが解釈は、その文の心理的性格・対象的性格の特性に応じて、対象的解釈と心理的解釈を生ずることになる。前者は、文自体としての客観的意味を求めるものであり、後者は作者の素質・境遇・心境等を重視し、その個人的制約の側を、文の構造に見出さうとするものである。さらに、他の立場をとると、文を読者の主観にひきよせて解釈する主観主義と読者の主観から出来るだけ独立させて解釈する客観主義との二様の解釈態度も生れて来る。

これらの解釈態度は、各々長短両面を具有し、真実の解釈原理は、これら対立する二態度の止揚を必要とするやうに思はれる。

次に、解釈の実践過程の模式を略述する。

解釈過程の究明は、要するに解釈原理を実践に即して時間的展開に於いて、これを見んとするものである。

一、通読段階

1 素　読

(イ) わかる部分だけ読む。難語句比較的少い部分。

(ロ) 未知難解の語句を解決しつつ読む。難語句多き場合。

2 注　解

1に於いてとばした難語句を一般的に読解する。但し、全文通読のための注解である。

3 文意の直観

仮定主題の設定に止まる。但し、情調の感得は、後の精読段階に於けるものより強度なる場合もある。

二、精読段階

1 主題の探求・決定——前段階に於ける仮定的主題を直観の反省吟味により、決定的な主題とする。反復熟読——この場合、常に必ず文中の特定の語句を捉へて、主題とするは牽強附会の解釈に陥ることがある。

2 事象の精査・統一——主題と関係づけて行ふ。

3 情調の鮮明化——反省的理解により情調の根拠の理解を得る。

4 文の形式による自証——把握しえた想を文の形式によつて実証する。語句の一般的意味は、その文に固有な意味に定位される。

三、味読段階

1 朗読——精読までは黙読も可。考へ読む。ところが、文が書かれる際には、作者は口の中で語りつつあつたし、これに合体する。

2 暗　誦

3 感想発表

四、批評段階

1 内在的批評——批評の標準を作品自体に内在する立場におく。

2 超越的批評——作品以外の立場を標準とする批判である。

三、実　際　方　法

以上の解釈過程の構造を参案して、教室に於ける国語教育の実践にうつしてみると、およそ次のやうな教授過程の模式をたてうる。

(1) 教　案

以上、述べたものは、解釈学的立場よりしたる一単元の教授過程の意義を分析説明したものであるが、実際教授に於いては、教材の性質・被教育者の程度・教授系統案（細目）中の位置を、充分に考量して、さらに具体的細密な実行的方案を以てあたらなければならぬ。これを教授案と云ふ。略案（目的と指導項目位を記したるもの）と細（密）案（問ひこたへの文句、板書の文字までも記したるもの）並びに両者の折衷案としての中案とが考へられる。

略案・中案と雖も、問答の一々、板書機構の一切を胸中に構成しあることが必要である。

今、教案記載上、注意すべき二三点を述べる。

(一)　教材観　この確立によつて、その課の教授目的が定まり、目的達成のために、教法の展開が生れてくる。その教材の教育的意義と教法の生れ出づる所以が明示されるべきであるが、出来得るかぎり、簡明にして要領を得ることを尊ぶ。常にその時間の教材につきて記すこと。

(二)　目的　その時間の最も主要なる中心目的として、凝集圧縮されたる第一義的目標を、まづ提起し、ついで二義・三義的なるものを添へる。焦点不明瞭なるは、最も禁物で、その時間の究極に到達せんとするところを、簡明率直に記すべきである。

(三)　時間配当　なにほどの時間をその一単元の教材に配当し、本時まで如何に経過し来り、本時以後如何に展開すべきかの全計画を示す。

(四)　教法（教順）　目的の項目を達成するために、実践事項を時間的に展開して記す。箇条式に事項を具体的に記し、表解法または括弧などを用ひ、分節して、出来るだけ簡潔明瞭に書き、一見して分明なることを第一とする。注意すべき語句、附加すべき事項、板書の文句等も適宜記入する。朗読・解釈を命ずる時は、その範囲・回数・人数などまで考定して記す。

(五)　教具　地図、写真、掛図、標本等の教便物を記す。

(六)　備考　教案中、臨機に補充もしくは省略すべき部分をも、ここで予定しておく。

(2)　教授上の諸問題

次に、実際教授の上の諸問題を挙げる。一々の内容に亘つて細論する余裕なきを以て、問題を提起するだけに止める。

(一)　中学校の立場

中等学校以上の教育も、国民学校案の確立に依つて、この精神を具現して編成せられること明らかであり、中学校国語科としても、国民学校国民科国語の発展態として、営為せられなければならぬ。

と共に、対象たる被教育者の心身の発達に応じ、教材・方法共に独自の立場に立つべきことも明白である。

これを概言すれば、一般的標準文体より、個性的作品に発展し、生活語より文化語へ、実用より教養へと、教材も変化すると共に、学習も一段と自律的に高まり、解釈などに於いても、直観的より文法的分析的方法にうつるなど、幾多の相違点が認められる。

また、専門教育としての国語研究とも異なる立場を持つ。いまこれを少し立ち入つて考察すれば、中学校と国民学校との国語科の対比は、次の二観点より眺め得る。

当時の附属中学校国語科主任山根安太郎先生の「国語教授法」のご講義は、以上のようであった。週一回、一回は一時間（五〇分）のノート講義であって、十数時間をかけて、前掲のように述べられた。戦時下だったため、講義時間をじゅうぶん確保することができず、ご講義は、途中で終わらざるをえなかったのである。昭和一七年(一九四二)四月一〇日の日記に、「国語教授法はよかつた。」と記している。

ご講義は、予定された三つのうち、方法理論として、形象理論・解釈理論を中心に述べられ、二つめの実際方法については、ごく限られたものとなった。読むこと(講読)の教育を中心にした、「国語教授法」であった。

さて、ご講義「国語教授法」の評価としては、レポートを提出させられた。レポートの問題は、左の二つで、そのいずれかを選んでまとめることになっていた。

○形象論批判——一人のひとの意見でもよい。三四氏の説の相異の比較、発展でもよい。批判の眼をはたらかせるように。

○国民学校の国語教育に対して考える中等学校国語教育の立場——教材論を主として、あるいは、方法論を主として。

両者のうち、わたくしは、前者「(形象論批判)」を選んだ。いま、わたくしの提出したレポートの草稿によって、そのあらましを見ると、つぎのようである。

形象論批判

一、基底の問題

二、方法論からの発展——目的論——

　批評的立場

　鑑賞的立場——解釈学的立場

三、形成の問題

一、序

時下にあるべき国語教育の立場から、形象論に関する問題を見つめてみたい。

二、基底の問題

国語教育の全野から大観すれば、形象論は、文章の表現構造解明並びに国語教材研究の中心的原理論であり、明治・大正を経て今日の日に流れる国語教育思潮中、最も深遠精緻な境地に到達してゐる学説である。

その所説は、今に国語教育に於ける中心原理論として、文芸主義的国語教育の主流をなし、揺がぬ地位を占めてゐる。また、その理論の布置・結構・展開も、思索・実践両方面から、殆ど尽されて、その頂点を究めてゐる趣すら窺はれる。文学形象の解明に関する限り、殆どそこには未踏の領地はないものの如くである。

けれども、さらに沈潜するならば、換言して、もつと深く原本的な国語教育の基点に立つて考察するならば、この形象論は、国語教育に於いては、殆どその頂点を形成してゐるとも云ふべき文学・芸術作品の文学的芸術的形象の解明に専心してゐるものではなからうか。そこには、確かに西尾実氏も「国語教育の新領域」・「国語教室の問題」に於いて指摘されてゐる如く、文学作品以前とも云ふべき、日常生活の児童・生徒の素朴なことば——話し方——とでも云ふべきものが忘却されてゐる。如何に高遠な文学形象を読むかの読み方の解明——主として方法論的に——はあつても、一層原本的なありのままの国語の生きた姿、生活語の諸相を如何に見つめるかの、換言すれば、話し方の方面への関心が薄いと思はれる。

尤も、佐藤徳市氏は、「弁証法的解明 読み方教育の新機構」に於いて、語の持つ特性に着眼され、「動的聯関にある語」として、文学形象を見ようとされてゐる。しかし、これにはその立論の立場上、国語生活語の陶冶理念の確立と意図とは見られない。「国民の精神的血液」（上田万年氏「国語のため」）と呼ばれる話しことば（生活語）への深化こそ、形象論が、一層深遠な原理論として、真に国語教育界に根を張る所以であると考へる。

文学形象の基底をなすもの（生活語）への深化、これは国語教育の領域の拡大であると共に、なほ今後に残された形象論の一問題であると信ずる。

三、倫理の問題

吾々の祖先達から精神的血液として如実に伝承した国語には、国語倫理の聖統とでも云ふべきものがある。それは大詔をかしこむ敬虔な臣子の態度にもあざやかに露はれる。また、日常生活につつましく表現される敬譲の話語にも、こまやかに看取される。吾々はこれを言語信仰の神聖な伝統と呼んでもよい。

国語教育に於いては、常にこの生活語のあらゆる場面に厳粛に発露して来る倫理感――これは日本語特有とまで云つてもよい――を、もつと生々と把握させなくてはならぬ。それは形象論の実践方法論としても見られる解釈学に於いては勿論、形象論そのものに於いても、その生命の雰囲気をなし、さらにその生命を生むものとしての、この国語の倫理感の追求がなされなくてはならない。

このことを、西尾実氏は、方法論から目的論への発展と云ふ風に述べられてゐる（前記二著）が、確かに生命から形象の顕出する過程・機構のみを着眼・考究するばかりでなく、一歩奥にある生命に漲り溢れる国語倫理感とも云ふべきものを読みとらなくてはならぬ。

かくするとき、国語教育に於ける日本的なるもの、日本世界観の問題が、目的論的に深まつて来、かくなるとき始めて日本世界観――日本精神が、国語教育・生活語陶冶の実践面ににじみ出ると思ふのである。万葉の昔には、叱られることを、「こられる」と云つた。それは、後世何時のまにか、「おこられる」になつてゐる。「お」の附加こそ、日本人の倫理であり、ここにこそ日本精神の自叙伝がこもるのである。

四、形成の問題

従来の形象論乃至解釈学に於いては、極端に云へば、「わかる」こと乃至「わからせる」ことが主眼として取り上げられ、そこには、読み方を営為する者としての主体性の確立は、なほ正面・根本の問題とはならなかつたやうである。このことは、岩波講座「国語教育」の「学校論」に於いて、岩永胖氏も指摘され、また西尾実氏も、前掲二著に於いて、従来の鑑賞主義的立場・解釈学的立場より批評的立場への前進として説かれてゐることであるが、深く感を同じうするものである。

一言で云へば、それは広義の国語形成の問題であると云つてもよい。さらにそれは、綴り方道へも最も直接につながるものである。この場合、形成とは、制作と云ふ意味ではない。ほのぼのと日本語倫理（――この深化は日本美と同一である。）をはらみもつ生活語の胸裡への感銘深き発揚を云ふのである。もつと飛躍して云へば、さらに自我・主体性をはっきりと自覚して、国語の体得・体現を目指し、創作・鑑賞・解釈・批評にまで、のぼりつめることである。

　これは、一般的に云つて、方法部門に関与する問題であるけれども、しかし形象論に於いても、国語愛護・国心的自覚の部面に於いて、その「生命」――「形象」の問題に深くつながるものである故、ここにも一つの問題が存するとおもふものである。

　五、結　び

　以上、形象論に於いて、その基底・倫理・形成の問題を取り上げて見た。これは、国民学校国民科国語の新しい立場と多く相通ずるものを持つと思ふ。自分はひたすら、国語陶冶の神聖な道を驀進し、不退転を以て勇猛精進を念願するものである。

　右のレポート草稿は、生硬な論述であって、赤面のほかはないが、難解だった形象論について、当時、あれこれと苦しみつつ、なんとか立ち向かい、まとめようとしたことが、今も思い出される。幼稚だった、未熟な国語教育論であるが、そこに昭和十六・十七年ころの国語教育の動向を反映させているのに気づく。

一〇　教育実習に備えて

　そもそも、わたくしが「教育実習」に関心を抱くようになったのは、高師三年生（昭和一六年四月～）の折であった。一年上級の松岡覚氏に、山根安太郎先生の「国語教授法」のことや「教育実習」の話を聞いてからであった。――それは同時に、国語教育への関心でもあった。

　人前に立って、ものを言うことの至極苦手だったわたくしは、小学生・中学生たちに国語を教えるには、どうすればいいかについて、全く自信がなかった。不安だった。すこしでも、見通しをつけなければならないと考えた。

　こうして、わたくしは、高師三年生のころから、すこしずつ、その方面の書物を読むようになった。昭和一六年(一九四一)四月から、附属中学校の実習に出る直前、つまり昭和一七年(一九四二)六月中旬までに、わたくしの通読した国語教育、国語学関係の文献は、つぎのようなものであった。

昭和一六年(一九四一)四月～

○昭和16・4・14――「高等国文法」・「国語尊重の根本義」（山田孝雄著）

○昭和16・4・27――「国語教育の新領域」（西尾実著）

○昭和16・4・30――「支那語教授の理論と実際」（倉石武四郎著）

○昭和16・5・5――「国民学校の教育」

○昭和16・5・19――「日本文法論」（山田孝雄著）

○昭和16・5・31――「日本文法講義」（山田孝雄著）

○昭和16・6・17――「全日本アクセントの諸相」(平山輝男著)
○昭和16・6・23――「国語学史」(時枝誠記著)
○昭和16・7・11――「言語美学」(金原省吾著)
○昭和16・7・12――「国語の将来」(柳田国男著)・「東洋言語学の建設」(中島利一郎著)
○昭和16・7・13――「標準語と国語教育」(国語教育学会編)
○昭和16・7・14――「国語史序説」(安藤正次著)・「仮名遣の歴史」(山田孝雄著)
○昭和16・7・16――「国語文法論」・「方言学」(東条操著)
○昭和16・7・17――「話言葉の研究と実際」(神保格著)
○昭和16・7・18――「漢文特殊語法の研究」
○昭和16・7・19――「言語の構造」(泉井久之助著)
○昭和16・7・20――「国語史新語篇」(柳田国男著)
○昭和16・7・12――「国語学概説」(安藤正次著)
○昭和16・7・23――「国語教授の批判と内省」(垣内松三著)
○昭和16・7・24――「形象原理に立つ綴方教育」(古見一夫著)・「国語教育」(岩波講座)
○昭和16・7・25――「国語教育」(岩波講座)
○昭和16・7・26――「国語教育」(岩波講座)
○昭和16・7・27――「国語教育」(岩波講座)
○昭和16・7・28――「国語教育」)岩波講座)
○昭和16・7・29――「国語教育」(岩波講座)
○昭和16・7・30――「国語教育」[9](岩波講座)　この日記に、山田孝雄氏の「国語と教育」にうたれたと記している。
○昭和16・7・31――「国語教育」[10](岩波講座)
○昭和16・8・4――「国語教育」[11](岩波講座)
○昭和16・8・5――「国語教育」[12](岩波講座)
○昭和16・8・9――「読方教授体系」(古田拡稿)
○昭和16・8・10――「教室論」(古田拡稿)
○昭和16・8・13――「国語教育の新領域」(西尾実著)〈再読〉
○昭和16・8・14――「国語教室の問題」(西尾実著)
○昭和16・8・16――「国語国文の教育」(西尾実著)
○昭和16・8・28――「漢文大系」(四書)
○昭和16・9・27――「国語文化講座」(朝日新聞社)(第一巻)
○昭和16・9・30――「国語文化講座」(国語芸術篇)
○昭和16・10・1――「言語観史論」(石黒魯平著)
○昭和16・10・3――「言語活動と生活」(バイイ著、小林英夫訳)
○昭和16・10・12――「国語文化講座」(国語教育篇)
○昭和16・10・28――「人間と言葉」(稲富栄次郎著)
○昭和16・11・5――「国語学史」(時枝誠記著)
△昭和16・11・9――「文法教育について」――この日、附中教諭　広幸亮三先生のご講演を聞く。
○昭和16・11・18――「国語史概説」(吉沢義則著)
○昭和16・11・21――「偶然性の問題」(九鬼周造著)
○昭和16・11・26――「文学概論」・「言語形象学」(飛田隆著)
○昭和16・11・27――「東洋美学」(金原省吾著)

○昭和16・11・30――「文芸論」（九鬼周造著）
○昭和16・12・3――「実践日本音声学」（佐久間鼎著）
○昭和16・12・29――「国語形成学序説」（金原省吾著）
○昭和16・12・30――「読本の朗読法」（神保格著）

昭和一七年（一九四二）一月～

○昭和17・1・1――「国語文化講座」（国語概論篇）
○昭和17・1・2――「国語解釈学概説」（垣内松三著）・「国語表現学概説」（垣内松三著）
○昭和17・1・13――「国語文化講座」（国語生活篇）
○昭和17・1・16――「形成的自覚」（木村素衛著）
○昭和17・1・20――「風土」（和辻哲郎著）
○昭和17・1・25――「国語の力」（垣内松三著）
○昭和17・2・7――「国語学原論」（時枝誠記著）
○昭和17・2・8――「国語文化講座」（国語進出篇）
○昭和17・2・11――「形象と理会」（垣内松三著）
○昭和17・2・15――「方言学概論」・「音」（小幡重一著）
○昭和17・2・28――「国語音声学講座」
○昭和17・3・1――「国民学校アクセント教本」（三宅武郎・輿水実著）
○昭和17・3・15――「支那文学史綱要」
○昭和17・4・1――「君たちはどう生きるか」
○昭和17・4・10――「文学序説」（土居光知著）
○昭和17・4・13――「国語教育易行道」（芦田恵之助著）
○昭和17・4・15――「国語教育科学概説」（垣内松三著）
○昭和17・4・16――「形象の読方教育」（佐藤徳市著）
○昭和17・4・25――「国語指導論」（垣内松三著）
○昭和17・4・26――「国語教材論」（垣内松三著）
○昭和17・5・3――「読み方教授」（芦田恵之助著）
○昭和17・5・4――「恵雨読方教壇」（芦田恵之助著）
○昭和17・5・5――「綴方への道」（石森延男著）
○昭和17・5・11――「綴り方教授」（芦田恵之助著）
○昭和17・5・15――「言語美と国語の教育」（山田正紀著）
○昭和17・6・24――「国語学習論」（垣内松三著）
○昭和17・6・2――「田舎教師の記」（仲田庸幸著）
○昭和17・6・6――「言霊のまなび」（池田勉著）
○昭和17・6・9――「国語綴方教授の本質及実際」（佐藤熊次郎・田上新吉著）
○昭和17・6・13――「構想の研究」（金原省吾著）

以上の通読リストを見てもわかるように、国語教育関係の文献を、無我夢中で読んでいるのである。それは、乱読に近い。――しかし、当時は、その内容をほんとうに理解することはむずかしかった。国語教育の実践経験を、いまだ持たぬ身のかなしさで、国語教育実践への視野を確保し、その実質を理解していくことは容易ではなかった。

右の書物には、山根安太郎先生の「国語教授法」を受講し、そこで紹介されたものも含まれている。できるだけ、読破しようと努めたのである。

　ともあれ、わたくしは、一方で講義「国語教授法」を受講し、一方では、右のようにみずから関係文献を読むことに努めて、昭和一七年(一九四二)六月一八日からの附属中学校での実習に参加したのであった。

二　最初の実地授業「日本海海戦」

　さて、教育実習における実地授業は、附属中学校の実習に出かけて二日目、昭和一七年(一九四二)六月一九日(金)、第三時限に、「日本海海戦」を、二年北組に扱うことから始まった。

　「日本海海戦」は、岩波「国語」巻三(昭和12年12月18日訂正再版、岩波書店刊)の第一一課に収められ、「東郷聯合艦隊司令長官戦闘詳報」から採られていた。

　教材は、つぎのようであった。

一一　日本海海戦

　天祐と神助に由り、我が聯合艦隊は五月二十八日、敵の第二・第三聯合艦隊と日本海に戰ひて、遂に殆ど之を撃滅することを得たり。初め敵艦隊の南洋に出現するや、上命に基づき、當隊は豫め之を近海に迎撃するの計畫を定め、朝鮮海峡に全力を集中して、徐ろに敵の北上を待ちしが、敵は一時安南沿岸に寄泊したるの後、漸次北航し来りしを以て、其の我が近海に到達すべき數日前より、豫定の如く數隻の哨艦を南方警戒線に配備し、各戰列部隊は一切の戰備を整へ、直ちに出動し得る姿勢を持して、各〻其の根據地に泊在せり。

　果然、二十七日午前五時に至り、南方哨艦の一隻信濃丸の無線電信は、「敵艦隊二〇三地點に見ゆ。敵は水道に向かふものの如し」と警報し全軍踴躍直ちに發動し、各部隊は豫定の部署に準じて對敵行動を開始せり。

　午前七時、哨艦和泉も亦敵艦隊を發見して、敵既に宇久島の北西二十五浬の地點に達し、北東に航進するを報じ、第五・第六戰隊、次いで第三戰隊も、午前十時、十一時の交、壹岐・對馬の間に於て敵と觸接し、爾後沖の島附近に至るまで、此等の諸隊は、時に敵の砲撃を受けしも、終始よく之と觸接を保持し、詳に時々刻々の敵情を電報せしかば此の日海上濛氣深く、展望五浬以外に及ばざりしも、數十浬を隔つる敵影恰も眼中に映ずるが如く、未だ敵を見ざる前、既に敵の戰列部隊は其の第二・第三艦隊の全力にして、特務艦船約七隻を伴なふこと、敵の陣形は二列縱陣にして、其の主力は右翼列の先頭に占位し、特務艦船は後尾に續航せること、又敵の速力は約十二浬にして、なほ北東に航進せること等を知り、本職は之に依り、我が主力を以て午後二時頃沖の島附近に敵を迎へ、先づ其の左翼列の先頭より撃破せんとする心算を立つるを得たり。

　第一・第二・第四戰隊及び各駆逐隊は正午頃既に沖の島の北方約十浬に達し、敵の左側に出でんが爲、更に西方に針路を執りしが、午後一時三十分頃第三戰隊及び第五・第六戰隊等も、敵と觸接を保ちつゝ相前後して来り合し、同時四十五分に至り、正に我が左舷南方約數浬に始めて敵影を發見せり。

敵は豫期の如く、其の右翼列の先頭にボロヂノ型戰艦四隻の主力戰隊を置き、オスラービヤ・シソイーウェリーキー・ナワサンより成る一隊左翼列の先頭に占位し、ニコライ一世外海防艦三隻より成る一隊之に次ぎ、ジェムチウグ・イズムルードの二艦は兩列の間に介在して前方を警戒せるものの如く、尚其の後方濛氣の裡には、オレーグ・アウローラ以下二三等巡洋艦の一隊ドンスコイ・モノマーフ、其の他特務艦船等、數浬に亙りて連綿續航するを仄かに認むるを得たり。

是に於て戰闘開始を令し、一時五十五分全軍に對し、「皇國の興廢此の一戰に在り。各員一層奮励努力せよ」との信號を掲揚せり。而して、第一戰隊は少時南西に向首し、敵と反航通過すると見せしが、午後二時五分急に東に折れ、其の正面を變じて斜に敵の先頭を壓迫し、第二戰隊も續航して其の後に連なり、第三・第四戰隊及び第五・第六戰隊は、豫定戰策に準じ何れも南下して敵の後尾を衝けり。これを當日戰闘開始の際に於ける彼我の對勢とす。

敵の先頭部隊は第一戰隊の壓迫を受けて稍其の右舷に轉舵し、午後二時八分彼より發砲を開始せしが、我は暫く之に耐へて、射距離六千米に入るに及び、猛烈に敵の兩先頭艦に砲火を集注せり。敵は之が爲益〻東南に擊壓せらるゝものの如く、其の左右兩列共に漸次東方に變針し、自然に不規則なる單縦陣を形成して我と竝航の姿勢を執り、其の左翼列の先頭艦たりしオスラービヤの如きは、須臾にして擊破せられ、大火災を起して戰列を脱せり。是の時に當り、第二戰隊も旣に悉く第一戰隊の後方に列し、我が全線の掩護砲火は、射距離の短縮とともに益〻顕著なる效果を呈し、敵の旗艦スウォーロフ、二番艦アレクサンドル三世も大火災に罹りて戰列を離れ、陣形愈〻亂れ、後續の諸艦また火災に罹れるもの多く、其の騰煙は西風に靡きて忽ち海上一面を蔽ひ、濛氣と共に全く敵影を包み、第一戰隊の如きは爲に一時射擊を中止せるの狀況なりき。是、午後二時四十五分前後に於ける彼我主力の狀況にして、勝敗は旣に此の間に決せり。

我が主隊は斯くの如く敵を南方に擊壓し、煙霧の中、敵影を發見する毎に、緩徐に之を砲擊しつゝ午後三時の比には旣に敵の前路に出でて約南東に向針しつつありしが、敵は俄に北方に向首し、我が後尾を廻りて北走せんとするが如きを以て、我は急に反轉して其の前路を扼し、再び敵を南方に擊壓し、之を猛射したれば、敵の諸艦は多大の損害を受けつゝ混亂に陥れり。唯、此の間に壯烈なる事蹟として特記すべきは、千早及び第五・第四の兩驅逐隊が、敵の敗艦スウォーロフに對し、勇敢なる水雷攻擊を決行したることとなり。

かくて我は、洋上に離散彷徨せる敵の殘艦を捜索して縦横に之が擊沈につとめ、更に第三・第四・第五・第六戰隊は、豫定戰策に準じて敵の巡洋艦及び特務部隊を追擊しつゝ之を擊破せるため、敵は全軍潰亂滅裂の悲境に陥りたり。此の時夕陽旣に沓き、我が驅逐隊・艇隊は東・南・北の三面より漸次敵に逼り、旣に襲擊準備の姿勢を執れるを以て、第一戰隊は次第に敵に對する壓迫を弛めて日没と共に東方に變針し、同時に本職は、龍田をして、「全軍北航して、明朝鬱陵島に集合すべし」と電令せしめ、茲に當日の晝戰を終結せり。

此の日、朝来南西の強風浪を上ぐること高く、夕刻に至りて風稍和らぎしも浪なほ靜まらず。洋中の水雷攻撃は不利尠からざる狀況なりしも各驅逐隊及び艇隊は、此の千載一遇の時機を失せんことを恐れ、皆風濤を冒して日没前に来り合し、各〻先を爭うて敵の周圍に蝟集し、午後十一時頃に至るまで、連續して激烈なる肉薄襲撃を決行したり。敵は、日没より探照砲火を以て極力防戰せしも、遂に我が攻撃に耐へず、僚艦相失して四分五裂の狀態となり、各〻血路を覔めて任意に運動せしかば、我が襲撃隊の追躡と共に、茲に一場の大混戰を現出し、少くも敵艦三隻は、此の間我が水雷に罹りて全く其の戰闘・航海力を失ひたり。

後日捕虜の言を聞くに、當夜水雷攻撃の猛烈なりしは殆ど言語に絶し、我が艦艇連續肉薄し来るを以て、其の應接に遑なく、且其の距離あまりに近きがために、備砲俯角の度を過ぎて照準する能はざりしといふ。

二十八日黎明、前日来の濛氣拭ふが如く、鬱陵島集合の途上にありし第五戰隊は、早くも東方に當り敵艦の煤煙數條あるを警報せり。是、問はずして殘敵の主力たるや明らかなり。是に於て、第一・第二戰隊は敵の前路を扼し、第六・第四戰隊は第五戰隊に合して敵の後方を抑へ、午前十時三十分の頃、竹島の南西約十八浬の地點に於て敵を包圍せり。固より敗餘の敵艦、既に多大の損傷を負へるのみならず、我が優勢に抵抗し得べきにあらざれば、第一・第二戰隊が先づ砲火を開くや、須臾にして白旗を掲げ、敵艦隊司令官ネボガトフ少將は其の部下と共に降意を表し、本職は、特に將校以上に帶劍を許して之を受けたり。

驅逐艇漣及び陽炎は、午後三時三十分の頃鬱陵島の南西約四十浬に於て敵の驅逐艦二隻を發見し、極力之を北西に追躡して戰闘を開始せしに敵の後續驅逐艦は白旗を掲げて降意を表せり。漣は直ちに之を捕獲せしに、此の驅逐艦はベドウィにして、敵艦隊司令長官ロジェストウェンスキー中將及び其の幕僚の移乘し居るを知り、其の乘員と共に之を捕虜とせり。聯合艦隊の大部が北方追撃の戰果を収むるに汲々たりし際、南方、前日の戰場に於ても亦相應なる殘獲ありたり。此の日早朝、戰場掃除の任務を持して出發したる特務艦は、前夜の水雷攻撃に傷つき、將に沈没せんとしつゝある敵艦を發見し、之が捕獲の手續を了して其の乘員を救助収容せり。其の他麾下砲艦、特務艦等にて戰後戰場附近の沿岸を捜索して救助収容し得たる撃沈敵艦の乘員尠からず。戰利艦五隻の捕虜と合して其の數殆ど六千に達す。

以上は五月二十七日午後より翌二十八日午後に亙れる海戰の經過にして、其の後當隊の一部は尚遠く南方に敵を捜索せしも、遂に又其の隻影を見ず。日本海を通過せんとせし敵艦隊は約三十八隻にして、我が撃滅或は捕獲に洩れたりと認むるものは、巡洋艦・驅逐艦及び特務艦各〻數隻に過ぎず。而して此の二日間の戰闘に於て、我が艦隊の失ひたる所は水雷艇三隻のみにして、其の他多少の損害を被りたるものあるも、一として今後の役務に支障あるものなし。

此の對戰に於ける敵の兵力、我と大差あるにあらず、敵の將卒も亦其の祖國の爲に極力奮闘したるを認む。しかも我が聯合艦隊が、よく勝を制して前記の如き奇績を収め得たるものは、一に天皇陛下御稜威の致す所にして、固より人爲の能くすべきにあらず。特に我が軍の損失・死傷の僅少なりしは、歴代神靈の加護に由るものと信仰するの外なく、曩に敵に對し勇進敢戰したる麾下将卒も、皆此の成果を見るに及んで、唯感激の極言ふ所を知らざるものの如し。

（東郷聯合艦隊司令長官戰闘詳報）

教材「日本海海戦」は、右のように、一三ページにも及ぶ、長編教材で、戦前の読解教材として典型的なものの一つであった。この教材については、前期の教生、同級生の栗原信一君が、昭和一七年六月一五日（月）第二時限に、二年南組に扱っていた。わたくしは、栗原君から、その教授案の下書きを見せてもらった。それは、つぎのように記されていた。

第二学年南組国語科教授案　　教授者　栗原　信一

日時　昭和十七年六月十五日（月）　第二時限　自8時30分 至9時40分

教材　一一　日本海海戦　教科書　自65頁1行 至69頁1行

教材観（引用者注、これは記入してない。）

目的　日本海海戦の捷報を熟読せしめ、その戦況を知り、且つ東郷司令長官がこの戦捷を天祐と神助とに帰せしめた敬虔なる態度を学ばせ、併せて国民的愛国的至情を湧き起らしめるを目的とする。

教法

1、日本海の海戦→（何時の事か）、どんな戦争であるか――簡単に。5分

2、通読　一字句の細部にも注意を払ひ、一節毎に範読を加へつゝ進む。10分

3、段落毎に内容の吟味（注意箇所は充分考へさせ、重要語句は生徒に答へさせつつ）

注意箇所

イ、天祐神助に由り

ロ、各戦列部隊は一切の戦備を整へ直ちに出動しうる姿勢を持して各〻其の根拠地に泊在せり

ハ、敵は東水道に向ふものゝ如く

ニ、此の日海上濛気深く展望五浬以外に及ばざりしも数十浬を隔つる敵影恰も眼中に映ずる如く

語句

撃滅　上命に基づき　寄泊　漸次　北航し来りしを以て

戦列部隊　泊在せり　果然　哨艦　踴躍　部署に準じて対敵行動を開始せり　触接しつゝ　濛気　眼中に映ず　本職

左舷　連綿続航する

右の教案（下書き）のほか、栗原信一君は、半紙1/4大の用紙に、彼我の戦闘の経過をメモしたものと「日本海々戦経過要図」とを譲ってくれた。ことに後者（要図）は、わたくしの授業（二北）のとき、黒板の右片隅に貼って、参考にすることができた。

さて、わたくしの「日本海海戦」の教案は、つぎのようであった。

教材　国語巻三　一一　日本海海戦

教材観　日本海海戦の感激的戦況報告で、実に世界海戦史を飾る大文字である。繙く毎に、日本人の赤誠の至情をふつふつと沸らせつつ、更に之を感激に溢れた至純の回想を貫いて、日本人の心情に次々と聖将東郷を生れしめてゆく教材と云へよう。

目的　節意・文意の深究を通して、聖将東郷の敬虔な至情に触れさせ、更に個々の生命に赤誠の聖火をあふれさせたい。

教順

一、通読一回（分けて十一人位に読ませ、語句発音に注意させる。）

二、深究

節意の把握　本時の範囲を四節に分ち、一節宛表現面に注意を払ひつゝ、発問により或は範読を加へつゝ、内容の吟味・深究。

1　深究による板書機構（正面）

第一節

（二十七日の昼戦　第一合戦……正）

二十七日の夜戦　第二合戦……奇

千載一遇の時機

我……肉薄襲撃
彼……四分五裂
血路を覓む
　―大混戦―烈しさ

第二節

二十八日の昼戦　第三――十合戦……正

止めのたゝかひ

白旗　①　ネ少将　午前　4

②　ロ中将　午後　9

救助収容

第三節

総戦果……奇績

心にくさ

第四節

戦勝の真因

一に御稜威
歴代神霊の加護＞信仰――必勝の信念

ひろさ――大度
ゆかしさ――敬虔＞、聖将の面目

2　深究による板書機構（側面）

蝟集　日没前に　一場の　俯角　汲々　戦場掃除　隻影

役務　人為　祖国　も

三、通読　整理読である。（但し時間の都合で省略するかもしれぬ。）

四、準備　日本海々戦経過要図　一枚（野地注、栗原信一君の譲ってくれたもの。)

右は、指導教官小谷等先生に提出した、教案草稿であるが、教材中「此の日、朝来南西の強風浪を上ぐること高く、夕刻に至りて風稍和らぎしも、浪なほ静まらず。」以下、おわりまでを扱ったのであった。

右のような教案をたてるまでに、教材研究をした。附属図書館へ出かけて、「聖将東郷平八郎伝」(小笠原長生著、昭和9年6月5日、改造社刊、五〇二ページ)(チ　2374　一冊――これは、ラベル番号である。)を閲覧し、つぎのようにノートしていった。聖将の面目をとらえようとしたのである。

咲くもよし散るもよしのゝ山桜花のこころはしる人ぞしる

聖将東郷の面目

第一に信仰
　熱烈な信仰の披瀝

第二に戦術

天は必ず正義に与し、神は必ず至誠に感ずるの大観念。

各隊の戦況叙述

御稜威《ごりようゐ》

元帥――小笠原長生

「日本海々戦の際、自分は太陽に向つて発砲させないやうにした。」神武天皇が太陽に向つて弓をお引にならなかつた御精神。大将が帝都凱旋に先だち、部下各階級の代表者を率ゐて伊勢神宮に参拝し、戦捷を奉告し神助を拝謝した敬虔な態度。――天祐神助は誠心の反映。

T字戦法

敵に対し其の先頭を圧しT字に運動されました。

日本海々戦

1　五月廿七日の昼戦――第一合戦――正
2　〃　夜戦――第二合戦――奇
（全滅）
3　五月廿八日の昼戦――第三―第十合戦―正
4分5裂(敵)

秋山参謀。更にウラジホ迄の間に於て、数段に分った攻撃法が計画されてゐた。東郷大将の七段構の攻撃法。

主として、我国固有の水軍戦法の精神を活用せられてゐることを閑却してはならない。即ち其の極意とする所は常に我が全力を以て敵の分力に乗じ得るやう運動するにあるので、随つて常に敵に対して先手をとり、陣形の変化に依つて敵隊を包囲すべく努力してゐる。

第一艦隊
- 第一戦隊　三笠・敷島・富士・朝日・春日・日進
  - 通報艦龍田(東郷司令長官直率)
- 第三戦隊　笠置・千歳・音羽・新高(司令官出羽中将)
- 第一駆逐隊　春雨・吹雪・有明・霰・暁
- 第二　〃　朧・電・雷・曙
- 第三　〃　東雲・薄雲・霞・漣
- 第十四艇隊　千鳥・隼・真鶴・鵲

第二艦隊
第二戦隊　出雲・吾妻・常盤・八雲・浅間・磐手
　　　　　通報艦千早（上村司令長官直率）
第四戦隊　浪速・高千穂・明石・対島（司令官瓜生中将）
第四駆逐隊　朝霧・村雨・朝潮・白雲
第五　〃　不知火・叢霧・陽炎
第九艇隊　蒼鷹・雁・燕・鴿
第十九艇隊　鷗・鴻・雉

第三艦隊
第五戦隊　厳島・鎮遠・松島・橋立・通報艦八重（片岡司令長官）
第六　〃　須磨・千代田・秋津洲・和泉（司令長官東郷少将）
第七　〃　扶桑・高雄・筑紫・鳥海・摩耶・宇治
　　　　　（司令官山田少将）
第十五艇隊　雲雀・鶏・鶚
第十　〃　43号・40号・41号・39号
第十一　〃　73・72・74・75
第二十　〃　65・62・64・63
第一　〃　69・70・67・68

○附属特務艦隊24隻

敵勢力
戦艦8隻　巡洋艦9隻　海防艦3　駆逐艦9　仮装巡洋艦1
特務船6　病院船2　合計38隻

昼戦にて散々に敗北した敵の残艦は、この際九隻一隊となり、闇に乗じて北西北西方に遁れようとしたが、まだ日のくれぬうちより、我が駆逐隊・水雷隊は之に尾して諸方より次第〳〵に彼に迫り、第三・第四・第五駆逐隊は北方より、第一・第十15・17・18・20艇隊は南方より、各驀進して三面包囲の形勢を成して襲撃の機を窺つてゐた。時に敵は漸く暮れてゆく海上の薄闇にまぎれ、其の航路を晦ますため三度南西方に針路を取り、夜色の濃くなりゆくに及んで真の目的たる北々東に変針し、ウラジホの方に直進しようとしたが、待ち設けたる我が諸隊は、時こそ来つたと速力を増し、寄せ来るうねりをけひらき〳〵、午後八時頃第二駆逐隊の四隻先づ劈頭第一の襲撃を決行した。それと見たる他の隊々何条猶豫してをるべき。続いて四隊十七隻の駆逐隊、六隊二十四隻の水雷艇は、秋の田の蝗よりも繁く、我劣らじと八方四面より敵艦に肉迫して孰れも魚雷を打放したので、敵の戦艦シリイウエリーキー、巡洋艦ナニーモフ、同モノマーフ等は全く戦闘力・航海力を失うて仕舞うた。然して我が方では僅かに水雷艇第69号、同34号、同35号の三隻が沈没したのみである。

聖将の下に不覚の卒なし。

28日の昼戦―第3―→第10合戦

前日以来既に敵を駈悩ましてゐた我が第一戦隊の諸隊は、二十八日となつてます〳〵進撃状態に入り、所々に索敵して愈ゝ止めを刺すと云ふ段どりになつた。

是等の第一戦隊は前日の夕刻沖の島附近で戦斗を中止してをり、相前後して翌朝の集合地点と定められたる鬱陵島附近に向ひ、第一・二戦隊は同島の南微西《ビニシ》約三〇浬に、第四戦隊及び第三戦隊中の音羽・新高は同六〇浬に、第五戦隊は朝鮮冬外串の東方約四〇浬に、第六戦隊は同北東微東約五〇浬に達し、何れもにげくる敵をまちうけた。

そのうち、幾もなく第五戦隊は、敵主力の敗残たる戦艦二隻、海防艦二隻、巡洋艦一隻合計五隻が一隊となつて北東方に航しつゝあるを発見したので、直ちに之を東郷司令長官に報告した。

仍て同長官は、充分に敵の針路・速力等を推量して、其の前路を扼止する如く運動した結果、断案にも毫の誤もなく、竹島《たけじま》の南々西約十八浬の地点で敵艦隊四隻（巡洋艦は遁走した。）を包囲した。之が第四合戦なので、敵の副提督ネボガトフ少将は到底敵すべからざるを覚り、降伏するに至つたのである。是に於て、東郷司令長官は幕僚をネ少将の旗艦ニコライ一世に遣はし、同少将及び幕僚を旗艦三笠に招致して正式にその降伏をうけ、露国将校には武士の一面として帯剣を許し、戦艦ニコライ一世、同アリヨール海防艦、アプチクシン、センヤーウインをわが艦隊に受領したのである。

ところで前に述べた通り、この日の戦闘は索敵追撃であつたから、自然、彼方此方に別れて戦ふやうになつた。即ちこれを合戦々々について略記すると、

第三合戦は、第三戦隊の千歳が長門国油谷《ゆだに》湾の北方で敵の駆逐艦ベゾウプリヨーチヌイを撃沈したのである。

第五合戦は、第三戦隊の音羽・新高が朝鮮の竹辺湾沖で、敵の巡洋艦スウエトラーナ及び駆逐艦ブイヌツトルイと戦ひスウエトラーナを撃沈した。

第六合戦は、新高及び第五駆逐隊の叢雲が、敵駆逐艦ブイチツルイを追撃して、之を竹辺湾北方の海岸に擱座破滅せしめた。

第七合戦は、第五駆逐隊の不知火と第二〇艇隊の第六三号艇とが、蔚山沖で敵の駆逐艦グロームキーを撃沈した。

第八合戦は、第二戦隊の磐手・八雲が、竹島附近で敵の海防艦ウシヤーコフを撃沈したのである。

第九合戦は、第三駆逐隊の漣と第五駆逐隊の陽炎が、鬱陵島の南方で、敵の駆逐艦ベトウイを捕獲し、之に移乗し居たる敵提督ロジエストウエンスキー及び其の幕僚を俘虜としたのである。

第十合戦は、第四戦隊・第二駆逐隊・第三戦隊の音羽・新高、第四駆逐隊の朝霧・白雲、第一駆逐隊の吹雪等が鬱陵島の南東岸で敵の巡洋艦ドンスコイを撃沈した。

三八隻の艦隊中、撃沈一九隻、捕獲五隻、遁走後破壊もしくは沈没せるもの二隻、武装を解除せるもの六隻、抑留せられたるもの二隻。

俘虜となつたものは提督以下　六、一〇六、戦死者約四、三〇〇名、わが方水雷艇三隻　一一六名の戦死者　負傷者五三八名

猛烈な雄将である一面、仁慈の聖将

されば重傷を負うて佐世保《は》病院に収容せられたロジエストウエンスキー提督を訪問して、如何にも温い慰藉を与へた事を始めとして、

必勝の信念――至誠
時宗の断行――日本人

天佑神助
一、五月廿七日は海上一面の霧であつた。一万米以上は見透しがつかない日であつた。バルチック艦隊が見えた時、すでに交戦距離に入つてゐた。
二、その日は波が高かつた。波の高き日は、射撃術の好拙が特に甚だしき結果を示すものである。日本はロシアに比して射撃が数段上であつた。
三、波が高かつたために、水準線以上の的中も水準以下と同様の効果をあげた。夜に入ると波はしづまり、駆逐艦の活動にはもつてこい。
　二十八日、天気清朗、中国の山々がかすかに水平線にうかぶ程、すみわたつた日であつた。のがれんとするバルチック艦隊も視界ひろくして如何ともすることが出来なかつた。

「至誠は根本生命」　「大信仰心」

神将　智将　謀将　勇将　猛将

周到敬虔の文字

　信　条

神明の加護
陛下の御稜威　｝天　信念。

「日本海々戦」
明治三七年、日露の宣戦急迫し、東郷中将が聯合艦隊司令長官として進発する直前、畏くも明治大帝に御暇乞ひのため参内した際、中将は、陛下に対し奉り、
「誓つて敵を撃滅し、以て宸襟を安んじ奉ります。」と御奉答申し上げ、そのあまりに自信に満ちた中将の言葉に、御側に侍立してゐた伊東軍令部長や、山本海相が恐縮して冷汗を流したと云ふ事であるが、その「ゲキメツ」は果して事実となつて現はれた。

↓
世界海戦史を飾る曠古の偉業

○二十七日の昼戦――正
○二十七日の夜戦――奇

語　句
○蝟集《キシフ》　蝟―はりねずみの毛の集まり生ぜるが如く、事項の一時に多く起るに云ふ。
○肉薄　からだ　敵に近く攻め入ること。
○肉弾　決死突入
○覓《ベキミヤク》　目に見、手にてさがす　もとめる
　覓路　覓索　尋求　捜索　捜し求むること。
　└小路をさがす

○血路　獣の殺されて血痕のある逃げ路筋。転じて敵を切り開きて逃ぐるみち。又困難なる場合をきりぬくこと。
○任意
○血戦　血まみれ
○一場　同じ場　又その場だけ　一場の春夢
○混戦　まじる
○罹厄　わざはひにかゝること　被る　あふ
○俯角　ふす　かゞむ　うつむく
仰角　（なお、「俯角」については、ノートに二カ所図示している。引用者注）
○二十八日の昼戦……正
○黎明　黎は比なり。夜が明けた。黎旦昧爽。
○濛気　海上に立つ深き霧。
○扼　おさふ　とりひしぐ
○須臾《シュユ》　少しの間　しばらく　シュー漢スー呉
○追躡　追跡に同じ
○汲々　心を傾けてつとむるさま。
○掃除　サウジョ　サウジ
○麾下　はたもとさしづばた。大将に直隷するもの。
○役務《エキム》
○奇績　不思議のてがら。めずらしい成績。
○稜威　みいづ　尊厳なる威光。
○加護　神仏の守護。
○敢戦　思ひきつて　決心して　烈しく戦ふ。

○千載一遇　千年に一度あふ
○隻影　一つのかげ

日本海海戦

戦闘経過

○二十七日の昼戦　1　正
○二十七日の夜戦　2　奇

撃　千載一遇　を生かすもの

我―肉薄　襲撃
彼―四分五裂　大混戦―　烈しさ
血路を覓める

右黒板―日没前に…日没より
蝟集
一場の―その場だけの　あとにのこらぬ

俯角

○二十八日の昼戦　10←3　正
○止めのたたかひ
○是、問はずして残敵の主力たるや明らかなり。
午前①②　ネ少将
須臾にして白旗を掲げロ中将
午後③

○本職は、特に将校以上に帯剣を許して之を受けたり。――
　餘裕と武人の情と。
　　救助　収容
○相応なる残獲
○汲々
○戦場掃除　［あと片づけ］
○総戦果……奇績
「撃沈19隻　捕獲5隻日本海を通過せんとせし敵艦隊は………
…」にすぎず」――心にくいかきぶり　おほまかではあるけれど、列挙しなかつたのは。
右黒板　隻影　役務　奇績　人為　祖国　も
○戦勝の真因
――専らことごとくのこらずまことに
（一に御稜威　天地にてりとほる威武凛然たる御威徳
（歴代神霊の加護
　神孫　［信仰］――［必勝の信念］
　　　　　　　＼［第一　信仰
　　　　　　　　 第二　戦術］
「唯感激の極……」　胸やけつくばかり感激　ありがたきかたじけなきもつたいなさに わきあがりもえ立つ こゝろにひたつてゐる
　しらず　しらざるもののごとし
　云ひきらない
　部下をいつくしんでゐる　みまもつてゐる態度がうかぶ
も
（ひろさ――大度＼聖将の面目
（ゆかしさ――敬虔／神将
「日本海々戦の際、自分は太陽にむかつて発砲させないやうにした。」――元帥のことば。

以上が、教材「日本海海戦」に対する下調べのノートであった。指導教官は、小谷等先生であった。指導書（教授用資料）は、初めのうちは、見せていただけなかった。みずから、附属図書館へ出向いて、調べていくよりほかに、特別に利便を得る資料はなかった。

この教材においては、まず「日本海海戦」について、「海戦」に関する基礎知識を持つ必要があった。それを調べていくのに力を注がなければならなかった。

ノートをし、東郷元帥の人柄をつかんでいくこと、元帥を中心とする「日本海海戦」の特質を明らかにしていくことを努めていくうちに、授業計画を組んでいくことができた。

語句についても、辞書にあたってメモし、それを、右側の黒板に書いて、取り扱うようにした。

教材研究が、おのずと、板書機構（1・2）に結集していくようにしたのであった。それはやはり、当時の解釈学的作業に立つものであった。

附属中学校での初めての授業「日本海海戦」は、二日目のことで、あまり下調べをするゆとりがなかったが、深究の過程を、板書機構にしてまとめていたので、大きくつまずくことはなかった。まず予定したとおりに進めることができた。本校（高等師範）からは、岡本明教授が指導に来られた。二年北組の教室のうしろのほうで、見てくださった岡本明先生の面影が浮かんでくるようだ。

この授業を見てくれた同級生たちは、教壇に立って指導する君の姿が大きく見えたぞと言ってくれた。それは思いがけぬ、しかしうれしいことばだった。そう言ってくれた学友の一人は、宮本吾一君であった。

授業のおしまい、東郷元帥の「聖将」であるゆえんを説くところでは、自分でも気持ちの高まるのをおぼえた。「教案」のうち、三、通読（整理読）は、時間の都合で省かざるをえなかったようにおもう。

さて、初授業「日本海海戦」についての批評は、指導教官小谷等先生ならびに、本校から見えた岡本明教授から、いただいた。その断片的メモは、つぎのとおりである。

Ⅰ　小谷等先生から

○流れ。

教材研究の深さ、おちつき。ふつくらとしたことば。ろこつに云はんとするところ。よみぬいたものから、あとから考へさせる。

結論　出しおしみする。ことばをおしんでいく。

○題目の板書はさきにする。「日本海海戦」――おとすな。

○読みの目的を示す。前時の反省のために読む、はつきりと目的
・趣旨を明らかにする。

○この　千載一遇の時機　中心のことば――前後のことば。

○先をあらそふ―日本軍人―
任意に／運動する
日本の力づよさ。

○中将のこころ、白旗。

○時に範読を加へる。要所々々に生かす。読みを入れる。よみひたらせる。読みひたらせる。

○教授の徹底――リズムを生かす。

○信仰

○　歴代神霊の加護

濛気

南西の風――神風。　敵からはみえる。

人為の能くすべきにあらず

―気象現象

○神　天佑神助―天佑

みいつ

神霊加護―神助）深さ。

その人のふかさ。

ふれない。ふれるのもわるい。

言語に絶する。

○板書の乱暴。図示する。板書に変化あらしめる。語句のみではない。

II　岡本明教授から

○板書のしかた、統括のしかた。
○調子。ひきずりすぎてばいかぬ。もっとあの通りいかなくてもいい。大事なところをしっかりとたたきこむ。「急所を抑へる。」
○こゝろみ。いつもあの型でやってはいかぬ。ゆとり。おほまかでいい。
○一に——強調。聖将。
○もっと読ませる。読ませる。素読　読ませる。
○先生がはっきり云ってやる。その場で云ふ。教授法式にやらぬ方がいい。
○徹底——臨機応変。心にくい　せつめい。
もっとおさへる。むねのすくやうな。かみくだく。
○きれいにやることは、必ずしもいいことではない。「きれいな授業をするな。かへつて生徒に徹底せぬ。」

両先生とも、ていねいにきびしく批評された。

小谷等先生からは、学習指導法のこまごまとした点にまで、ご注意をいただいた。[1]板書のしかた、[2]読ませかた、[3]中心語句の扱いかた、[4]範読の入れかた、[5]重要箇所の扱いかた、[6]教授の徹底についてなど、国語教授上、重要な基礎事項を教示していただいたのであった。

また、岡本明先生からは、先生独自のご助言をいただいた。[1]しっかり読ませること、[2]授業をひきずりすぎてはいけないということ、[3]教授の型にとらわれず、徹底させていくべきこと、[4]指導・教授を的確にしていくこと、[5]きれいにやることだけを考えないこと、など、国語の授業の根本に言及された。栗原信一君から譲ってもらった、「日本海々戦経過要図」を、黒板の右上隅に貼りつけて、戦闘の経過を説明したのであったが、岡本先生は、「あんな小さい地図は、うしろのほうからは見えやしない。」と、指摘された。

いずれにしても、根本問題から具体的な問題にまで及んで、ねんごろに指導していただいた。国語科の授業のありかたについて、眼を開かれることが多かったのである。

——このようにして、わたくしの附中教育実習での実地授業は始まった。すぐれた実習環境に恵まれ、せいいっぱいに取り組むことができたのであった。二年北組——このクラスも、好ましくすばらしい生徒たちが数多くいて、印象はさわやかだった。

一二　実地授業二

「東郷元帥と乃木大将」

さて、教育実習における実地授業の二つめは、「日本海海戦」を扱った、つぎの週の月曜日、昭和一七年(一九四二)六月二二日第二時限に行なった、「東郷元帥と乃木大将」で、二年南組に対してであった。指導教官は、小谷等先生であった。

「東郷元帥と乃木大将」は、岩波「国語」巻三(昭和12年12月18日訂正再版、岩波書店刊)の第一二課に収められ、安倍能成氏が岩波講座「国語教育」に執筆されたものから採られていた。

教材は、つぎのようであった。

一二　東郷元帥と乃木大将

安倍能成

東郷元帥と乃木大将とは、共に明治時代に於ける国民的英雄であつた。日清・日露の両戦役は、我が国運を賭した戦であつたが、この二将は、両戦役に重要なる任務を果し、殊に日露戦役に於ては、東郷元帥は黄海及び日本海の海戦に大勝を博し、乃木大将は旅順要塞の攻撃といふ至難な任務に堪へて、遂にその開城を見るに至つた。若し日本海の海戦が失敗に終るか、又失敗に終らないまでも、あれ程の成果を収め得なかつたならば、又若し旅順の要塞が難攻不落のまゝ、あの上いつまでも我が兵力を割かせてゐたならば、日露戦役の成行が、随つて我が国の運命が、果してどうなつてゐたであらうかを考へる時、この戦役に於ける二将の責任が如何に重大であつたか想像に余るものがある。

東郷元帥は薩摩藩士で、弘化四年に生まれ、乃木大将は長府藩士で、嘉永二年に生まれてゐるから、元帥が二歳の年長である。両将は戦陣の上でも因縁が深く、日清戦役には、乃木少将は第一旅団長として第二軍の先鋒となり、浪速艦長東郷大佐がその上陸を掩護した。日露戦役には、旅順の要塞に対し、東郷元帥は海から、乃木大将は陸から、共同して攻囲戦を行つた。又明治四十四年、英国皇帝ジョージ五世の戴冠式には、二将共、御名代東伏見宮依仁親王・同妃両殿下の随員として参列し、欧米諸国民に世界的名将としての印象を遺してゐる。これより先、明治四十年、乃木大将は明治天皇の御聖慮により学習院長に任ぜられ、同院の教育に一大刷新を加へ、東郷元帥は、大正三年、東宮御学問所総裁を拝命し、学習院の業を卒へ給ひし東宮殿下御教導の大任を拝し奉つた。かくて、乃木大将は六十四歳を以て大正元年に、東郷元帥は八十八歳を以て昭和九年に薨去した。

両将は文字通り至誠の人であつた。至誠一貫といふことは、教訓の言葉として誰も口にする所であるが、これを実行し実現することは中々むつかしい。殊に、それを興奮した一時、一日、一月、一年だけでなく、一生に亙つて実行し抜くといふことは、難中の難事である。両将はその型こそ違へ、この至難事を見事に成し遂げた稀有な人々である。この点に於て、両将の生涯には崇高以上に神聖な感じをさへ与へるものがある。

乃木大将は、ある人が武士道の本領を尋ねたのに対して、「唯実行だ」と答へたさうである。又、明治十年の役に聯隊旗を奪はれた責任を感じて、常に死所を見出さうとし、事に当る毎に、明日ありと思はぬ全心全力を傾け、旅順攻囲の時の如き、六十に近い身を以て、食物も生活も兵士とこれを同じくし、寸毫も自己を労る所がなかつたといふ。これは少年時からの鍛錬によるであらうが、何よりも一貫の至誠によるものでなければならない。しかも、さういふ例を大将伝から拾はうとすれば、その余りに多きに驚く外はないであらう。

東郷元帥が東宮御学問所総裁の大任を負うたのは、大正三年四月一日から、同十年三月一日に至るまで前後七年―元帥が六十八歳から七十五歳まで―であるが、その間、酒と煙草は固より、狩猟や旅行までも廃して、専心御奉行申し上げたと聞いては、誠ある人の為す所が如何に地味な、如何に徹底したものであるかに感歎しないものはないであらう。

日露戦役に於て、敵の砲火を冒して旅順の堅塁を陥れる為には、将卒の命を水に代へ、敢へてこれを焼石に注ぐといふやうな惨事をも決行しなくてはならなかつた。本来多感の人であり、情の人であつた乃木大将にとつて、それが如何に悲痛な決意に出でたものであつたかは疑の余地がない。大将が旅順開城の功を思はずして、只管その為に命を落した将卒の上を悲しみ、郷国の父老に合はせる顔がないといつて自らを責めた詩は、深く国民の心を打つた。又凱旋将軍として宇品に入港する前に、「蓑笠でも著なければ上られぬ」といふ一言を洩らされたさうである。大将凱旋の時、学生としてお迎へに行つた私は、群衆の歓呼に対して、絶えず右に向かひ左に向かつて答礼し、殆ど車上に落著くことの出来なかつた大将の姿を望んで、大将の心中がそのまゝ読まれるやうな気がした。

旅順の要塞が思ふやうに片附かなかつた時には、大将に対する非難の声も相当に強かつた。しかるに東郷元帥は、「乃木大将は最善を尽くしてゐる。誰がやつてもこれ以上にゆくものではない。艦隊から出来るだけ援助しよう」といつたさうである。又乃木大将の生涯を追懐しては、「みるにつけきくにつけても唯君の真心のみぞしのばれぞする」と詠じてゐる。「至誠の人、至誠の人を知る」といふべきである。

この両将はまた、謙譲にして礼を重んじ、自らを責むること甚だ厳にして人に求むること極めて寛大であつた点、衷心平和を愛し、仁慈に富み、敵に対する情誼を解した点等に於ても、深く相通ずるものがあつた。殊に奥床しいのは、両将共にあれだけの勲功を樹てながら、寸毫もそれに傲る所がなく、身を処するに恰も閭巷の老爺の如くであつたことである。

両将壮時の写真を見るに、共にあまり健康さうではなく、むしろ沈鬱な表情である。東郷元帥は大佐時代に病気で休職になつたことがあり、乃木大将もその健康は鍛錬によつて維持されたもので、本来はむしろ虚弱な体質であつたさうである。そして、両将共に内省的であつた。この内省的な点が、両将をして偉大な教育家たらしめたのであつた。とはいへ、乃木大将はより多く感情的であり、東郷元帥はより多く意志的であつた。乃木大将の和歌や詩には、そこに動く感情の、人に迫り、人を動かす真実さがある。東郷元帥は沈毅・渕黙にして底の知れぬやうな趣がある。

乃木大将の自刃は一世を驚倒せしめた。西南役以来命を陛下にお預けしたといふのが大将の心事であつたであらう。その責任感の強さ、その自責の厳しさ、その明治天皇の御恩遇に対する感激の深さ、さういう道義的感情と、大将にとつては最も自然な、どうすることも出来ない意志とが、大将をしてあの挙に出でしめたのであらう。大将にして始めてあの自刃の前に人を黙させることが出来る。

東郷元帥が、震災の時、容易に自分の家を立去らず、遂に自家の火を防ぎ得て災禍を他に拡げなかつたことは、かの最後まで城を守る武将としてのたしなみと共に、隣人に対し、公衆に対してあくまで義務を尽くさうとする市民としての心懸けを見るべき、尊く床しい行為であり、沈著・剛毅にして道義に厚い元帥の風貌をさながらに見る思がある。部分を守ることによつて全体を守り、全体を生かさうとする用意は、恐らく元帥多年の体得によるものであらうが、若しあの震災の当時、東京市民にこの心得があつたならば、あれだけの人を殺し、あれだけの家を焼かずにすんだであらう。日本海の海戦に於ける元帥の態度と共に、教へられる所の多い事実である。

東郷・乃木両将は、かくその自然的な性情に於ては相違してゐたが、その道義的性格に於ては多くの相通ずるものをもつてゐた。そして、それはまた、広く偉大な人々に共通する性格でもある。両将の如きは、真の「軍人」たることによつて真の「人」たり得た偉大な存在であつて、最も高い意味に於ける我が国武士道の完成者であるといつてよい。明治時代がこの両英雄を同時に有し得たことは、単に時代の誇であつたばかりでなく、国民永遠の幸福であるといはなくてはならない。

（岩波講座「国語教育」）

わたくしの準備した、「東郷元帥と乃木大将」の教案は、つぎのようであった。

題　目　国語巻三　一二　東郷元帥と乃木大将　p. 78.1 p. 81.3

教材観　両将が、その自然的性情を異にしても、深く美しい因縁に結ばれて、共に生涯至誠一貫、最も高き意味に於ける武士道の完成者であつたことを叙し、と共に永遠の国民的英雄であることを讃したものである。行文も平明、よく所期を尽してゐる。

目　的　両将を結ぶ意味深き「と」（因縁）に眼を注がせつゝ、共に国民的英雄であつた所以を知らせ、その至誠一貫の生涯を深く回想敬慕することによつて、無限の感激に浸らせ、更にその胸裡の至誠を呼びさましたい。

時間配当　本時第一次

教授過程

(1)

一、両将を結ぶ「と」に着眼させ、語句の読みに注意を払ひつゝ、通読一回。九人。

二、主題把握。

三、本時の範囲（八十一頁三行まで）を通読させ、節意把握をさせる。

四、範読発問を交へつつ、文脈・表現面に即しつつ深究。

五、整理読一回、三人。（但し、時間の都合によつては、省略する。）

(2)　板書機構（その一）

東郷元帥(と)乃木大将

主　題　至誠一貫の両将が共に国民的英雄である所以。

節　意

一、共に国民的英雄

任務――国運を担ふ

二、両将因縁の深さ

1　生れ

2 戦陣上37—38　一心同体、兄弟
3 随員——世界的名将
4 教育上　一大刷新——実行
5 薨去　三位以上の人の死去を云ふ
——自刃
天寿

三、至誠一貫の生涯
生涯　実行実現
文字通り
神聖——崇高以上

(3) 板書機構（その二）
1 稀有　労る　閭巷
2 賭—博　堪へる　見るに至つた　黄海　戴冠式　御聖慮
見事に

「東郷元帥と乃木大将」という教材の第一次の取り扱いとして、一応通読をさせ、さらに、範囲を、七八ページから八一ページ三行までにせばめて扱ったのであった。右のような教案をまとめるまでに、わたくしは教材研究をした。そのノートは、つぎのようである。

一二　東郷元帥㋣乃木大将　　安倍能《よし》成《しげ》
まこと と まこと
深究——同時に

離してはならぬ、しっかりとした結びつき
共に　自然的な性情
又　至誠の人
両将　道徳的性格
——は
——は
共同して
二将共
日本人　国運を賭したとき、国運を国の命を背負うてたつた。
○国民的英雄
○大勝を博し
○堪へて、遂に　p. 82.9行目 ↓ p. 84.5行目
○難攻不落
○割かせてゐたならば
○想像に余るものがある。
○戦陣上の因縁
戦陣の上でも
○第二軍の先鋒
掩護
○御名代　ミヤウダイ　代理
随員
○御聖慮

○一大刷新
○至誠一貫
○誰
○亘つて　しぬく
○その型
○稀有
○本領
○死所
　——全文通読　10分
　第一時分　4分
○一日　イチジツ（イチニチ）
○一時《じ》　ひととき
○一月《ゲツ》　一月三舟　一月九□
○誰　タレ　だれは　たれの訛（言海）
○一言《ゲン(ゴン)》
○渕黙——奥深きこと、多言せざること　冴えた人は谷間《ふち》の如くしづかである。

右は、教材に即して教授過程を組んでいくためのおぼえがきのようになっている。さらに、教材研究として、左のようにノートに書きこんでいる。

○旅順では、旅団長以下消耗品といはれた。旅団長以下のみでない、師団長も第一線の散兵線に出てゐた。鮫島大将の如きは塹壕から塹壕を飛び歩いて、第一線を激励したものである。乃木大将はよく第一線を歩くので幕僚などが、絶対に第一線へ出ないことを約束してもらひたい、といつた位であつた。乃木大将はそれに答へて、「それは厳しいな。しかしめいめい流儀がある。坐つてゐて指揮の出来るものもあるが、俺しには出来ん。しかし俺しが第一線へそれほど出ると云ふことは気がつかなかつた。以来は成るべく気をつけるよ。」といつた。（引用者注、この項のみ、鉛筆で記している。）
○長府　長州藩の一小藩。今の下関を含む一小藩。
　と　元帥さん／大将さん＼　あるなつかしさを抱く。

Ⅰ　国民的英雄　国民の一人一人の胸に心に生々と生きる英雄。
　誰でもしる。英雄たらしめたもの、両役。
両英雄の重さ——貫禄。
両役の「責任の重さ」——本領。海と陸とに分れつゝ、任の重さを担ふ。

Ⅱ　生れた国——年。
戦陣での因縁。(と)
随員。——世界的名将。
○文字通り至誠の人
○「生涯を通じて」——(と)
○「愧我何顔看父老」
その明治天皇に一死を以て殉じたのは、死場所を求めて果す事の出来なかつた乃木さんにとつて当然の事である。しかも此の上もない死場所であつた。乃木さんの殉死の目的動機等は、今更喋々と述べる必要はあるまい。唯その辞世の一首、「うつし世を神さりましし大君の御跡したひて我は行くなり」が総てを物語つてゐる。
○薩摩と長州との因縁
○天皇の崩御に会ひ奉つて天皇と明治時代とに殉ずる壮烈無比の自刃を遂げたか。
○大正昭和まで天寿を全うした。
○東郷乃木両名将はその性格に於て随分著しき相違はあつたが、併しその最も重要な点に於て相共通して居た。
それは両者が共に純粋なる軍人といふ一筋の道を以て君国に尽す外に他意がなかつたこと、その赫々たる功名の人であつたと共に、実に高い人格の所有者であつたこと、否その赫々たる功名の根底がこの人格の力に存してゐたこと、両者共に国民の心を心として上陛下に仕へ、国家に尽し、その間に私心を止めなかつた点に於て、国民の公有の英雄であり、一代の道徳的儀表であり、日本国民の良心と名誉とを代表した人物だつたことである。実際この両雄位国民全般から感謝され又同情され、尊敬せられ親愛された人は近頃なかつたといつてよい。明治時代がこの国民的英雄を持つて居たことは、時代の誇であるのみならず、実に時代の幸福であつた。この二人に代るべき人々を今の日本国民が有しないといふことは、悲しむべきことである。
○日露——国運を賭した——敗けた場合は九州を割譲するとの覚悟——田上先生。

このとき、わたくしは図書館に出かけて、東郷元帥・乃木大将関係の文献を借り出して閲覧した。その一つは、「聖将東郷平八郎伝」（小笠原長生著、昭和9年6月5日、改造社刊、ラベル番号、チ二三七四）であった。それからは、つぎのように抄出を試みている。
○丁度日露戦争が終つて、元帥が凱旋せられた当座であつた。或妙齢の婦人が余に向ひ、「東郷さんにお目にかゝるとお祖父さんにでも会つたやうな心になり、縋りついて思ふ存分泣きでも仕たいやうな気がする。」と云つた。余は之を聴くと同時に、何うしたのか急に眼頭があつくなり、自分も一緒に泣きたい思ひがしたのみか、此の短い一言に、国民の元帥に対する親愛の情が代表されてゐることを痛感した。
古今独歩の名将としてその偉大さを極度に発揮せられた日本海々戦以後、国民の観念に映ずる元帥は、歳月を経るに随つて威厳より親味へと移りゆき、今では国民の慈父と云ふのが最適当した称呼のやうに思はれて来た。勇魚《いな》躍る荒海に四〇隻の敵艦隊を撃滅して些の興奮をも示さなかつた英雄と、童幼婦女に縋りつきたいとまで親しまれる国民の慈父とは、あまりにも懸隔してゐるやうであるが、仔細に考察すると、そこが偉人の偉人たる所以であつて、誠実溢るゝ者は必ずかくの如き両面を具備するに至るのが自然の趨勢であらう。然も此の慈仁の一面を視ると共に、平素と雖も秋霜烈日の他面あることを忘れてはならない。（同上書、序二〜三ぺ）
○丁度昨昭和四年の海軍記念日であつた。日比谷《や》公園に於て「少年東郷会」の発会式が花々しく挙行された際、軍装姿の東郷元帥は悠揚として演壇に立ち、慈愛溢るゝ眼に児童の大群集を見渡して簡単な訓示をせられた其の中に「どんなに才気があつても又は力があつても真心が欠けてゐては決して本当の御奉公はできないのでありますから、どうぞ正直にして誠の道をふみたがへないやうにおねがひ致します。」と云ふ一句があつた。之を謹聴してゐた三万の児童は誰指揮せねど自ら粛然となり咳一つきこえなんだ。

（同上書、序《じょ》四～五ぺ）

○学問所

○世界的名将（※）

○米国のルーズヴェルト大統領は、「余が別荘は多くの名士を迎へたるも、嘗て東郷大将程の人あらず、将来も恐らくかゝる光栄を荷ふことはなかるべし」

○英国のキチナル元帥は、「無言にして畏るべき提督」

○米国のウォールター・ワイル博士は「ネルソン以来の海戦史上の唯一人なる東郷元帥が素朴なる家にをる風情は、さながら仏国の老農のやうだ。」（以上、同上書、一八ぺ）

○東郷元帥の格言　天与正義
神感至誠

○東郷元帥を生んだこの鹿児島鍛冶屋町からは、西郷隆盛・大久保利通・西郷従道・大山巌・黒木為楨《とも》など、明治の偉人を出してゐる。

○病難時代の猛勉強

○国運を賭した——国の興亡にかゝる大激戦

○日露戦争における日本海の大海戦が、日露両国の運命を賭した大激戦であつたやうに、日清戦争における黄海の大海戦も亦、日清両国の興亡にかゝはる大激戦であつた。我が国民中には、この国運を賭した大海戦も、今は遠い過去に属する歴史的事実ぐらゐにしか感じないものもあらうが、日本海々戦を記念すると同様に、わが国が始めて、世界的にその国威を発揚し、嶄然東洋の一雄国として世界的存在を強調してきたのも、実にこの日清戦争の大勝利によるものであつた。

これまでの日本は、支那人からも、小国とみくびられ、倭奴と軽侮されてゐた。それがこの決戦により、一朝にして強弱位置をことにする。（同上書、二四二～二四三ぺ）

○露国の太平洋艦隊に対する東郷司令長官には、二重の大責任が双肩にかかつてゐた。即ちその一は眼前の大敵を撃滅する事で、その二は早晩東洋に廻航し来るものとみとむるをもつて至当とすべきバルチック艦隊に対する事である。（同上書、三一五ぺ）

○難攻不落と金看板打つて世界無比と誇つた旅順口が、背面攻撃開始以来半歳にして陥落したのは、申すまでもなく赫々たる御稜威に由るのであるが、同時に陸の乃木、海の東郷と云はるゝ両偉人が、肝胆相照し一心同体のやうに助けあつて攻撃に従事したからである。……対露戦役に於ける両将軍の交りは兄弟もたゞならぬ程の親密さであつた。（同上書、三四三ぺ）

○乃木大将をその司令部にとはれた際、p. 343 p. 347

○ぞしのばれにける。——聖将東郷。

○その上陸——塩大澳

○一人息子と泣いてはすまぬ。二人なくした方もある。——俗謡。
（同上書、三四四ぺ）
○出陣にあたり、三個の棺を用意させた。
○「一夫守れば万卒すゝみがたし。」
○黄海——37・6・10旅順口を脱出した露国太平洋第一艦隊を撃滅した所謂黄海々戦である。
秋山参謀
「世人は概ね日本海々戦ばかりを大騒《ママ》やつて、やゝもすると黄海々戦などは名さへも忘れがちであるのは遺憾千万だ。なる程日本海々戦は如何にも花々しく、殊に敵全艦隊を撃滅したのであるから、それのみが世人の眼に映ずるのも無理からぬ次第だが、東郷大将としては黄海々戦の際の方が苦心の度が多かつたらうと思ふよ。のみならずこの海戦の実地の経験が、日本海々戦をしてかくの如き大成功を奏させた主なる原因をなしてゐると考へる」（同上書、三五一ぺ）
○随員両将共に軍事参議官の職
郵船加茂丸
○ロンドンの新聞記者たちは……スタンダードの如きは、「各国の使節は陸続として御来英せらるゝであらうが、英国民が衷心から歓迎するものは、日本帝国の使節にまさるものはありますまい。また、各国から多数の知名の士が参列するであらうが、誰か、東郷、乃木両将軍と、その光輝を争ひうるものがあらう。」と讃辞を述べた。（同上書、四一二ぺ）
○ジャパンガゼットの主筆トムソン
○ウェストミンスターアベイで、大僧正から、王冠を両手に捧げて、しづかに皇帝の頭上に王冠をいただかせたてまつつた。（同上書、四二四ぺ）
○六月二二日——式、六月二七日
バッキナム王宮で、両陛下の大園遊会があつた。世界各国の貴族名士雲の如く参集してゐる中から、陛下は特に東郷、乃木両大将を御前に召され、ウドロフ大将の通訳で、両大将に向ひ、日本に帰朝してからも、英国に対して長く好記念を保つやうに望むといふ旨の御沙汰があつた。（同上書、四二七ぺ）
○東郷さんのみ米国にまはつた。
○英皇戴冠式参列のため、東郷大将渡英の報一たび米国に伝はるや、国を挙げて大将の訪米を希望し、「東郷は日本のみの東郷でなくて、世界の東郷である。従つてまた吾人の東郷である。」と言つた。
（同上書、四三六ぺ）
○総裁——p. 482
東宮御所内に御学問所を御新設になり、

「おろかなる心につくすことをばみそなはしてよ天つちの神」

このときの述懐。（同上書、四八五ぺ）
○安危の大局——国難
○晩年の東郷元帥は、神々しい程になつてをられたやうにおもふ
——山本英輔大将
○「われらの東郷さん」
○乃木——多感多情
山川草木転荒涼　十里風腥新戦場

征馬不前人不語　金州城外立斜陽

○型――流儀

○那須の百姓時代

○沈着――p. 85　東郷元帥追憶号　チ2386

○昭和九年五月三十日午前七時

全国民哀悼のこの日こそ、くしくも、日本海々戦に曠古の大勝を博して聯合艦隊を率ゐ威風堂々佐世保軍港に凱旋した、ゆかりの日である。

○「殉死十時間前の将軍」この写真には、生涯がこもつてゐる。

（引用者注、教科書八一ページに掲げてあった、乃木大将の盛装の写真について、調べたところを記しているのである。）

○王師百万征驕虜　野戦攻城屍作山

愧我何顔看父老　凱歌今日幾人還

○大将は学習院長に就任するや、幾程もなく、自らは、普通学生と室をつらねて総寮部の極めて質素なる一室をとり、日の多くをこの室に起居し、行住一に生徒と同じく飲食入浴の如きも亦これと共にし、本邸に帰臥するが如きは僅かに一週一日位に過ぎざりき。而して其の院内に於ける日課如何にとみれば、朝は必ず四時に起きて院内を隈なく巡視し、雑草などの生ひしげれるを見れば、携へたる鎌もて之れを刈り払ひ、七時に学生と共に朝めしをすませ、各生徒の見廻りなどをし、八時前には職員の休憩所に先着して各員の出勤を待つを常とし、晩餐後は又自室に入りて読書の閲覧に熱心し教育学その他の研究をも怠らず、十時に至りて初めて寝につくが如き定めにてありき。されば之を見習ひたる学生一同何れも今迄の箱入生活を改めて規律厳然たる生活を営むに至り、殊に大将が如何なる厳寒にても早朝冷水にて洗面の範を示すより、家庭に在りし当時の習慣にて湯を用ひ居りたる生徒らも自然水を願ひて水を用ふるの状態となりし如く、すべての方面に於て彼らに与へたる感化実に少からざるものありき。而して其の教育は水浴、ゲキケン、弓道、相撲等生徒の心胆をれんまし士気を鼓舞する方面に最も力を注ぎ、宛然たる軍隊教育の観を示すに至つたので、優柔なる生徒の父兄らは万一かくの如くにして可愛の子弟を病気や不具にしては大変なりと、わざ〳〵家令、家扶等を学校に遣はしてその教育ぶりを監視せしむるも少からず。ある時大将、生徒の父兄を集めて様々訓示する所ありしが、父兄三太夫など、食物は如何、運動は如何、睡眠は如何となめげなる愚問を連発するに、大将は格別怒れる気色もなく、すべて此の乃木が生徒と同じやうにやつてゐる事なれば、御安心ありて可なりと簡単に答へて多くを語らざりき。」大将の生徒を愛すること切。

かくの如くして昨日まで遊惰な華族養成所の感ありし学習院の気風は全く一変し、生徒は乃木大将を神の如く崇敬するに至りぬ。ここから、「唯実行だ。」（引用者注、教科書、八一ページ）にひびく。注意。

○西南役《エキ》

○御聖慮――終始一貫の忠誠に御信頼あらせられ、旅順の大役に多大の死傷を出したるも咎めたまはず、益々恩遇を垂れさせたまひしかば、大将の感激は最高潮に達し、殊にその学習院長に任ぜられる際には、「いさをある人を教への親にして」の御製さへあそばされた。——大将は感激。

○大正元年九月十三日七時五十分御大葬とりおこなはせられ、この夜、霊じ宮城御発引の号砲を合図に、自刃して行つた。日本刀を以て割腹し、さらに頸部を右より左に貫きて前方に伏したり。かんさりまし、

○院長の職のまゝ薨去。——→

○心事「高節百話」(チ七七七、p. 245)

○遺書其一(小笠原子爵宛)

拝啓

今般御帰京御面晤《ご》を得候儀は真に望外の幸に候　然るに小生此度の処決は西南戦役以来之心事に候得共かくかしこくも御跡を追ひ奉り候儀の場可有之とは予想も不仕恐入候儀に御座候むなしく今日を過候而は日に加はる老衰碌々御用にも不相立過分の御優遇に浴する事徹懼に堪へず　如此次第不悪御海恕被下皇室の御為学習院今後の成立御尽力の程呉々も懇願仕候右は御暇乞御詑迄如此候

匆々敬具

九月十二日

希典拝

小笠原長生賢台　貴下

○旅順口は、ジブラルタルのそれについで、天下比すべきものなしとした。欧州最秀の造兵学者も、一望戦慄すべき此等連山の攻撃を敢てするは、恰も死滅と敗北の外答ふるに道なき謎なりと云つた。

なお、当時の教材研究ノートには、つぎのような附属図書館閲覧証を四枚挿んでいた。

学生生徒　図書閲覧証　(広島文理科大学附属図書館)

書名巻数	乃木大将言行録	類	チ
		号	779
		冊	4
6月20日	(大学)(高師)　文科1部　科　4年　学年　野地潤家	返印	

○「大将乃木」チ794　10

○(乃木将軍詩歌全集」イ　566　5

○「大将東郷」チ1161　1

なお、ノートには、つぎのような語句を記している。

○稀有《ケウ》キ(漢音)

○英雄　英は草の精秀なるもの。雄は獣の抜群なるもの、転じて人のすぐれたるもの。

○(賭)とした、かけた、バクチ

○(博)——見事にかちおほせること。かけたものをかちとること。

○印象　印を捺したる如く、五感の刺激によりて、心にしかとむすびつくを云ふ。

○戴冠式

○聖慮――みこころ、天子のみこゝろ　寵襟
○刷新　はらひきよめること
○文字通り　至誠はどの字もかるがるしく云へない。ぴたつと至誠の字に合する。
○見事に　すぐれてゐること、美しきこと、立派なることなどに云ふ。感嘆のこゑがひそむ。
○労る
○只管
○閭巷

以上が教材調べのノートのあらましである。岩波「国語」には、完備した教師用指導書があったが、教生は、それを見ないで、授業を準備することになっていた。附属図書館に出向いて、教材に関連する資料を選び出し、目を通しながら、ノートに書き抜いていったのである。書き抜いたものは、やや冗漫にも見えるが、このようにして、教材解釈をふくらませていくのには有効であったとおもう。東郷元帥や乃木大将の人柄・人物を理解しておくことは、「東郷元帥と乃木大将」という教材を扱っていくのには、どうしても必要であった。

教科書八一ページにある、「乃木大将は、ある人が武士道の本領を尋ねたのに対して、『唯実行だ』と答へたさうである。」のうち、「唯実行だ」を、ほんとうに理解していくのには、乃木大将の平生の「実行」の様子を的確におさえておくことが必要である。そういう地味ではあっても、だいじなこと（解釈深化の仕事）が、こうした作業においてなされていった。

実地授業「東郷元帥と乃木大将」に対する批評は、批評会において、実習グループであった服部敬之君らの教生仲間および指導教官の小谷等先生から、つぎのように受けた。その断片的なメモは、左のとおりである。

○1「我国の運命」
構文にとらはれすぎる。骨組にしてしまつてはだめである。
（教授者と生徒とがはなればなれになる。）血がかよひ脈うつ文の形象として生徒に把へさせることが大切である。
○2よみかたが不充分である。
○3臨機応変　功名　人格　まとめ拘泥しすぎる。発問法は研究の要あり。本時の範囲に拘泥しすぎた。
○一つの全体を見抜く。抽象して、生涯を通ずる至誠を強調しすぎた。
○論ずべきものではない。――自分は知つてゐる。
○文をはなれすぎる。
○教授法がうますぎる。
○ある一つの型に捉はれてゐる。あれは国民学校の教授過程ではないか。中学校の教授にはいかぬ。
○教材研究の深さに拘泥して、之を板書にひきずりこむ。生徒の事を考へる。教師主体になつてはいかぬ。生徒に自発的行動をさせる。

○たえず同じ教案をかく。自分の思想をもつてむすびつける。固定的な型にならうとする。
○生徒の中の相当数はついてゐた。しかし、教師の一人相撲になる。教材研究をやつて、板書を完全にしてやる。
○教材――共に同じ行き方である。同じやうな風にながれてゆく。
「この他に、この教材の取扱ひはないか。」
○内容深究　教材研究
○我流の型に捉はれてはゐないか。
○文体　比較文
○結論　文体から出た答弁は一つもない。結論から逆にゆく。
○各文段の軽重。
○観点を一八〇度かへてゆく。
○作者の意図を生かしてゆく。
○速度と取扱。大観→生徒に発見的にやらせる。生徒は文章として眺めてをらぬ。文体文章の立場。
○ほかの立場。故人の糟粕をなめぬ。かゝる案をたてる。
○一時間でやるにはどうするか。
○型をやぶれ。文体に即しての読解力。
比較
結論
作者の力点。結論に即して、之をいかしてゆく。
○比較文を書ける。作文との聯関。この文章がつくれる。
○服部君（級友、教生で同じグループであつた服部敬之君。その批評を書きとめているのである。）

発問法が不備である。生徒に対して、発展的に賞讃をする。
○ほめない。――増長しない。俺もよめぬ。
○ほめる――感激をする。特にほめてやる。力点をおいてほめる。
○一生の――ほめる。とりあげる。
「ほんとうによかつた」と云ふことを感じさせる。あくまでも文章の価値ある答弁をほめる。
○内容方面でひきずる。内容方面に偏しない。
○形式。
○授業の入りかた――ふつくらと入る。厳粛に入る。神としてまつられてゐる。
○国語の雰囲気をつくつて、㋣へかゝる。ふつくらと入る。
○授業のはじめはおちついてかゝる。
○ごむの木をのける。たえず生徒の心のうごきに気をくばる。
○方法をかへてやる。「ぶちこはす」

当日の授業については、「日記」（六月二三日）に、「二南の国語を持つ。教練のあとのせいか、やりにくかつたやうにおもふ。二北にくらべると質の悪いのがゐるやうである。」と記している。

授業についての批評は、前掲のとおりであって、1すでに一つの型（読みとりの指導上の）にとらわれていること、2発問法にくふうを積むこと、3教材の文章に即して扱っていくべきこと、4教師本位でなく、児童本位に発見的にさせるべきこと、5型をやぶって、新しい方法を試みていくべきこと、6授業のはいりかた・板書のしかたなど、くふうをしていくこと、などについて、こまかく注意された。

ある型にとらわれないで、たえず清新なものをくふうし、創造していくよう、小谷等先生は、くりかえし注意された。

なお、この授業「東郷元帥と乃木大将」の準備において、教案（前掲）の「目的」の条に、「両将を結ぶ意味深き『と』（因縁）に眼を注がせつゝ」としており、また「教授過程」において、「一、両将を結ぶ『と』に着眼させ、」と述べているのは、当時すでに親しんでいた、垣内松三先生の「国語教授の批判と内省」（昭和2年8月1日、不老閣書房刊）に収めてある、「純粋なる『と』を求めて」という論考に触発されてのことである。

それは、雑誌「読方と綴方」の創刊号の巻頭に、垣内松三先生が寄せられた、文章であった。それには、たとえば、つぎのような一節があった。


「どうしてこの雑誌が生れるようになつたかといふことは、その表題の文字を見ればよく分ると思ひます。表題はまことに平明で『読方と綴方』といふ五文字の外に何もありませぬ。しかしもし『と』に注意して読むと、三通りの意味が見つかる。

まづ「と」によりてこの表題を分けて見ると『読方』と『綴方』の二要素の外に、それを連結する『と』を加へて三要素に分析することができます。かうした読方から見た表題は、現在の国語教育の実際を象徴する姿とも謂つてよい。

併しながらこの表題の文字から見出された三要素は、リッカートのいはゆる『対象前的のもの』であるといはねばなりませぬ。研究の対象にまで高められない『原現象』であるといはねばなりませぬ。それ故にこれ等の要素を結びつける心もちをもつて、この表題を読むとしたら『と』の内面に於て、新《ママ》い意味が見出されなければならないと思ひます。そして直ちに『と』を二要素の相関者と考へられることと思ひます。然るにそれを国語教育の実際を象徴する辞として見ると、もう両者の関係が稀薄なものとなつてしまふ。

かうした相関者としての『と』は単に『者』（たとへば読方）と『他者』（たとへば綴方）との連結に過ぎないのでありますから、もし『と』をさうした無性無力の状態から高めて『一者』と『他者』とを融和して、その内面に於て白金の一線のやうに輝く作用を示す語として考へて見るとしたら、現今の国語教育の実際を象徴する辞としては、随分距離の遠いものとなつてしまふと思ひます。

併しながら右の三の読方の中で、『と』を生々した作用として意識した読方でなければ、これから創造せんとする国語教育の対象は目の前に浮かんで来ません。国語教育の研究の対象を対象前的なるものから解放するには、純粋なる『と』を求めて、それに秩序を与へなければならないと考へます。故にこの表題の文字を読むのに『と』の内面に於ける、純粋なる『と』の作用に注意を凝収して考へたら、それで十分にこの雑誌の生れたわけが分る。」

（同上書、四〜六ぺ）


——こうした、垣内国語解釈学の考え方に魅きつけられたのは、たしかであった。「東郷元帥と乃木大将」の「と」に、注目するようになったいきさつには、こうした垣内松三先生の考え方に接したということがあった。

一三　実地授業三　作文「表現」

つぎに、三つめの実地授業は、作文であった。昭和一七年六月二三日(火)、第五時限に、二年北組で行なった。指導教官は、小谷等先生であった。

当時、作文の授業には、教科書が用いられていた。それは、広島高等師範学校附属中学校国語漢文研究会編の「新作文」(昭和11年12月3日、修文館刊)で、上中下の三巻から成っていた。わたくしは、二年北組に、「新作文」(中)の、四　表現、のところを扱うことになった。この「新作文」(中)は、つぎのように、一七の単元から構成されていた。

一　観察
二　文の中心
三　選択と構想
四　表現
五　旅
六　描写と説明
七　文の気分
八　敷衍と短縮
九　祝賀
一〇　和歌
一一　歌心
一二　敬語
一三　模倣と独創
一四　評伝
一五　趣味と実用
一六　見舞
一七　俳句

特設された作文の時間は、こうした教科書をあわせ用いて、授業が進められ、一学期も半ばを過ぎて、四篇目の「表現」の単元を扱うところまできていたのであった。

教材、四　表現は、説明と例文とから成り、左のように構成されていた。

四　表　　現

文章の使命　文章はいふまでもなく、文字を用ひて、考や感じをあらはすもので、これが文章の役目即ち使命である。この使命を果す第一の要件はすでにのべたやうに明瞭で正しい言ひ表し方即ち表現でなければならぬ。自分の心にはつきりとした考や感じが湧いて来る、それをはつきり誰にもわかるやうにし、言葉づかひにも文字にも誤がないやうにすることが大切である。然し、かの理科などのことを書くやうな文章ならば、それでもよいのであるが、多くの場合、文章はこれだけで満足することが出来ない。これ以外に必ず人の心を強くうつ表現を用ひなくてはならぬ。

強い表現　強く人の心をうつ表現は、自分の心に強い感動をうけてゐて始めて出て来る。真に嬉しいと思へば、おのづから手足も舞ひ、心も躍り、文も嬉しさに満ちて来、悲しい心が起れば、すべて悲しい表現が生じて来る。わざと作らうとしても作ることが出来ぬは、人の心であり、文の表現である。故に人を動かさうとするには、先づみづから動かなくてはならぬ。古から志士といはれる人の詩文が人の心を動かすのはこれがためである。

表現法　文は作つてはならぬ、自然に出たものでなくてはならぬことは、すでに述べた通りである。昔より今日までにかうした文章が多く出てゐる。その文章を研究してまとめあげられた表現の法がいろ〳〵ある。作者の心を重んずる今日では、さういふ技巧方面のことは余りやかましくいはれぬのであるが、文を読み文を練習するものには、やはり一通りは心得てゐて、作文及び推敲の時の注意とすべきである。

比喩　「桜の花は丁度雲か霞のやうだ。」といふやうに、喩《たと》へてゐることが明らかなもの、「花の顔」「人生の春」などのやうに、喩がかくれてゐるもの、「東寺の塔は我を迎へて立ち、鴨川の水は我を迎へて歌ふ。」のやうに、人間以外のものを人間の如く取扱ふ（擬人法といふ）ものの三つがあるが、何れも平凡な用ひ方では、なか〳〵人を動かしにくい。必ず独特のもので、其の場合にしつくり合つたものでなくてはならぬ。

対句　「楼門赤く、松青し。」「言ふは易く、行ふは難し。」といふやうに、相対する句を並べて、一種の調子をつくり、気持よく感じさせる法である。

漸層　「天の時は地の利に如かず、地の利は人の和に如かず。」といふやうに、軽いものから重い方に、易いものから難しいものにと、漸次調子を高めてゆき、読者の心を引きしめる法である。

誇張　実際よりは大きくいつて、却つてそのものをよく感じさせる法で、「白髪三千丈」の如きそれである。

現写　「夜は明ける。進めの命令が下る。喇叭の音が響く。」「一度戦が起らんか、空襲は行はれる、毒ガスはまかれる、不安は増すばかり。」といふやうに、過去や未来の事、或は他処の事を現在眼前に見てゐることのやうに写す法で、歴史ではこの法がよく用ひられる。

反覆　同じやうな句調をいくつか繰返して強く感じさせる法である。

引用　他人の言葉を引いて、自分の言ふことを信じさせる法であるが、余り難しいものを選んでは、読者に伝へることが出来ぬから丁寧に説明した形を取るがよからう。

さぼてんと木蓮

夏目漱石

雨垂落《あまだれおち》の処に妙な影が一列に竝んでゐる。木とも見えぬ。草では無論ない。感じからいふと、大津絵の鬼の念仏が、念仏をやめて踊《おどり》を踊つてゐる姿である。本堂の端から端まで、一列に行儀よく並んで踊つてゐる。朧夜にそゝのかされて、鉦《かね》も撞木《しゅもく》も奉加帳《ほうがちょう》も打ちすてて、誘ひ合はせるや否やこの山寺に踊りに来たのであらう。

近寄つて見ると、大きな覇王樹《さぼてん》である。高さは七八尺もあらう。絲瓜《へちま》ほどな青い胡瓜を杓子の様に圧《お》しひしやげて柄《え》の方を下に、上へ〳〵と継合はせたやうに見える。あの杓子がいくつ繋がつたらおしまひになるのか分らない。今夜のうちにも廂《ひさし》を突破つて屋根瓦の上まで出さうだ。あの杓子が出来る時には何でも不意にどこからか出て来て、ぴしやりと飛付くに違ひない。古い杓子が新しい小杓子を生んで、その小杓子が長い年月のうちに段々大きくなるやうには思はれない。杓子と杓子との連続が如何にも突飛である。こんな滑稽な樹はたんとあるまい。しかもすましたものだ。

石甃《だたみ》を行尽して左へ折れると庫裏《くり》へ出る。庫裏の前に大きな木蓮がある。殆ど一抱《かゝへ》もあらう。高さは庫裏の屋根を抜いてゐる。見上げると頭の上は枝である。枝の上も亦枝である。さうして枝の重なり合つた上が月である。普通、枝があゝ重なると、下から空は見えぬ。花があれば猶見えぬ。木蓮の枝はいくら重なつても、枝と枝との間はほがらかに隙《す》いてゐる。木蓮は樹下に立つ人の眼を乱す程の細い枝を徒には張らぬ。花さへ明らかである。この遙かなる下から見上げても、一輪の花はつきりと一輪に見える。その一輪が、どこまで簇《むらが》つて、どこまで咲いてゐるか分らぬ。それにも関らず、一輪は遂に一輪で、一輪と一輪との間から薄青い空が判然と望まれる。花の色は勿論純白ではない。徒に白いのは寒過ぎる。専らに白いのは殊更に人の眼を奪ふ巧が見える。木蓮の色はそれではない。極度の白さをわざと避けて、暖みのある淡黄に、奥床しくもみづからを卑下してゐる。余は石甃の上に立つて、このおとなしい花が累《るい》〳〵とどこまでも空裏《くうり》に蔓《はびこ》る様を見上げて、しばらく茫然としてゐた。眼に落ちるのは花ばかりである。葉は一枚もない。どこやらで鳩がやさしく鳴合うてゐる。

（草　枕）

評　覇王樹と木蓮とをかくまでに書上げた文は他にあるまい。特性をよく捉へてゐること、その比喩の独特で巧なこと、短い句の重ね方等特にすぐれてゐる。

子供等

吉田紘二郎

小鳥とともに目をさますのも、子供等である。太陽とともに踊るのも、子供等である。落日の最後の光まで草の中を馳けずり廻るのも、子供等である。光に恵まれ、土の香に恵まれ、軟かな春の風に恵まれるのも、子供等である。

太陽の光のいかに嬉しく、いかに懐かしいかを知るのも、子供等である。雪がちら〳〵と降つてくれば踊り、風が吹いてくれば路地《ろぢ》中を走り廻つて歌ふのも子供等である。椿の花に来て鳴く目白の真似をするのも、子供等である。落ちた椿の花を絲に通して、花輪を首にかけては、王様のやうな幸福な心を持つことの出来るのも、子供等である。

くわりんの花が咲き、石榴《ざくろ》の花が咲いたのを、ほんたうに驚異の黒い瞳《ひとみ》をみはつて、小半日、窓から見つめてゐるのも、子供等である。

売られて行く仔牛《こうし》の脊に秋の雨がそぼふつてゐるのを、窓から眺めてゐるのも、子供等である。

蚕豆《そらまめ》畑の隅に死馬を葬る為に、深く掘られたばかりの穴をのぞいてしやがんでゐるのも、子供等である。

野火《のび》を眺めて、未知神秘の世界を夢にゑがくのも、子供等である。

やがて子供が娘となり、青年となり、母となり、父となる時、彼等は太陽の光を知らない。落日を見ない。軟かな風を感じない。

小鳥の声を聞かない。
子供等の心を失つた人間ほどあはれなものはない。生活に追はれる大人の目は、いつも黒い土ばかり見てゐる。（草光る）

評　子供のいろ〳〵な場合を同じ句法で畳んだ作者独特の詩のやうな表現の文である。最後に大人を持出して、子供の生活の尊さを一段と浮出させてゐる。

桜

「花は桜木人は武士」とは古来幾多の人々によつて唱へられた言葉である。日本の武士のいかにも男性的にして未練《みれん》を持たず、最後を潔くする事は、爛漫《らんまん》と咲匂ふ桜花の些《いさゝか》の心残りもなく極めてあつさりと散行く其の姿に、如何にも似通うてゐる。私はこの意味に於て桜を愛する。

しかも死を見る事帰するが如く、強敵に会ひて少しのおそれをも抱かない剛気の中に、花を見ては歌を詠じ、月を仰いでは詩を吟ずるの風流は、楚々《そゝ》たる中に気品に富める桜花のそれに相通ずるものあるを思ふ。私は此の意味に於て更に桜花を好む。

殊に大軍来るも頑《ぐわん》として屈しない大丈夫が、年来の仇敵に塩を送るのなさけは、其の色の純白でなく所謂桜色である此の花のやさしさに相似て居る。この点に至つて私は極めて桜花を愛する。

最後に一人々々の力を表さんとせずして、一致団結事に当るの精神は、一樹に無数の花をつけて全体としての美を競ふ我が桜と甚だよく似てゐる。私はこの意味に於て最もこの桜を愛し、最もこの桜花を敬する。古来我が国人が桜を国花として誇り、賞玩するのも亦これがためである。

雲深き九重《こゝのへ》の辺におかせられても、古くより観桜御会《くわんおうぎよくわい》の御催しがあり、文武百官及び外国の使臣を招かせられて、此の花の下で宴を賜ふ事は我等の最も尊く思ひ、又最も誇とする所である。

かくの如く、上は皇室より下は我々に至るまで、誇と尊敬とを持つこの桜の花こそ、実に我が国民性の象徴《しやうちよう》であると言はねばならぬ。（片　山）

評　「……桜を愛する」の四回の重ねに変化ある句法を用ひ、「最も尊く思ひ、最も誇とする所」を経て結びに至るまで、次第に強く畳んでゆく漸層法によつて力強い文を成してゐる。其の他、対句法の応用も見られる。

（「新作文」（中）、二三〜三一ぺ）

こうした作文教材を用いて指導をしていく計画（教案）は、つぎのように組んでいった。

題目　新作文　中　四　表現

教材観　文章の使命達成の立場から、表現の問題を考察し、表現法の大要に及んだものである。説明簡潔、例文も平明であり妥当的確である。

目的　文章の使命達成に於ける表現の重要性に眼を注がせ、殊に力強い表現の源は力強い感動にあることを認識させ、併せて表現法の大要を、興味を感じさせつつ会得させる。

時間配当　一時間

(1) 教授過程

一、馬方「亀」の催促状によつて、文章の使命及び表現の三方面を考察させ、力強い表現に及ぶ。

二、力強い表現の例として志士平野国臣の歌をあげ、力強い表現の源は力強い感動にあることを認識させる。

三、文は作るものでなく、生れるものであること、即ち自然であるべき事を説き、しかもその中に自らなる表現法のある事を明らかにし、その必要を説く。

四、読み一回（二三頁末行まで）

五、例を示し、或は発問により、或は読み加へつゝ、表現法の大要を説明して理解させる。

六、例文を読ませる。

(2) 板書機構

表　現

一、文章の使命

文字・考・感じ・表現

要　件

1 わかる表現——明瞭

2 正しい表現——正確

3 力強い表現——遒勁

二、力強い表現

1 平野国臣

わが胸の燃ゆる思ひにくらぶれば煙はうすし桜島山

2 詩は英雄のわざである。

3 力強い感動——源

三、表現法

(文)——作るものでなく、生れるものである。

不自然——自然

1 比喩　直喩／隠喩／擬人法 ｝独特的確

2 対句　相対　特色

3 漸層……（頓降）

軽→重／易→難 ｝高調表現

4 誇張

1 却つてそのものをよく感じさせる——上品

2 唯滑稽を感じさせる。——下品

5 現写

過去未来→現在／他処→眼前 ｝印象をつよめる

6 反覆

同じ句調——くりかへす

7 引用

つゝましく要領よく引く。

こうした教案を作成するまでに、教材ならびに資料について、下調べをした。その準備過程におけるメモは、つぎのようである。

表情

一、うれしい顔、かなしい顔、うたをうたふ、熱がどこにある。
……不自然

二、西郷南州、横顔――びつくりしたとき、ものをおいてから、
あゝびつくりした。――自然

表現

静もつた表現

「東西南北に出立仕り候――高杉東行
東西南北唯命に之従ふ――中江藤樹」

ことばにひかりあらしめる。

○比喩
直喩
隠喩
擬人法

○対句

○漸層

○誇張　地球程の判を捺す。

○現写

○反覆　ガンバレ

○引用

強い表現→強い感動
脚下を掘れ　そこに泉が湧く
自ら動く

志士・詩文

馬方「亀」の催促状

一金三両
右馬代　まだくさぬ。
くすかくさぬか、こりやどうぢや。くすといふならそれでよし、くさぬについては俺がゆく。ゆくにつけてはたゞおかぬ。亀が腕には骨がある。
――亀と云ふ馬方が馬を売つた。馬方亀の催促状

表現

一、文章の使命
文字・考・感じ　表現

要件
一、わかる表現――明瞭
二、正しい表現――正確
三、力強い表現――遒勁

二、力強い表現
3　力強い感動
（もえるもの　自ら動く――自らもえる――）
1　平野国臣

○　わが胸の燃ゆる思ひにくらぶれば煙はうすし桜島山
　○今日よりはかへりみなくて　山内　岸本

2　詩は英雄のわざである。
天皇陛下萬歳！――臣子としての至誠至純の発露――こゝに真実・感動がこもる。詩は英雄のわざである。

三、表現法　かねのこと　山内・岸本
文――作るものでなく、生れ出づるものである。
表情
自然……表現の法

○比喩
1直喩　あらは ｝……まるでそつくりだ。……といつた風だ。
2隠喩　ひそむ ｝独特・的確 ｝鉄石の意志
3擬人法
直喩を一歩強調して「のやうだ」といふ手ぬるさを省いて、直に「それ自身だ。」とするものである。
→花笑ひ鳥歌ふ
「鳥はその固有の本能を以て声を立つ。」

（「新文章作法講話」五〇ペ）
一、砂糖屋の角を通つたやうだ。
二、雪の新潟吹雪にくれて、佐渡はねたかや灯もみえぬ。
三、坊主にくけりやけさまでにくい。

○対句　――　――　相対
左右対偶といふことは、あらゆる美の中で、一番手近な人体に基づくと云はれてゐる。成程身体を背椎骨の処で折半すると、一つの耳・眉・目・鼻孔・手・足・五本の指・趾などが皺一つ違へず均斉にある。人体がさうだから服装も左右均衡の美を保つやうに発達する。又之を投影して建築をもシムメトリーにする。かくてこの対偶法が、一番早く発達したものである。（同上書、九六ペ）
○天長地久
○天高く馬肥ゆ……実は同一情趣の反覆法であつて、対偶法ではない。（同上書、九七ペ）

○漸層……※（頓降）
軽――重 ｝高調緊張
易――難
◎見渡せば、眺むれば、見れば須磨の秋
芭蕉（同上書、一〇二ペ）
○江戸の諺に「大風が吹くと桶屋がよろこぶ」といふのは、尻取句的な漸層法と謂つてよい。
大風吹けば　塵が立つ
塵が立てば　人の目に入る
……………　……………
法師がふえると　三味線がはやる
三味線がはやると　猫の皮がゐるので猫がへる
猫がへると　鼠がふえる
鼠がふえると　桶をかぢる
桶をかぢると　それを直すに桶屋がはやる。

（同上書、九八ぺ）

○誇張

→東西南北に出発仕り候　　白髪

一、却つてそのものをよく感じさせる。——上品

二、唯滑稽を感じさせる。｛地球ほどの生命はいくつもある。——下品

○現写

過去未来→現在
他処→眼前｝印象をつよめる
へだたり

頂上は雨であらう。頂上は雨だ。

※（頓降）反対に突然調子をかへる。「彼は名将である。彼が陣頭に抜剣して、叱咤激励する風貌は、獅子奮迅といふ文字通りの凄さ、勇ましさ、頼もしさがみえる。「そして彼は、よく家庭で子供とキャラメルを取り合ひしてキャッ〳〵と騒いでゐる。」（名将と良父）（同上書、一〇一ぺ）

○反覆

同句調——くりかへす

○松島やあゝ松島や松島や　芭　蕉

○親もなし妻なし子なし版木なし金もなけれど死にたくもなし　林子平

（同上書、一〇四ぺ）

○引用

つつましく要領よく引く。

「みたみわれいけるしるしあり天地のさかゆる時にあへらく思へば」　萬葉歌へ

○「みたみわれ」の感激を……

わたくしは、この作文の授業を担当すると決まったとき、大学前の古書肆「トキワ堂」（当時、広島市内では、学術書の古本屋として、もっとも充実していた。）に出向いて、「新文章作法講話」（昭和6年10月20日、文光社刊）を求めた。著者は、旧制弘前高等学校教授の三浦圭三氏であった。右の下調べメモ中に、ページ数を入れてあるのは、すべてこの書物からの引用であった。（もっともページ数の記入は、本稿を草するにあたり、改めて試みたものである。）

「新文章作法講話」は、総論・各論の二部十六章から構成されていた。それらのうち、総論は、

第一章　能い文とは？
第二章　作文の過程（着想・構想・記述・推敲）
第三章　達意法——明瞭
第四章　強調法——遒勁
　甲　強調語法—(一)譬喩法
　乙　強調語法—(二)辞　様
　丙　強調句法
　丁　強調的構想法—配語法・布置法
第五章　諧調法——流暢
第六章　統一

第七章　手法一覧和英対照法

のようになっていた。主として、三・四・五の各章を参考にしたのであった。

この書の各論は、1記事文・2叙事文・3説明文・4抒情文・5議論文・6縮約文・7敷衍文・8鑑賞文・9手紙の文にわけて、説かれていた。

なお、右の下調べのうち、高杉晋作の「東西南北に出立仕り候」は、「日本教育史」の時間に、玖村敏雄教授から紹介されたことばであった。

下調べをしていくうちに、おのずと「作文」の授業についての腹案が整い、それはしだいに教案のかたちをとるようになっていった。

昭和一七年六月二三日(火)、第五時限に、右の「表現」を、二年北組に扱った。当日の「日記」には、「二北に作文ををしへる。やはりかんじがよい。」と記している。「かんじがよい。」とは、二年北組の学級のことをほめているのである。たしかに授業のしやすい、いいクラスであった。

栄本	堂面	田部	吉田	藪内	山家
大坂	壷井	福原	吉田	槙尾	日南田
有働	三沢	広瀬	山岡	大谷	守田
津田	田中	松沢	二宮	中井	村上
橋本	江川	島	谷川	吉野	内藤
柳田	林	岡	入沢	大門	横山
岸本	久保田	福永	赤石	稲富	石原
		教卓			

わたくしは、ノートに、右のような座席表を写しとっている。

さて、わたくしの「作文」の授業についての批評は、つぎのようであった。

○難波氏（引用者注、教生仲間、難波義昌氏）

表現　の追求は意欲的であり、着眼には感心するが、的確性をかく。もえあがつてこなくてはならぬ。感銘がうすい。秩序の確立がない。秩序がたつてをれば、相当むつかしいことを云つてもわかる。

「表現法の定着は不充分である。」板書機構の錬磨が必要である。程度が高すぎる。上級生向きのものである。例詩はいゝ、あれをもつて非常に感銘ふかからしめる。

○生徒の作品の中から択び出すべきである。興味もつなげる。

○全体的な立場。

表現部面をとりあつかふ――その中に凡ゆる要素がある。不即不離の関係で取扱つてゐる。断片的なものでは、有機的なもの全部をあたへかねる。甚だ危険なところがある。綱目に主力をおくのみで、背景になるものの方がふかくなくてはならぬ。

「全体的な立場」。

○まとまりすぎる。

命題的に云う事は必要であるが、これは生徒に発見的にやらせることである。

1　2　3

○「手紙」――和歌
文体面から云ふと、ちがふ。
文体のひろい分野を眺めて、その中の手紙である。
○もたせる工夫。
○生活的である。
文学的な作品である。
○かるくながれる。
○文章の使命
力強い表現　｝板書は工夫を要する。
○教科書に即する。
表現法
1　比喩
1　2　3　｝生徒の興味あるものの中から引いてくる。
4　5　6　7　｝現写
○重点をとりあげる。7つにはかぎらぬ。之をひろくとりあつかふ。こゝはこれだけしかない。

○狭い範囲に取扱ふ。
○これをとりあつかふとき、生れ出づるものとして、表現の力としての聯関をたやさずにやつてゆく。
○まとめるもの――之を大処高処から眺めてふつくらとつゝむ。
○板書をおもひきつてやる。
○このからを打破する。
スランプ的なものになつてゐる。
この境地をつきぬける。
○「多くつくらして多く生徒の作品をよむ。こゝから文話の材料をとる。」――本道こゝにあり。

教生仲間だった難波義昌氏からはもとより、指導教官の小谷等先生から、あれこれとくわしく指導していただいた。このときの授業は、いわば「文話」本位のものであったから、こちらから与える傾向が強く、生徒から引き出してくることが少なかった。その点について、生徒に発見させるようにと指摘された。また、部分的断片的な用例の引用に陥ることなく、全体的な立場にたって、扱うようにとの助言を受けた。「手紙」、「和歌」を例にとることについても、こまかく注意された。

一応の工夫を尽くして、教案をまとめ、授業に臨んでも、小さくまとまって、ある「型」にはまったものとなってしまう。――この点を鋭く指摘されたのであった。「型」にはまることなく、独自の考案・工夫をしていくようにたえず求められた。文例（用例）なども、既成のものからでなく、生徒から引き出してくるのがのぞましいと言われた。しかし、当時のわたくしには、まだそういうことはできなかった。

教科書に即して、比喩ほか七つの表現法をとりあげたが、それも、生徒に興味のあるものから順にとり扱ってよいと言われた。そうした自在な扱いかたは、まだ思いつくこともできないでいた。作文の学習指導について、講義や指導を事前に受けているわけではなく、初めての体験で、それだけ扱いかたには不備な面が多かった。「多くつくらして多く生徒の作品を読む。こゝから文話の材料をとる。」──本道こゝにあり。こうした助言も、当時はその真意をじゅうぶんに理解することができなかった。

──わたくしは、旧制中学二年のとき、この「新作文」(中)の前身である、「模範作文」(中)広島高等師範学校附属中学校国語漢文研究会編(昭和7年9月10日、修文館刊)を学習した。この教科書は、その例言によれば、

一　本書は中等学校の教授要目に準拠し、中等学校に於ける作文科の参考書として編纂したものである。

一　本書は一系統のもとに題目を定め、之に極めて簡単な説明と注意とを与へ、更に名家と生徒との作品を併せ採り、一は模範、一は批評の資料とした。

一　本書はおほよそ上巻を第一学年、中巻を第二・三学年、下巻を第四・五学年に於て使用するやう編纂したものである。

一　本書は無方針な作文練習に対する一方向を示し、鑑賞・批評の材料を供したものである。従つて本書を読むことが作文科の仕事だと考へてはならぬ。作文の仕事は自ら大いに文を作ることである。(同上書「例言」、一～二ぺ)

とあって、その作文教科書(参考書)としての基本性格が示されている。この「模範作文」(中)を学んだのは、昭和九年(一九三四)、愛媛県立大洲中学校においてであった。この「中」巻の、四表現は、

文章の使命

強い表現

表現法

比喩　対句　漸層　誇張　現写　反覆　引用

雲　雀　　夏目漱石

倫敦塔より　　同

外宮詣で

内宮詣で

のように構成されていた。これは作文科参考書であって、教室で作文の時間に、必ず課を追うて学習したというものではなかった。そのためもあろうか、教育実習において、この「四表現」を、「新作文」の中で扱うとき、わたくしは、すぐに自分のかつて習った、「模範作文」のことを想起しなかった。考えてみれば、かつて学習してから八年後には、その個所をみずから中学生に指導する立場におかれたのであるが。

授業をした二年北組は、のちの第三七回（昭和二十一年）の卒業生にあたるが、「アカシア会」の「会員名簿」によれば、一〇名近くの人たちの行方が不明となっている。心のいたむことである。

一四　実地授業四　「心の小径」

つぎに、四つめの実地授業は、昭和一七年六月二六日（金）第三時限に同じく二年北組に行なった、「心の小径」に関するものであった。指導教官は、小谷等先生であった。教材「心の小径」（金田一京助作）は、つぎのようであった。

一四　心の小径

金田一京助

樺太の南半分が三十年振りで日本へ還つた、その喜のまだ新な頃、露艦ノーウィックの巨体が、大泊の港口に坐礁したまゝ、まだその残骸を半ば波の上に暴してゐる頃だつた。樺太アイヌ語は、北海道アイヌ語とどれ程違ふか。樺太アイヌはどんな物の言ひ方をしてゐるか。アイヌ特有の叙事詩が、若しや其処にも傳承されてゐはしないか。今まで抱いてゐたアイヌ学上の疑問とその解決とが、この方言に照らして若しや実証することが出来るのではあるまいか。かういふ空想がいつぱいに私の心を占めて、夢にまで見る誘惑となり、とうとう歴史的思出の多いこの新版図へ、単身踏査を思ひ立つに至つたのである。

それは明治四十年の夏のことである。小樽を立つたのは七月十二日、樺太の奥山には、木立に交つて山桜がちら〳〵咲いてゐる頃であつた。大泊に船待ちをし、毎日濃霧を託ちながらしびれを切らして、やつと米と味噌とを用意して、役所の見巡りの小蒸気に乗せて貰つて、目指す東海岸へ船出をしたのは十二日目。それでも海の上はまだ霧が深く、三晩船の上に寝て、二十七日の朝、やつと本船のボートで送られて、オチョポッカのアイヌ部落へ最初の足跡を印したのである。

思ひに思つて遙々訪ねて来たものの部落の人にとつては、私など何処から迷つて来た犬ころ程の興も惹かない存在だつた。なまじひに、民政署の船に乗つて来た洋服姿は、意地悪な役所の看守人でもあるかのやうな印象をさへ与へて、ともすれば一寸疑ひ深い目を光らせ、私の行く所、立つ所、誰もみな背をむけてしまひ、口をつぐんでしまふ。笑ひさゞめいてゐた者も笑を納め、寄り合つてゐた者も散じてしまふ。その淋しさは譬へやうもない。皆目言葉が通ぜず、片言隻語も採集出来ずに空しく一日が暮れてゆくのである。役所の船から下りたものだから、居る処だけは、酋長の冬期の住家をがらんとうに明けて、一人ぽつんと居させてくれたのである。又三度々々の食事は、同じ様に髪を垂らした入墨の娘が来て、だまつて私の米と味噌とを小鍋へ入れて持ち去つて、一時間もすると、温かい飯と汁とを作つて来て、だまつて置いて行つてくれる。但し物を言ひかけたら最後ぐん〳〵逃げて行つてしまふ。昼のうちは、まだ絵に描いたやうなアイヌの姿を眼のあたり見てゐるばかりでも慰めになつたが、夜になつて、鼻をつままれるのも知らないやうな闇の中に磯うつ浪のざあと退いて行く侘しい音のみを聞いてゐると、物言ふ相手もない淋しさが込みあげて、寂寥を感じた。

二日目も同じやうに暮れ、三日目もまたそれを繰返さなければならなかつた。四日目の事だつた。淋しさは、もはや単なる淋しさではなく、東京を発つて一箇月、遂に何の得る所もなく帰らなければならぬのだらうかといふ不安と憂悶が頭をかき乱して、茫然として屋外に立つたちやうどその時、――ふと見ると、後に子供達が何か喚きながら無心に遊んでゐる。行くともなく、その方へ引寄せられて行つたのは、言葉の一はしでも拾ひたかつたからである。じつと耳を傾けると何といふ発音だらう。しやつくりしながら物言ふやうな喚きやうで、ひと言も耳に止らない。但し子供だけに、私が近く立つても、別して気にもせず、夢中に轉つて遊んでゐる。ふと、その一人の腰に下つてゐる小刀に触つて、北海道アイヌ語で「それは何なの」と尋ねてみた。子供等は一斉に私の顔を見た。と思つたら、一度にわつと囃し立てて、蜘蛛の子を散らすやうに逃げ散つた。「通じないかな」と独りつぶやきながら途方に暮れてゐると、又三々五々集つては何か大声に喚きながら遊ぶのである。又寄つて行つた。今度は言葉を換へて、一人の子の耳に下げた環を指して、「何といふものか」と問うてみた。又振返つて全部の子供が私を仰いだが、「なに言つてやがる」といつた調子に、「わあ！」と喚いて逃げ出した。

子供等の内に、絵に見る唐子のやうな著物―多分満洲方面からの外来品―を著てゐるのが一人あつた。その恰好が一寸面白かつたので、単語を採集する筈の手帳へ、せう事なしに、その子を写生し始めた。

私が、その子を見ては、鉛筆を動かし〳〵するのを目ざとく見つけた子供の一人が、先づ何とか喚いた。他の子も私を見て、又何とか喚いた。遊ぶのを止して、みんな私を注視した。真先に見つけた子が、まづ怖々と、しやがんでゐる私へ近寄つて来て、物珍しげに私の描くのを覗いた。忽ちどや〳〵とやつて来て、みんなで覗いた。年かさのが、唐子の服装をした子を指して、「お前が描かれたぞ」とでもいふやうな様子をした。すると、わい〳〵と言ひ出して、私の横から覗くもの、背後から覗くもの、中には無遠慮なのが、指を突きだして私の画面を突つついて、「こゝが頭で、こゝが足だ、手だ」などと言ふやうに、自分の発見を得意になつて、説明を引受けてゐるのさへある。が、ちつともその言ふ事が聞きとれない。

その時だつた。ふと思ひついて、一枚新しい所をめくつて、誰にもすぐ解るやうに、大きく子供の顔を描いてみた。目を一つ竝べて描くと、年かさのが一番先に「シシ」「シシ」と云つた。他の子も「シシ」、他のも「シシ」、とう〳〵差覗いてゐた子の口が皆「シシ！」「シシ！」「シシ！」、騒がしいといつたらない。その状は丁度、「目だよ、目なんだよ」「うん、目だ」「目だ！目だ！」とでも言ふやうに聞えたのである。

さうだ、北海道アイヌは目をばシクと言ふ。樺太ではそれをシシと言ふのかも知れない、といふことが頭へ閃いた。急いで画の目から線を横へ引つぱつて、手帳の隅の所へ shish と記入し、それから悠々と鼻を描いていつた。年かさの子が鋭い声で「エトゥ

・プイ！エトゥ・プイ！」と叫ぶ。と、残りの子等も声々に「エトゥ・プイ！エトゥ・プイ！」私は可笑しくなつたのを怺へて、又鼻の尖端から線を引いていつて、その端へ etu-pui と書き込んだ。そして口を描いてゆくと、やつぱり年かさの子を真先に「チャラ」「チャラ」「チャラ」と大騒ぎ。眉を描くと、「ラル！」「ラル！」、頭を描くと、「サパ！」「サパ！」、耳を描くと、「キサラ・プイ！」「キサラ・プイ！」

忽ちの内に、肢体の名が十数箇、期せずして採集が出来た。可笑しいやら、愉快やら、かうなつたら、もう何でもない。向ふから競つて言つて呉れるのだから。

たゞ私は、「何？」といふ一語が欲しくなつた。それさへ解れば心の儘に、物を指して、その名を聞くことが出来るのである。そこで、ふと思ひついて、もう一枚紙をめくつて、今度は滅茶苦茶な線をぐる〳〵ぐる〳〵引き廻した。年かさの子が首をかしげた。そして「ヘマタ！」と叫んだ。すると他の子供も皆変な顔をして、口々に「ヘマタ！」「ヘマタ！」「ヘマタ！」

うん！北海道で「何？」といふことをヘマンダと言ふ。これだと思つたから、まづ試みようと、身のまはりを見廻して、足もとの小石を拾つて、私からあべこべに「ヘマタ？」と叫んでやつた。驚くべし、群る子供らが私の手元へくる〳〵した目を向けて、口々に「スマ！」「スマ！」と叫ぶではないか。北海道で石のことをシュマといふ。してみると、スマは石のことで、そして、ヘマタはやつぱり「何？」といふことに違ひなささうだ。

そこで勇気を得て、も一つ、足許の草を手に拗り取つて、「ヘマタ？」と高く捧げると、子供達は「ムン！」「ムン！」「ムン！」とぴよんぴよんぴよん跳びながら答へる。私は嬉しさに、子供等と一緒にぴよんぴよん跳んで笑つた。

可笑しかつたのは、私が自分の五厘位しかない七八本の顎鬚を摘まんで見せて、「ヘマタ」と尋ねた時である。声に応じて、子供等は「ノホキリ！」「ノホキリ！」と答へてくれたので、Nohkiri「顎鬚」と記入した。何ぞ知らん、それは「下顎」だつた、髯面に馴れてゐるアイヌの子供達の目には、私の摘まんだ鬚などは「鬚」の数に入らないので、私の指は「顎」を摘まんでゐると思つたのである。

私はかうして忽ちの内に、七十四箇の単語を採集して元気づいた。折柄、河原に集つて鱒を捕へてゐる大勢の大人達の所へ下りて行つて、覚えたばかりのほやほやの単語を勇敢に使つてみた。河原の石を指さしてはスマと呼び、青草を指さしてはムン、鱒の目を指さしてヘモイ・シシ、鱒の口を指さしてヘモイ・チ！ャラ

これまで、むつかしい顔ばかりしてゐた髯面がもじや〳〵の髯の間から白い歯をあらはした。これまでそむけ〳〵してゐた婦女子の顔にも、真青な入墨の中から白い歯が見えた。明らかに皆笑つたのである。中には向ふから、網を持つてゐる手を振つて見せてヤー（網）と言つたり、砂地を指さして（砂）と言つたりしたものもある。急いで手帳に書きつけながら、その発音を真似すると、不思議さうに手帳を見に寄つて来るものもあつた。婦女子の群れでは、「何時覚えたらう」とか、「よく覚えたものだ」とかいふらしい感歎の声をあげたものもあつた。

かうした間に、私と全舞台との間を遮つてゐた幕が、いつぺんに切つて落されたのである。さしも越え難かつた禁固の垣根が、急に私の前に開けたのである。言葉こそ、固く鎖した心の城府へ通ふ唯一の小径であつた。渠成つて水到る。茲に至つて、私は何物をもためらはず、総べてを捨てて蓦地にこの小径を進んだ。

　一週間の後には、一寸私が顔を出しても、右から左から言葉を投げられる。朝起きて河原へ顔を洗ひに手拭下げて通ると、両側のアイヌ小屋から、「どこへ行きますか」「どうしたんですか」などと、まるで田圃の蝗が飛び出すやうに、ばた〳〵と飛び出して来て言葉を懸け、私が旨く答へられたといつては笑ひ、とんちんかんに答へたといつては笑ひ、顔を洗つてゐると、もう子供達が起きて、後へいつぱいやつて来てゐる。夜は、さしもがらんどうな私の宿も一杯になつて、身動きもならない程、若い者や年寄が詰めかけて、踊る、歌ふ、喋る。

　四十日の滞在の後に、大抵の話は支障なく出来るやうになつた上、樺太アイヌ語文法の大要と語彙と北蝦夷古謡遺篇三千行の叙事詩の採録を家苞に、私は生涯忘れがたい思を残してこの部落の老若に別れを告げた。（北の人）（岩波「国語」巻三、九二〜一〇五ぺ）

　右の教材「心の小径」について準備した教案は、つぎのようになっていた。

題目　国語巻三　一四　心の小径　金田一京助　P．92初　P．97.9

教材観　作者独特の貴重な体験を、克明巧妙な描写と簡潔遒勁な説明とによつて生かし、心の小径（言葉）の有する意義と価値とを興味と感銘との中に暗示する国民的文化的教材である。文章も亦独特で、示唆が多い。「大和言葉」とは内容に於て相通じ、次課「焚火」とは文体に於て相対照する所が見られる。

目的　この作者の独特な文章表現即ちその説明と描写とに即して、作者の意図する所を知らしめ、更にこれを礎として心の小径（言葉）の意義と価値とを感得させる。

時間配当　本時第一時

教授過程

(一)(1)通読　読みの習熟と文表現とに注意を払はせつゝ読ませる。今迄とちがつたかきぶりと暗示ふかき題がどこから生れてきたか。一回。十三名。誤読訂正。

(2)冒頭の結び「――だつた。」が新しい表現であることを発見させ、本文の説明法の特色を指導的発問により把握させる。
（今迄になかつたかきぶりがある。）

(3)説明と説明との間に、特異な描写のあることを発見させる。

(4)説明法の特色の発見より、文の中心眼目を把握する示唆を与へ、或は之を発表させる。又作者の重視してゐる方向を把握させる。

(5)範読一回。部分読。この際、描写法の特色に眼を注がせる。

(6)描写につき、生徒の最上とするものより深究。「焚火」との比較を暗示する。（引用者注「焚火」は、次課（第一五課）の教材、作者は志賀直哉であった。）

(7)整理読　一回。（但し時間の都合では省略する。）

(二)板書機構（その一）

　心の小径

(一)動機の説明

——頃、

——頃だつた。

——のである。

(二)部落到着までの説明

——ことである。

——であつた。

——のである。

(三)一日目の説明（描写）

——存在だつた。

（描　写）

——のである。

（描　写）

(四)四日目の描写（説明）

（——事だつた。）

描　写

（——は、——からである。）

描　写

(三)板書機構（その二）

(1)

(2)

右のような教案をまとめるまでに、教材研究おぼえがきとして、教育実習のノートに書きつけたのは、左のようであった。

　一四　心の小径　金田一京助

○作者の説明と写真とを関係づけて紹介する。

○初めて　新版図—樺太—の単身踏査に臨んだ作者のみたもの、つきあつたもの、とりまいたもの。

○大和言葉との対照。

○小径　①こみち、みち、ちかみち、捷路、径は音符。水脈のことなれば径にもミチの義あり。

○ひさし（久）振りで——還る　——その喜——深い　新た

もとのところへもどる。

（三十年　割譲するときはさびしかつた。

○暴《バク》——露　さらす　あらはる　元来かくれてゐるべきもの

　バウ　あらし　あらす。

日本へ——どこから　還

——頃だつた。↑

巨体、坐礁、残骸、半ば、暴してゐる

——力強くあはれな印象。——大泊に船待ちをし、

これがこの文をかくときに先づあたまにきた。

いつぱいに

　次々とわきあがる。
○それは明治四十年の夏のことである。
頃だつたと云ふのを—一段とはつきり説明したのである。
　　樺太の夏の説明
　　　—頃であつた。
　ちらちら—春浅い感じ。
○やつと｛米と味噌とを用意して役所の見巡りの小蒸気に乗せて貰つて｝目指す東海岸へ船出をしたのは
○どれ程　か、どんな　か、若しやしない　か、若しやあるまい　か…空想、
いつぱいに—4つのか、の示す空想のみには止まらなかつた。
単身踏査—目指す東海岸—樺太アイヌのゐるところでないといかぬ。
○叙事詩　epic の訳語。客観的事件を叙述的形式によつて表現した詩。多くの英雄・偉人の業蹟を伝へ、併せてその時代の絵巻物を開展する。「神謡・カムイ・ユーカラである。」特有の叙事詩。
○版図　戸籍　地図—一国の領域
○託ち　思ひわびる　ぐちを云ふ　うらみ思ふ。
○しびれをきらして
(1)長く坐つてゐて足にしびれが生ずる。
(2)待ちくたびれる。待ちどほに思ふ。
○小蒸気船の略。

○なまじひに　慭に　生強に
①　心に欲しないのを、自ら強ひて。
②　しなくてもよいのに　なまじつか。なまなか。
○民政署　樺太庁設置前の樺太行政機関。
○皆目　すつかり　残らず　全く
○住家—掘立小屋
○がらんどう　伽藍洞
一、家のなかにものがなくてひろいさま。
○髪を垂らした
アイヌの女子は髪を中央で左右に分け、肩に達するところで截つてゐる。
○入墨　ほりもの
男子の文身は弓術上達の為、婦人のそれは妻たる表徴とされてゐる。
○寂寥　ものさびしいこと　ひそやかなこと。
○しやつくり　吃逆。「さくり」「しやくり」の訛。
○途方にくれる　手段がつきてあきれ惑ふ。
○言語愛の深さ
○納　入れおさめる　そして入れておちつかせること
(納)(税)
○——単
○とうとう
○やつと
　　——くせ。

○やつと
○とうとう——思ひ立つに至つた、のである。
○やつと……最初の足跡を印したのである。
ついた、到着した
○皆目……暮れてゆくのである。
行った」
○……頃だつた。………頃 事、を置き据ゑる。
大体の 或は 柄

据ゑる ………時頃だつた。
存在
描写 ………た。
ゐる。
説明 ………|——のである。
は——のである。

板書の機構（その一）

(一) 動機の説明　簡潔
——頃、
——頃だつた。。。
……据ゑる。
——か
——のである。—この説明は大切故にくはしい。

(二) 部落到着までの説明　簡潔
——ことである。
——頃であつた。
——のである。

(三) 一日目の説明と描写
——存在だつた。……据ゑる。
（描　写）
——のである。
——のである。（何故説明するか。）
（描　写）（をることの説明）是非読者に知らせなくてはらぬ。

(四) 四日目の描写（説明）
（——事だつた。）
峠（描　写）
（——は——である。）
（描　写）

次の課への連繫。

板書機構（その二）

(1) 暴して　新版図　船待　託ち　皆目　寂寥　唐子　怖々　怺へて　蓊地に　蝗　家苞

(2) やつとそれでも、訪—迷、だまつて　但し、

右のような教材研究・授業準備によって、しだいに前掲の「教案」へのかたちが整えられていくのであった。上掲の「据ゑる、描写、説明」などの発見は、この「心の小径」の授業を計画・立案していくのに、有力な足場となった。

さて、この「心の小径」の授業をするにあたって、わたくしは、その指導過程をノートに書きこんでいった。それは、つぎのようになっていた。

指導過程

(1)「今日は『一四　心の小径』を勉強しませう。」と云ひつゝ題書し、徐ろに、「何だか美しく暗示を含んでゐる題ですね。」と云ふ。作者の説明を写真と聯関づけて行ふ。

(2)「この課には、今迄になかつたかきぶりが多いから、それに注意を払ひませう。つまり、読んでゆき乍ら、どきつとしたものには何ものかが、ひそんでゐるのですから、注意しませうね。さうして更に、この『心の小径』と云ふ題が、どう云ふ書き振りのところから出たかを注意してみませう。では、一回読んでもらはう。」——通読。よみに即して、同じ様に、やつと、だまつてを取扱ふ。

(3)「——頃、——頃だつた。」これは素晴らしい書き出しだと思ひますが、どこかに今迄とちがつた書き振りはありませんか。……こゝで、答をさばきつつ（廃艦の印象のふかさなど）、書き出しを取扱つてしまふ。だつたの発見、私は、初めて之をよんだとき、このだつたにどきつとしました。このことばは、この本では最初ですね。それでは、この「だつた。」は、どこへかゝつてゆきますか。……——のである。さうすると、これは、何を説明したものでせう。

(4)次の段にも、——だつた　や、——のである　に似た書きぶりがありますね。それを云ってもらひませう。はい、だれか。

——ことである。さう、これは何を説明したものですか。さうですね、第一段の　頃だつた　と云ふのを更にはつきりと説明してゐますね。もうありませんか。——頃であつた。これは何を説明したものでせう。さうですね、ちらちらと云ふのは、どう云ふかんじです。その次、のである。これは、何を説明したのです。——だつた——のである　の中間は？　さう、のである　ですね。では、この段は、大体このやうなかきぶりで、作者は何を説明しようとしたのですか。さうですね。では、次の段にも、かう云ふ今迄あげて来た、発見してきた、書きぶりがありますが、……わかる人、はい、

——存在だつた。さうですね、その外には、

（　　）

——のである。その次には、

——のである。

（　　）もうありませんか、もうありませんね。では、之をかりに第三段としませう。

次に、第四段では、同じやうなかきぶりが発見出来ないでせうか。

(四)

——事だつた。

——は——からである。

この二つですね。

(5)それでは、かうしてみると、かうしたかきぶりの説明は、一段、

二段から三、四段とすすむにつれてましてゐるでせうか。へつてゐるでせうか。さう、へつて少くなつてゐますね。

さうしますと、三段・四段には、何がこれらの間に、少くなつた説明の代りにさしはさまれて多くなつてゐるのでせう。単なる説明がこれらの間に並べてあるとは思へませんね。

P.94～P.97にかけては、何がかいてあるでせうか。かう云ふかきぶりを、作文の方では、何と云ひますか。写生―描写、さうですね。この間には描写があります。(板書)

四段で描写と説明との勢力を比較しますと、どちらがつよいでせうか。さうですね。では、三段に於ては、どうでせう、さうですね。それでは、三段・四段をまとめると、どう云へばよいでせうか。

―――

―――」

次に、第一段のこゝ(――か)は、どうでせう、さうですね……。」

それでは、之を見て、どんなとき、作者がどうしようとおもふ時に、だつたとか、のであるとか、であつたとか云ふ説明的なかきぶりを用ひてゐるのでせうか。

―――

―――

さうですね。では、これは「二段の――ことである」これは時をはつきりと読者に知らせるために、「それは――ことである」と説明したのですね。或は「――事だつた。」でも、ぽつんとかう云つて、先づ読者の注意を引いておいて、それから詳しい描写に入つてをりますね。これは又、99頁の二行目、「その時だつた。」と云ふ説明的なかきぶりと同じですね。又これは「――冬期の住家を……くれたのである。」これは何故かう云はなくてはならなかつたのか……。つまり「いくらきらはれてなじまなくても住む所だけはあつた。」と云ふことを読者に云ひたいから、のである。と云ふかきぶりをしてゐるのです。かう云ふ所は、一〇二頁にも、一〇三頁にもありますね。……これはみなさうです。

(6)さうしますと、次の問題は、このやうに、この作者は、大切な事柄、特に読者に知らせたい、訴へたいと思ふ事柄は、このやうな(指示して)説明的かきぶりで、云ひあらはすと云ふ事がわかりました。それでは、之をてがかりとして、この本文の主眼点――作者の強く云はうとするところはどこにあるのか、と云ふ事を発見しませう……「心の小径」と云ふ題をよくにらみあはせて……。

(7)さうです、こゝにかう云ふかたちで、この文の主眼点がありますね。さうすると、この主眼点をつつんでゐる多くの描写は、主眼点に対してどのような役目をつとめてゐるのでせうか。……「この主眼点が如何にして生れて来たか。」を生々とかくために生れてきてゐる。さうですね。そのためになるたけ描写を多くし、一・二段のやうな説明的な事柄はかんけつにしてありますね。唯、「言葉こそ、心の小径である。」と云つても納得しない。それを描写でいかそうとする。

(8)次には、私が描写のあるところを一回よみますから、どの描写が（指示）一番すぐれてゐるか、また、どのやうな表現のうまさがどこにあるかを注意してきいてゐてください。
(9)どこの描写がいゝか。どう云ふ点がすぐれてゐるとおもふか。但し、それでも、(峠)言語愛、寂寥のたかまり、比喩のうまさ……等々にふれる。順次。

「心の小径」の教案にしたがって、授業の流れをあらかじめ想定して、右のように指導過程を書きこんだのである。頭の中で、授業の展開過程をつぶさに思い浮かべ、具体的に密案風に組み立てたのであった。一時間の授業の流れ（展開）を、できるだけ精密に組んでおくこと、それが教室に臨んだばあい、自信ともなった。指導過程をこのようにこまかくあらかじめ組んだのは、この「心の小径」が初めてであった。——精細に組んで記述したということが、かえって実地の授業にあるとまどいを感じさせた。そういうおもいも、今に残っているのである。

「心の小径」の授業については、つぎのような批評が与えられた。

○作者の説明は冗漫である。
○授業の入りかたが印象的でない。少しつゝきすぎた。
○教授者の意図を徹底させるためには強引に全文をよませるべきである。ひろひよみは感心しない。——ことに最初であるから。
○直観的に把握させようとする。——この場合は成功するが、しかし、これを悟るに至つた経緯をもつと指導的に発見させる。
○第一節に、言語愛の深さをくみとられた——この手法はすぐれてゐた。
○迫力もましてきた。
○やはり、もう少し具体的であるべきである。直観的には把握されてゐるのに。秩序が立つ。
○作者の気持のうごきはうまくとらへられた。この深究よし。このいみでは成功。
○硬化——文体に即した取扱ひ。
一、講読科の授業としてかたい。こゝに工夫を必要とする。
二、作文の授業の感が深い。こゝの中庸を如何にしてとるか。
三、さきに発表をさせる。このゆきかたをやる。
○第一時限の取扱か最後の時限の取扱ひ。をはりまで板書機構をやつてしまふ。ノートに作業化させる。生徒作業。
○描写——変化　状態
どこが変化か。之をひきずつてはならぬ。この心持をさげる。最後になることばを出さうとする。こゝのところは今一歩生徒の気持をかんじよ。
○「思ひ立つに至つた」のである。印したのである。子供が案外うまく発表する。子供の世界にかなはぬのである。

○こゝで反省が必要である。骨組だけにならない。
○（四日目の）事だつた。
予定通りを強引にとらはれすぎた。
あとからでいゝ。
○肉をつけて云ふ。
○欲張りすぎた。欲を少くして、少い範囲で自分の意図を徹底させる。
○かゝるこゝろみ。
『文体明弁』――漢文。
○強引にひきずる。この欠点を反省する。
○(型)――問題をはらむ。
機縁
○「教育記録」――集積
○板書――自己激励

批評会の折、同級生の服部敬之君が、作文の授業のようだったと評してくれた。このことに、指導教官の小谷等先生も賛成された。このことが印象に残っている。わたくしとしては、新しい試みをしたつもりであったが、その意図は認められつつ、なおあれこれと批評していいただたのであった。

昭和一七年六月二六日（金）の「日記」に、「二北の国語をやつた。成功だと云はれたが、それはともかくとして、非常に気持のよい組であることは確かである。ことばのひろひあげにも少しなれた。これはいゝことであり、愉快なことである。」と記している。

わたくしは、後年、島根・高松（香川）で、この「心の小径」の作者金田一京助博士のお話をきく機会をえた。ともに、流れるような、真情のこもった講演で、わたくしは感じ入った。教育実習において、はりつめて「心の小径」を扱ったという体験は、やはりかけがえのないものにおもわれる。歳月が流れていくにしたがい、とくにそうである。

ちなみに、この実習に用いられた教案用紙は、次頁の表のようであった。

一五　実地授業五　漢文「張儀連衡」

つぎに、実地授業の五つめは、漢文であった。指導教官は、小谷等先生で、本校からは河野辰三教授が来られた。昭和一七年（一九四二）六月二七日（土）、第三時限、三年北組に、「張儀連衡」を扱った。教材は、「新訂漢文精選」（巻二）所収、十八　張儀連衡で、つぎのような文章であった。

一八　張儀連衡

㈠　連衡以前
張儀魏人也。
初与蘇秦、倶事鬼谷先生学術。
蘇秦自以、不及張儀。
儀游楚、為楚相所辱。
妻慍曰、「嘻、使子不游説、何有此辱。」
儀謂妻曰、「視吾舌、尚在、否。」

第　学年　組	科教授案	月　日（　曜）自　時　分 第　時限　至　時　分	
指導教官	大学 高師	教授者	文 理
	附中		
題目		教科書｛自　頁　行 至　頁　行	

（教案用紙）

妻笑曰、「舌在也。」
儀曰、「足矣。」
蘇秦約従時、激儀使入秦。
儀曰、「蘇君之時、儀何敢言。」
蘇秦去趙而従解。
儀専為横、連六国以事秦。六国従親以擯秦。

（二）　連衡――張儀活躍

(1)秦恵王時、儀嘗以秦兵伐魏、得一邑、復以与魏。
而欺魏、割地以謝秦、帰為秦相。
已而出為魏相、実為秦也。
後復帰相秦。

(2)恵王欲伐斉、患楚与斉従親。
乃使張儀説楚懐王曰、「王閉関而絶斉、請献商於之地六百里。」
懐王信之、使勇士北辱斉王。
斉王大怒、而与秦合。

(3)楚使受地於秦。
儀曰、「地従某至某、広袤六里。」
懐王大怒、伐秦大敗。
明年、秦割漢中地、与楚以和。
懐王曰、不願得地、願得張儀而甘心焉。」
秦王欲遣之、口不忍言。
張儀聞、乃曰、「以一儀、而当漢中地、臣請往。」
之楚。
又因厚賂用事臣靳尚、而設詭弁於懐王之寵姫鄭袖。

懐王竟聴鄭袖、復釈去張儀。
懐王中悔、追張儀。
不及。
已而張儀復出相魏以卒。
（右は、教科書の本文を、実習ノートに書きかえていたものである。）

この「張儀連衡」の授業にあたって準備した教案は、つぎのようであった。

新訂漢文精選　巻二　十八　張儀連衡　P. 25.7　P. 27.5
教材観　前課「蘇秦、合従」と共に、戦国乱世に於ける従横両家の活躍と（合従）連衡策の大要を史実に即して述べたものである。之を味読する時、戦国乱離の世相と道義頽廃の諸相とが自ら痛切に迫り来り、各自の胸中に深く感銘する好教材である。
目　的　熟読により史実に即して、忠実に行文の表現を追求し、戦国乱離の世相と道義の頽廃とを感銘せしめ、進んで、張儀の連衡策を中心とする活躍を通して、道義心の涵養を期したい。
時間配当　一時間
教授過程
（時代は何時のことか）
(1)一、前時の復習反省を意図して、前課指名読一回一人。
二、本課指名読二回（四名、誤読訂正、難語句注意）
三、範読一回
四、構想の探究
五、範読並びに発問により各節の内容表現の深究。
六、整理読一回、二名。
(2)板書機構
張儀、連衡
蘇秦
張儀
為楚相所辱
——— 信愛
妻慍
視吾舌—足矣
専為横連六国以事秦
——— 廉恥　節操
(1) 欺魏
実為秦也
(2) 説楚懐王
信之—大怒—大敗(和)—甘心焉—聴竟聴—釈去—中悔
—追、不及
——— 賢王
(3) 秦王、口不忍言
臣請往
厚賂
詭弁
——— 大義　気概
○戦国乱離之時
○真傾危之士哉
なお、右の教案のうち、板書機構については、つぎのようにも記入している。教案を提出したところ、指導教官の小谷等先生から、再考を求められたのであった。

張儀ノ連衡

(一)連衡以前

(1)　張儀為レ人

但学術

蘇秦自以、不レ及ニ張儀一、

視吾舌―在―足矣。

(2)　自合従至連衡

合従（蘇秦）	連衡（張儀）
約従	激儀使入秦。
蘇君之時	儀何敢言
六国従親以擯秦	連六国以事秦。

(二)連衡

(1)魏

伐魏――以秦兵。

欺魏――割地謝秦。

出為魏相――実為秦也。

帰―

(2)斉

説楚懐王……信之

請　商於之地六百里

斉王大怒、而与秦合。

(3)楚

広袤六里。

懐王大怒、伐秦大敗……以和。

甘心　而甘心

又因厚賂…而設詭弁……聴釈

戦国乱離之時

真傾危之士哉

こうした「張儀連衡」の教案をまとめるまでに、つぎのような教材研究をした。そのメモは、左のとおりである。

一八　張儀連衡―同盟の意味

信儀。

○「合従連衡と現聯合側と枢軸側。」

―このおもむきなきに非ざるか。

○曽《そう》先之《せんし》―支那　宋末初元　字従野

盧陵の人　十八史略

○辱―侮辱を蒙つた。

○慍―腹をたてて

「赤い舌をペロリと出してみせ」

○為楚相所辱　嘗て楚の宰相と共に酒を飲んでゐた所、宰相の璧が紛失したといふので、張儀が盗んだのだらうと疑ひ、むちうつこと数百に及んだといふのである。舌さき。

○有レ語
○激儀使レ入レ秦　激は激怒憤激で、わざと怒らせること。蘇秦は秦王が六国の合従を破ることを恐れたので、同学の張儀を秦へ遣つて策動させようと思ひ、張儀を招いておいて而も数日間も合《ママ》はず、やつと会ふと傲慢な態度で儀を侮辱したものだ。果して儀は大いに怒り、この腹いせをすべく秦王に説いて合従を破らせようと決心して秦の国へ入つた。併し貧乏で旅費もなければ運動費もない。すると蘇秦はまた部下を遣はして、内々金銀幣物車馬などを持たせて、それと明かさずに張儀にみつがした。儀はそれによつて旅費や運動費を得て、首尾よく秦王に取り入り、客分の大臣となることが出来た。そこで蘇秦の部下は、自分の提供した金銀車馬一切はこれ皆蘇秦の好意に出づるものであることを打明けた。張儀は始めてそれと知り、初め怨んだ蘇秦の恩誼に感激して、我れ今日の成功は全く蘇君のお蔭である、蘇君の天下である間は、断じて合従の妨害するやうなことは言ふまいと誓つたといふのである。
○横　衡とも書く。東西を横といふ。合従とは反対に六国を連ねて、西のかた秦に事へしめようとする政策。連衡説。
○我舌在否。
○「十八史略新釈」　チ　2793　2冊
○鬼谷　姓は王、名は詡。河南の鬼谷に居たから、その居所に因んで鬼谷先生と号したのである。従横家
○悩　悲しみ憤ること
○蘇君—蘇秦を敬していふ詞。蘇君の趙にある時は、儀は敢て趙を伐つことを云はないといふ意。
○後復帰相《タリ》レ秦《ニ》。
魏の襄王の時に、
張儀はかく辛辣なる政治家であつた。
○商於之地　二県名、今の陝西省商州治
○従親　合従親和
○閉レ関而絶《タバ》レ斉《ニ》　関門を閉ぢて斉と絶交したならば、
○勇士—勇猛の士
○—師事
○悲恨之声—噫　鄭玄
○欺魏　割地以謝秦
公子繇を魏に質たらしめた。
○一邑—蒲陽
○儀因説魏王曰、秦王之遇魏甚厚。
魏不可以無礼、魏因入上郡少梁謝秦恵王。
○出為魏相—魏をして先づ秦に事へさせ、さうして張儀をして秦に致させる。
○陳軫—真の臣がゐた。—史記参考
○用事臣、尚、得事楚夫人鄭袖
○太史公曰、夫張儀之行事。甚於蘇秦。然世悪蘇秦者。以其先死。
而儀振暴其短以扶其説成其衡道。

「要之此両人、真傾危之士哉」

支那人の批評
○戦国之為縦横者皆傾危《國家を傾け危くするものである。》反覆之士也、然而汚賤無恥莫如張儀而其

成功莫如儀之多。
○蘇秦之説六国為六国也
張儀之説六国為秦也
○但　ミナ
○為楚相所辱
腹の立つことを心に蘊積する也際立たずに深し
女らしい　—立腹すること際立ち、キツトいかり盛大にしてこ
—　もらぬこと、王らしい怒りかた。
○慍—激—大怒
○此ノ
○謂—思ふことを直ちに口に出して云ふ。
○言—己の云ふことを主として、相手におもきをおかぬ
○曰—人の言語を直写する。
○視—こちらよりことさらものをみることである。
○視吾舌……足矣。節操
○笑　あざける　わらふ　よろこぶ
○欺魏　実為秦也
○入　すすみ入る
○邑—むらさと　采地
○請　ねがひのぞむ
○説ニ楚懐王一　賢王
○信レ之—大怒—大敗(和)甘心焉《セント》—聴鄭袖—釈去—中悔—追
○甘心　わざとそのままにする。満足する。

○秦王曰不レ忍レ言
臣請往　大義
○又因厚賂用事靳尚　気概
詭弁
○因　たよつて　たのむ
○戦国乱離之時
真傾危士哉

さて、この「張儀連衡」の授業をした、六月二七日の「日記」には、その授業のことについて、つぎのように記している。

「惨敗の日である。心魂の混乱は、即ちまた教壇の混乱である。不敵の面魂が少いために、かく惨ましい結果になつた。しかし、おさへるところは失はなかつたつもりである。

大喝一声！

教壇とは怒るところか、怒らぬところか。怒らぬ修養が教壇修養であるのか。さわさわと怒る。大怒。」

右の「日記」の文面に、「惨敗の日である。」とか「大喝一声！」とかあるのは、「張儀連衡」の授業中に、三年北組の生徒たちの間に、紙片がまわされ始め、わたくしはしばらくそのまま見まもっていたが、授業が重たく感じられ、他の学級におけるようには順調にすすまぬこともいらだちを助けたのであったか、「馬鹿野郎！」と大喝したのであるが、そのことをさしているのである。—ちょうどその紙片がまわってきていた生徒（窓側から二列目の最後尾だった。）は、

とたんに起立した。「ぼくがまわしたわけではありません。」と言った。それはそのとおりであった。わたくしは言った。「君がまわしたわけではないが、授業時中に、そういうことをする、このクラスがよくない。」―わたくしは、わたくしをばかにした、いたずらをしているにちがいないと思いこんだのである。わたくしは、こういうことをするクラスがよくないと言ったが、この三年北組は、指導教官小谷等先生の担任であった。わたくしは失礼なことを言ったわけだ。

授業はその後もつづけられた。しかし雰囲気はかたく、大喝前のような教室にはもうもどることができなかった。授業後、三北の生徒が教生控室にいたわたくしのところへ、おわびにきた。きいてみると、軍事教練の時間が急に変更になったので、その集合場所などをしらせるため、小紙片をまわしていたのだという。ことわって、伝達すれば、誤解も生じなかったことであった。

この時間には、本校（広島高師）から、河野辰三教授が指導にこられた。わたくしの発した大喝一声については、寮にかえられてから、ずっと前にも、四十七士の義士の手紙を範読していて、読みあやまったとき、生徒がわらったら、大事な手紙を読んでいるのに、読みまちがったくらいで、不謹慎にわらうやつがあるかとどなりつけた教生がいたと、その日のわたくしの激怒に触れてお話しになったという。

こうした思わぬできごとをみた授業後の批評会では、つぎのような助言をえた。

○声が小さかつた。
○史記の事柄を云ひすぎた。
○文からよみ通らす。解釈のしにくいところを先づはなしてやれ。
○語句に拘泥しすぎる。詳しくやりすぎた。
○生徒が動かぬ。

服部君（引用者注、学友の服部敬之君の批評である。）

○終始おちついて自分の予定の案をはり《ママ》までくつついて行つた。
　成功。
○板書にとりだされたことばがよくよまれてゐたことばである。
○蘇秦不及　激　専　詭弁
○張儀→重点的にやれなかつた。
○節を追うて深究することは堅実な方法ではあるが、しかしこれ
　ではいけない。
○手でみえぬ。
○喋り出すと生徒の事を忘れる。
○地図を描く。矢印。
○板書の文句に捉はれるな。
○手をあげる生徒にあてすぎる。
○多くのものを動かす。――金平糖式教授法。
○副詞の取扱ひをもう一歩深めてゆく。
○東洋史の山下先生――助辞と副詞とを研究すれば、教材研究の
　半ば以上八分までは出来てゐる。
○専。復。実。ハ　ニとおしえぬ。本当に。実際は。
○大　焉――。ふれる。

○口不忍言
　—口に出して云ふにしのびない。
○以《テ》一儀(而)《シテ》当漢中地(文)
　—たつた一人の身でありながら、
○用レ事臣——国語訳
　主として事にあたつてゐる臣。
○詭弁——例話はさける。
○設——こしらへ云ふ。
　○(意)(聴)——キキ——寵姫
○中《ゴロ》　屈原
　第三者が介入して考をもった。
○已《ニシテ》而
○板書削減しすぎた。
㈠
㈡
○範読——不必要。拘泥するな。
○会話の文と地の文との変化なし。
　舌在(也)。——語気、ありますよ。ありますわ。
　矣。——充分だ。
○蘇君(之)時、
　—が趙にをるのとき。合従に奔走してゐるとき

○何敢言。言説をせん。この気持に張儀の気持が出しやばつて邪魔をして。
○今一度吟味する。これを深く吟味する。
○一邑　復——もと通りにして
　復——ふたたび
○副詞に着眼。
○請《フ》——きつと。——是非
　請往。
○商於　六百里「ききまちがひだらうか。」六里力説の、念の押しどころを考へる。
○信レ之(北)
○惱‖怒
○不願得地——その前の年は大いに敗れる。秦の方が地を割いてゐる。秦の勢力のつよい事を知ってゐる。そんな事は秦がやる筈はない。そんなものよりも張儀をもらつた方がよい。
○嘻——子 遊説 するから
　—これが身上。
○(謂)
○身振——妻の身振。
○技巧も必要である。
○至ルマデ——生徒を生かすことが大切である。
○本末を考へる。じつくりと本をにぎる。

ねんごろな批評、助言であった。小谷等先生からは、語句ならびに文の解釈および取り扱いについて、精細に助言していただいた。

右の批評の中に、○生徒が動かぬ。とあったが、三年北組は、二年北組などに比べて、たしかに活潑に動くといったクラスではなかった。当日の授業においても、生徒たちが動かず、おもたい感じがつづいていた。ややうつむきかげんにして、生徒たちは、ことばをすくなめにしていた。

授業中、大喝したことについて、小谷等先生は、正面から責めることはされなかった。ただ、授業批評の中で、きようはむしろ生徒の態度のほうがりつぱだったのではないかと、暗にわたくしの度を失ったやりかたをたしなめられた。わたくしには、小谷先生のお気持ちは、よくわかった。

河野辰三教授のところへ、批評をお願いしに出向いた。河野辰三先生は、やさしく迎えてくださり、例の大喝問題にはあまりお触れにならず、授業そのものについてはむしろほめていただいた。河野辰三先生からほめていただいたことを、批評会の席上、小谷先生にそのまま報告することはためらわれた。

一六　実地授業六　「平家の都落」

附属中学に実習に出かけて十一日が経過し、いよいよ最後の週を迎えた。昭和一七年六月二九日(月)、わたくしは、六つめの実地授業として、「平家物語、福原落」を、四南、四北に扱った。指導教官は、満窪鉄夫先生であった。

この「平家の都落」の授業経過については、「研究紀要」(14、大下学園国語科教育研究会編、昭和44年12月7日刊)に報告した。その成立と渕源とに及んだため、一四二枚にのぼった。本書　第Ⅱ章国語科授業成立の過程と渕源に収録した。

一七　実地授業七　「習字」

実地授業の七つめは、昭和一七年六月三〇日(火)に、一年東組に扱った、「習字」で、指導教官は、小谷等先生であった。

これは、小谷等先生から、「習字」を扱ってみる者はいないかというお話があり、だれも教生仲間で引き受け手がないまま、わたくしが志願し、させていただいたのであった。したがって、まったく急なことで、臨機に「習字」の指導計画をたてねばならなかった。わたくしは、広島高師入学と同時に、井上桂園先生から、書道の授業を受けた。それは一年から四年まで、選択としてつづいていた。しかし、実技の向上は、ほとんど見られなかった。

当日、わたくしが「習字」の授業に臨む前に用意した、教案のおぼえがきは、左のようなものであった。

「習字」略案

一、稽古

生涯稽古に御座候

二、苦心

井上先生の苦心

お――床の間が一杯になつた。大型のマッチばこが二つ。

三、覚悟――一期一会
　　　一日一枚――
四、持続――書簡
　朴骨庵　小川利雄
　　電報のやうな手紙をかく。
○悠然と西すごめん
○バンザイ　アカメシダ
○着物をうらがへしにする男だ。
　しかしたんすをまかせられる男だ。
○巻紙にちやんとかく。
五、冴え

一東の「習字」の授業については、実地に模範を書いて示す必要のあることを、小谷等先生が言われた。一年東組の教室の後の壁面には、生徒の書いた、すぐれた作品が貼り出されていた。そこに掲げられている作品の書き手――つまり、生徒の名前をおぼえた。

初め、わたくしが黒板の上に貼られた、ふるい新聞紙上に、当日学習させるべき文字を書いて見せた。つぎに、生徒に指名して、二名に、同じ黒板上の新聞紙上に文字を書かせた。むしろ、生徒たちのほうが指導者のわたくしの書く文字よりも、美しくきれいに書いた。

わたくしは、実技指導を前半で扱い、後半では、前掲「教案」(略式)のような項目にしたがって、「習字」のお話をした。いわば、アウトラインを組んで、その場に臨んでくわしく話していく方式であった。

二、苦心の節においては、当時、国定の習字手本を執筆していられた桂園先生の苦心談を紹介したのであった。四、持続――書簡においては、小川利雄氏（当時、高師二年生）の愉快なエピソートを紹介したのである。わたくし自身は、話すことに夢中になっていた。いわゆる「文話」に対して、「書話」（一種の習字講話）であったが、一東の生徒たちは、熱心に聴いてくれた。

六月三〇日（火）の「日記」に、わたくしは「習字をもち、稽古・苦心・覚悟・持続と云ふことについて、はなしをした。一期一会である。」

と記している。

この一年東組の「習字」の授業は、半ば偶然によるものであったが、臨機に授業を組んでいくのには、どうすればいいかなど、啓発されるところ大であった。実技がまずいという致命的な弱さがあるにしても、そこからどういう授業をしていくべきかについては、考えさせられた。教育実習期間におけるえがたい体験の一つとなった。

一八　合同批評授業　その一

さて、昭和一七年七月三日（金）には、教育実習の仕上げの一つとして、国語・漢文の合同批評授業が行なわれた。後期実習班としては、国語のほうの批評授業を、横屋芳明君が担当することになり、漢文のそれを、わたくし（野地）が担当することになった。横屋芳明君は、二年南組に、「妹に与ふ」という教材を扱った。指導教官は、小谷等先生であった。わたくし（野地）は、四年南組に、漢詩を扱った。指導教官は、瀬群敦先生であった。

　まず、七月三日(金)、第一時限に、横屋芳明君が、二年南組に、「妹に与ふ」を扱うことになった。

　「妹に与ふ」という教材は、岩波「国語」(巻三、昭和12年12月18日、岩波書店刊）に収められた、吉田松陰の妹へあてた書簡であった。

一三　妹に与ふ

吉田松陰

　十一月二十七日と日づけ御座候御手紙、並びに九ねぶ蜜柑・かつをぶし、ともに昨晩相とゞき、かこひの内はともし暗く候へども、大がい相わかり候まゝ、そもじの心の中を察しやり、涙が出てやみかね、夜著をかむりてふせり候へども、如何にもたへかね、また起きて御文くりかへし見候て、いよ〳〵涙にむせび、つひにそれなりに寐入り候へども、まなく目がさめ、よもすがら寐入り申さず、色々なる事思ひ出し申し候。わもじは、父母さまや兄さまの御かげにて、著物もあたゝかに食べものもゆたかに、あまつさへ筆・紙・書物まで何一つ不足これなく、寒きにもきけ申さず候間、御安心なさるべく候。そもじの御家、をばさまも御なくなりになられ候事なれば、そもじ万端心懸け候はでは相すまぬ事、殊にをぢさまも年まし御よはひ高くならせられ候事ゆゑ、別して御孝養を尽くし候へかし。又、万吉も日々ふとり申すべく候へば、心を用ひて育て候へ。赤穴のばあさまは御まめに候や。御老人の御事、万事気をつけてあげ候へ。かゝる御老人は家の重宝と申すものにて、金にも玉にもかへらるゝものにこれなく候。

　そもじ事は、いとけなき折より心得よろしきものとおもひ、一しほ親しくおもひ候ひし故、このほど御文拝し、入らざる事までも、申し進候なり。

　三日　　大にい

別にくだらぬ事、三四枚したゝめつかはし候間、おとゝさまか、梅にいさまに読みよきやうに写してもらひ候へ。少しは心得の種にもなり申すべく候

さて御多用の中にも、手習・読物などは心がけ候へ。正月には、一日は藪入り出来申すべくや。どうぞ兄さまの御休日をえらび参り候て、心得になる話ども聞き候へ。わたくしも其の日わかり候はば、昔話なりともしたゝめて遣はし申すべく、又、正月には、いづくにてもつまらぬ遊び事をするものに候へども、それよりは、何か心得になる本なりとも、読みてもらひ候へ。貝原先生の大和俗訓・家道訓などは、丸き耳にもよくきこゆるものに候。又、浄瑠璃本なども心得あり　きゝ候へばずゐぶん役にたつものに候。さて又、別にしたゝめたる文につき、歌をよみ候間、こゝにしるし侍りぬ。

　頼もしや誠の心かよふらん文みぬさきに君を思ひて

右したゝめたるは、そもじを思ひ候より筆をとりぬるが、その夜そもじの文の到来せしは、定めて誠の心の、文より先に参りたるにやと、いと頼もしくぞんじ候まゝ、かくよみたり。

（吉田松陰全集）

右の教材「妹に与ふ」について、授業者横屋芳明君が準備した教案は、つぎのようであった。

第二学年南組、国語科教授案、昭和十七年七月三日　第一時限
7.40—8.30
指導教官（附中、小谷先生）　教授者　横屋芳明
（題目）　一三、妹に与ふ（p. 88 L. 1—p. 90 L. 3）（国語、巻三、岩波）
（教材観）　下田踏海後野山獄に縛せられた松陰の心情は確かに昂奮してゐたと思はれる。而も松陰に取つて幸福なことは其の心情を慰めるに余りにも多くの肉親愛を受けた事である。此の書翰文も其の中の一つたる妹より来た慰めの手紙に対する返信である。其の中には妹の手紙に接し肉親の愛にむせび泣く松陰の姿が如実によみ出されてゐる。而も実際的教育家たりし彼は妹をして立派な日本女性たらしめる事を忘れなかつた。妹の愛に対する兄の愛として婦女訓、家庭訓を与へてゐる。其所には深き『肉親愛』の交流が感知せられる。
（目的）　松陰兄妹の深き肉親愛を把ませること。
（教順）
㈠　吉田松陰の略歴（先覚者、教育者）説明
㈡　指名読一回二名（読方訂正、段落指示）
㈢　範読一回（読方注意）
㈣　文体説明　書翰文　候文（ます、ました）　松陰—野山獄（発）安政元年十二月二日　妹（千代）—松本村（受）
㈤　受信当時の松陰の心情略歴。（安政元年正月十四日ペリー第二回来航→下田踏海→野山獄→昂奮→妹書!!）
㈥　方言難語句説明（かこひ）そもじ、まなく、わもじ、きけ申さず、別して、御まめ）
㈦　指名読、一回、二名（内容を考へながら）以上（20分—25分）
㈧　第一段（p. 88 L. 7）範読　書き出し
(イ)　大意（妹書に接しての先生の感謝感激）
(ロ)　其の気持の表はれてゐる部分（まなく目がさめ、よもすがら寐入り申さず）
(ハ)　簡短な書き出しがかくも詳しくなつてゐる理由
(ニ)　逐語訳（候の意味に注意しながら、九ねぶ蜜柑、そもぢの心の中、色々なる事の説明）
㈨　第二段（p. 88 L. 10）範読
(イ)　大意（御安心なさるべく候）
(ロ)　「父母さまや兄さまの御かげにて」の示す内容
(ハ)　兄《アニ》さま、書物《ショモツ》の読と次頁の筆跡
㈩　第三段（p. 89 L. 11）範読
(イ)　大意（妹への教訓）
(ロ)　具体的教訓と目的（立派な日本婦人）
(ハ)　肉親愛→教訓
(ニ)　杉、児玉家系略解
(十一)　第四段（p. 90 L. 7）範読むすび
(イ)　肉親愛→教訓‖結語

(ロ)「入らざる事までも」の内容

(十二) 此の手紙の文体及び筆跡より得られる感じ

(十三) 此の文より得られる松陰先生の人格

(十四) 筆跡の取扱ひ（時間があれば）指名読（途中にて難字説明）

（板書形式）

吉田松陰（先覚者、教育者）

書翰文（候文）　松陰——野山獄（発）
　　　　　　　　妹（千代）—松本村（受）

（十二月二日）

候　ます
　　ました

安政元年ペリー第二回来航→下田踏海→野山獄→昂奮→妹書

第一段（p. 88 L.7）かき出し
　先生の感謝感激
　まなく……寐入り申さず

第二段（p. 88 L. 10）
　御安心なさるべく候→妹への愛情

第三段（p. 89 L. 11）
　妹への教訓→（立派な日本婦人）（妹への愛情）

第四段　一しほ親しく（愛情）→いらざること（教訓）

右の教案は、昭和一五年五月、当時の附属中学校主事河野通匡氏から、各中学校長へ宛てられた、第十三回全国中学校教授研究会（修身科）の案内要項ならびに申し込み書の裏面にプリントされた。物資節約のため、西洋紙を用いることは、すでにできなかったのである。

批評授業の前日、七月二日（木）の午後、教案の印刷（プリント）をし、わたくしは、横屋芳明君といっしょに帰った。

批評授業「妹に与ふ」についての批評会の記録は、いま残っていない。わたくしがメモしているのは、つぎのとおりである。

(1)　テンポが速い。教材研究に深く沈潜、みごとに与へた。しかしそのわりには、すみずみまでしんとしみ透るものが少かつた。

○生徒はよみたかつた。候文はよむことによつていきる。書簡文はわけてほのぼのとしたもので、それははなしかけるやうにしてかきつゞつてあることからくるとおもふ。だから、相当の深究がすめば、何べんもよませたいとおもふ。（これは、教生服部敬之君の意見であつた。）

(2)　二元的

(3)　興奮——きびしさの反面のあたゝかさ。

(4)　挿入が多い。系図。

(5)　第一段　段落を切る必要があつたかどうか。
　板書「国語教育者的自覚」

○余韻のあることば「展開基点」

○「漫然と分段する意義」——因襲

○考へる余裕を与へる——言葉惜しむ。

○説明の余地。　父《ちゝ》母《はゝ》さま

わたくし自身、漢文の批評授業を担当することになっていたせいもあって、この「妹に与ふ」の授業については、くわしい記録を残していない。結果からみれば、当時、他の教生の授業を参観したばあい、あまり記録しないで、そのまま見ていたようである。

ただ、わたくしは、みずからの「実習ノート」には、つぎのようなおぼえがきをしている。これは、合同批評授業に臨むにあたり、事前に、教材「妹に与ふ」について、自分なりに調べたメモである。

一三　妹に与ふ　　吉田松陰

○つまづきより入つてゆく。
　安政元年　松陰在野山獄
妹千代宛　十二月三日　千代在萩松本
○松陰全集　九ねぶ・三かん
○兄《あに》さま
○そもじの御家　児玉家。当時は千代の壻初之進祐之が戸主、舅太兵衛寛備隠居中。尚ほ万子とあるは長男万吉をいふ。当時四五才。
○金《きん》にも
○大次郎——兄の意。大にい
○梅にいさま　家兄杉梅太郎
○別にくだらぬこと
先祖を尊ぶこと、神明を崇むること、親族を睦じくすること、已《し》上《た》三事なり。これが子供をそだつる上に大切なる事なり。
○妹　とし　文子（久坂玄瑞のつま）
○梅太郎——二っ千代
○
　—梅太郎
　—大次郎
　—千代
　—寿
　—艶（早世）
　—文
　—敏三郎
○書簡文——候文
これは和文調とも漢文調とも云へない変態な文章、所謂候文のことでありまして、これも追ひ〳〵すたれてしまふ運命にあるのでありませうが、まだ現在では諸官省を始め、懐古趣味の老人などの間に通信用として用ひられてゐます。ところで私はあの文体の大まかな云ひ廻しが、矢張口語文を作るのに参考になると思ふのであります。と云ふのは、試みに今の若い人達に候文で書かせてみますと、満足に書ける者は殆ど一人もゐない。文句の間へ「候」を挾むことだけは知つてゐるが、それが無理に取つて附けたやうで、ぴつたり格に篏まらない。なぜ篏まらないかと云ふと、昔の候文は一つのセンテンスと次のセンテンスとの間に相当の間隙がある。前に云つたことと後に云つたこととが、必ずしも論理的に繋がつてゐず、その間に意味の切れ目がある、そこが大いに余情があつて面白いのでありますが、今の人にはそれが分らないので、「候にて」とか「候が」とか「候ひしが」とか云ふ風にして、意味の繋がりを附け、間隙を塡めようとするからであります。然るに此の間隙が、美しい日本文を作るのに大切な要素でありまして、口語文には最もそれが欠けてをります。故にわれ〳〵は、候文は書かない迄も、候文のコツを学ぶことは必要であります。

○(穴)｛文章の穴。隙間をおく穴をあける。
　　　　文章のうまさ。

○書簡文は、個人と個人との間に取り交されたものでありますから、お互いに分りきつてゐることは一々断る迄もない。従つて省略の余地が多い。（引用者注、この手紙観は、戦後西尾実博士によつて指摘されたところと軌を一にしている。）

○「しかし」「けれども」「だが」「さうして」「にも拘らず」「そのために」「さう云ふわけで」

○この書簡の特色思ひ切つて省略してある。返事である。

○くねぶ bu　くねぼ bo―くねんぼ　九年母

○夜著　よぎ　ふすまの一種　衣の如くにして大きく、厚く綿を入れたるもの。

横屋芳明君の「妹に与ふ」の授業は、その教案の「教順」にもあらわれているように、正攻法で、分析的な扱いを中心にしつつ、「目的」に掲げた、「松陰兄妹の深き肉親愛を把ませること」に迫ろうとするものだった。教生の立場で行なう授業として、指導者が中心になって進めるようになりがちであるのは、やむをえなかった。批評は、主としてその面からなされた。横屋芳明君は、山口県の出身、漢文にも熟達し、当時からつねに一家言を持っていた。批評に、テンポが速かったとあるが、横屋芳明君は、迫力のある達弁で、なんら臆するところのない、堂々たる授業を進めたのであった。

一九　教生授業（漢文）参観

教育実習期間中、みずから行なう授業でないばあい、参観する際にも、余裕のあるときは、「実習ノート」に、メモをとって出ることがあった。たとえば、二年生の漢文の授業について、つぎのような教材調べをしている。

○新訂漢文精選巻一　一二　右府営皇宮　大槻清崇

○教材観

○目的

○解釈研究

Ⅰ　足利氏
　季（隹）
　営―（造）　皇宮

Ⅱ　有伝当時古老之言
　右府　宮闕　頽廃　極矣」

（云）
　門のしまり
茨牆門関　群童
階下　搏　土塊　戯　時　掲簾　窺　戸　闃　如無人

(而)　公卿之窮之窮阨　殊甚

㈠ (食)　近衛公―国歌会　餈団《だんご》　三宝盤
以供客　盤板　煤蝕
深墨如漆。
㈡ (衣)　常磐井公　有レ人。謁　時　万
盛夏　而　無単衣《タンイ》　ひとへもの
直(慌)纏　蚊蝨　体　以　見　其人
其瑣尾如此
衰微　おちぶれること

Ⅲ (及)　織田氏之興　則
営　宮禁―住
辦　供御―食
挙　廃典
続　常職
然後　渙然
明なるさま
りつぱなること
↑始、有可観(云)」

Ⅲ　寧静子曰、
応任以還　よりこのかた
足利氏之季　大乱極矣。
天下侯伯　争地以戦、惟々利之視名分紊　君と臣との名目分限の　わからぬこと　○
而私欲横。誰復問乎宮闕之廃興。
(当)此之時、不有織田公　大節高義、以尊天子則蒼生何由(観)
皇室之再造乎。」

なお、この「右府営皇宮」の授業については、当時、だれが担当したか、はっきりしないが、二年の漢文は、そのころ、非常勤講師の山口義男氏が担当していられたから、山口義男先生の指導・助言が行なわれた。非常にていねいなものであった。その批評会のメモは、以下のとおりである。

㈠
一、読みの取扱　盤板
二、意図の示し方。不充分。文の書き方と云ふものに注意して
三、範読不充分。自信のない取扱ひだ。
㈡「文体の方から云ふと、どう云ふ文だと思ふ。」文の機構の指示が不充分である。

側黒板

寧静子　字士広　平次
外史氏曰
煤蝕
蚊蝨

史実
史論

○史実

1　足利氏之季

「皇宮の如きは」

2　宮闕之頽廃極(矣)

衣食住

古老之言

1　御門

2　階下

3　戸内

公卿

1　近衛公

2　常盤井公

3　織田氏之興——渙然始有可観云

一、宮襟

二、供御

足利氏の季と現代とを比較させること。(直)——ぢかに　追求不足。

御日常生活を窺ふにはよしなし。そこで、日常生活ことに、衣食の方面がかくさびであつた。そこからおしはからせてゐる。こゝが作者の意図であつた。

側面から　と云つた。側面からおしはからせる意図を暗示する必要がある。

○ゲキトシテ人ナキガゴトシ——廃典常職

○而｛順・逆｝　以｛このもので・起点・理由｝

—文の史実を探究する。

○「時間がない。」二回——あけててはいかぬ。

○利之視＝飲食　供御《キョウゴ》——食のみではない。

○横《タハル》——説明不充分　史の説明不要

一番大切なところを外したと云ふかんじ。

○——平——

①

②

③

史実史論の対照的取扱はあざやかであるが、しかし史論の中心的強調はたらぬ。

○難波氏（難波義昌氏の批評である。）よんでおこつてくる感じをふかめる。

迫力がない！

範読不充分。

○足利氏之季「簡潔にして明快なかきかた」——具体的な説明が不充分である。

○事実を叙述するときの利益。

○深く入らねば、速くはしれぬ。

○無復門関——だから、（来り）いいあそび場所があると云ふの
　でやつてくる。
（復）
不充分。かげもかたちもない。ひとたびくづれて、また再び
修理も出来ぬ。

○文の理解

○（窺）掲簾窺戸　矣

○史実——文の理解に即して浮きぼり《ゲキ》にする。

○史論——強調する。

○及織田氏之興—信長の父も尊皇の心があつかつた。

○典の説明にこだはりすぎる。

○挙‖廃　続‖常　（紊）（横）

○作者のねらい　中心眼目をのがしてゐる。どうしても散漫と云
　ふかんじをのがれぬ。

○誰復　何由　この取扱不充分。」

○10　よむ　音読——これができてゐるか。

○板書

　1　詳しい板書がゐるかどうか。

　2　利

　　大節高義

戸——室（盤）——支那の器

三宝——結局は三宝。

○（直）——その場の情景をあざやかに出してゐる。あわててきが
　るに

○恬然としてそれほどしてゐる。

○ことばの匂ひをつつこむ。

○内裏の図

○（其）——（宮闕）

○辨——はつきりと辞書をひく。処理するではへん、献上でもな
　い。そなへる。供なり。一字の意味を厳密につゝく。

○「論賛の型」意見、批評。

○名目分限——名分

○廃興　これを重んずる。

○再造——背後にある歴史的流れ。

○蒼生

○惜しみ惜しみをしへる。　2or3/10

○於＝乎

○板書は出来るだけ省く。

○読むことは多くする。はじめに二回か三回。範読は必ずしも必
　要ではない。史実を扱つてきて寧静子曰くのところを範読して
　やる。

メモが断片的であって、まとまっていないので、授業の批評の核心がどこにあったのか、いささかとらえにくい。浅く平板で不備な面を、どのように深く的確にかつ周到なものにしていくかが、こまかく指摘され、どうするべきかについて助言されている。教材ならびに授業の全面にわたっての、周密な指導ぶりがうかがわれる。準備（教材研究・指導計画）――授業（実施者・参観者・指導者・学習者）――批評（反省・評価・助言・指導）の全過程にわたって、わたくしどもは、たえず熱意のある指導を受けていたといえる。

二〇　合同批評授業　その二

さて、合同批評授業のもう一つの、漢詩の授業は、わたくし（野地）が指名され、七月三日(金)、第三時限、四年北組に、つづいて第四時限、四年南組に、八つ目の実地授業として実施した。漢文の授業時数が少ないため、批評授業（四南）の前に、同じものを、四北に扱ったのであった。したがって、四北の時間は、指導教官の瀬群敦先生お一人が教室にこられた。

教材は、頼山陽作「下筑後河過菊池正観公戦処感而有作」で、つぎのような長詩であった。

二一　下筑後河過菊池正観公戦処感而有作

頼山陽

文政之元十一月。　吾下筑水僦舟筏。
水流如箭万雷吼。　過之使人竪毛髪。
居民何記正平際。　行客長思己亥歳。
当時国賊擅鴟張。　七道望風助豺狼。
勤王諸将前後殁。　西陲僅存臣武光。
遺詔哀痛猶在耳。　擁護竜種同生死。
大挙来犯彼何人。　誓剪滅之報天子。
河乱軍声代銜枚。　刀戟相摩八千師。
馬傷冑破気益奮。　斬敵取冑奪馬騎。
被箭如蝟目眥裂。　六万賊軍終挫折。
帰来河水笑洗刀。　血迸奔湍噴紅雪。
四世全節誰儔侶。　九国逡巡征西府。
棣萼未肯向北風。　殉国剣伝自乃父。
嘗却明使壮本朝。　豈与恭献同日語。
丈夫要貴知順逆。　少弐・大友何狗鼠。
河流滔滔去不還。　遥望肥嶺嚮南雲。
千載姦党骨亦朽。　独有苦節伝芳芬。
聊弔鬼雄歌長句。　猶覚河声激余怒。

この教材について、準備した教案は、つぎのとおりであった。

第四学年南組漢文科教授案　　教授者　野地潤家

日時　昭和十七年七月三日（金）　第四時限（自十時五十分 至十一時四十分）
教材　新訂漢文精選　巻三　二一　下二筑後河一過二菊池正観公戦処一感而有レ作
教材観　真冬の筑水肥嶺を前景・背景縦横に駆使して、菊池正観公の血戦とその一族の全節とを、胸灼けつくばかりの感激を以て詠まれたものである。構想雄大、論議烈々、古来山陽先生傑作中の傑作と称せられ、景情一致、真に天衣無縫の趣がある。時下、最も好ましい国民的教材たるを失はぬ。
目的　詩意に即した朗読を完成させ、この詩の天衣無縫なる所以を味はひつゝ、烈々たる勤王全節の心を昂揚させたい。
時間配当　一時間
教授過程
(1) 指名読（三回）　誤読訂正並びに難語句指導。形態・構想に関する簡単な取扱ひ。範読（一回）斉読（一回）
(2) 深究
Ⅰ、構想の吟味　筑後河を髣髴させ、作者の心情の流れを把握させる。叙景・叙事・感想の交錯せることを知らしめ、之を整理させる。
Ⅱ、指名読（一回）　主想の把握。
Ⅲ、節毎に叙述表現の深究並びに通解。第五節の取扱ひに際し、「練習二」を利用する。
(3) 整理読（一回）

なお、この教案は、昭和十五年五月二十八日に、附属中学校修身科から、六月十三日に開かれる修身科研究会への出席申込み者に連絡した、西洋紙プリントの裏側に印刷されていた。当時の物資節約のためである。

右の教案については、プリントして、みんなに配布する前、指導教官瀬群先生のご指導を受けた。

たとえば、「目的」については、初め「詩意に即した朗読を完成させ、この詩の天衣無縫なる所以を味はひつゝ、その烈々たる勤王全節の心を昂揚させたい。」としていたが、瀬群先生は、傍線部そのをとるように指示された。今にして、わたくしは、そのを不用意に用いていたことを恥じ入る気持ちである。的確に指導していただいたのである。

つぎに、「教授過程」の(1)については、初め、

(1) 指名読（三回）範読（一回）斉読（一回）誤読訂正。難語句指導。形態・構想に関する簡単な取扱。

としていたのを、傍線部「誤読訂正」を、「誤読訂正並びに……」として、前掲教案のように、指名読（三回）のつぎに入れるよう指示された。また、「取扱」に、「取扱ひ」と、「ひ」を送るように言っていただいた。

つぎに、同じく「教授過程」のうち、(2)深究を、初め、

1 指導的発問により、筑後河を髣髴させ、作者の心情の流れを把握させる。構想の吟味。
3 節毎に叙述表現の深究並びに通釈。ことに節意間の聯関に注意する。第五節に入る前、「練習二」を利用する。

としていたが、瀬群先生は、「構想の吟味」を、冒頭におき、傍線部「指導的発問により」ならびに「ことに節意間の聯関に注意する。」は、それぞれ保留するように指示された。冗長な点および不適当な点を鋭く見抜いて、教案として、すっきりとしたものにしていただいたのであった。瀬群敦先生は、当時、校務担当は、庶務係で、庶務部のへやにつめていられた。そのへやに出向いて、教案についての指導を受けたのである。

さて、教案には記入しなかったが、同時に準備した板書計画は、つぎのようになっていた。

(一) 文政之元十一月。（真冬。）

(二) 凄寒

(三) 西陲僅存臣武光。

(四) 遺詔哀痛猶在耳。

悲壮（決意）

(五)

(六) 結晶←

(七) 全節——知ニ順逆一
殉国剣——（家）
崇高

水流如レ箭萬雷吼。

河乱ニ軍声一代レ衘レ枚。

帰来河水笑洗刀。

血迸ニ奔湍一噴ニ紅雪。

(八) （弔）——孤忠

(九) 肥嶺嚮南雲 ——苦節芳芬

河流滔滔去不レ還。

猶覚河声激ニ餘怒。

……菊池武時
（棣｜蕚）
—武重 —武士 —武敏 —武光 12人兄弟
武光2—武政3—武朝4……

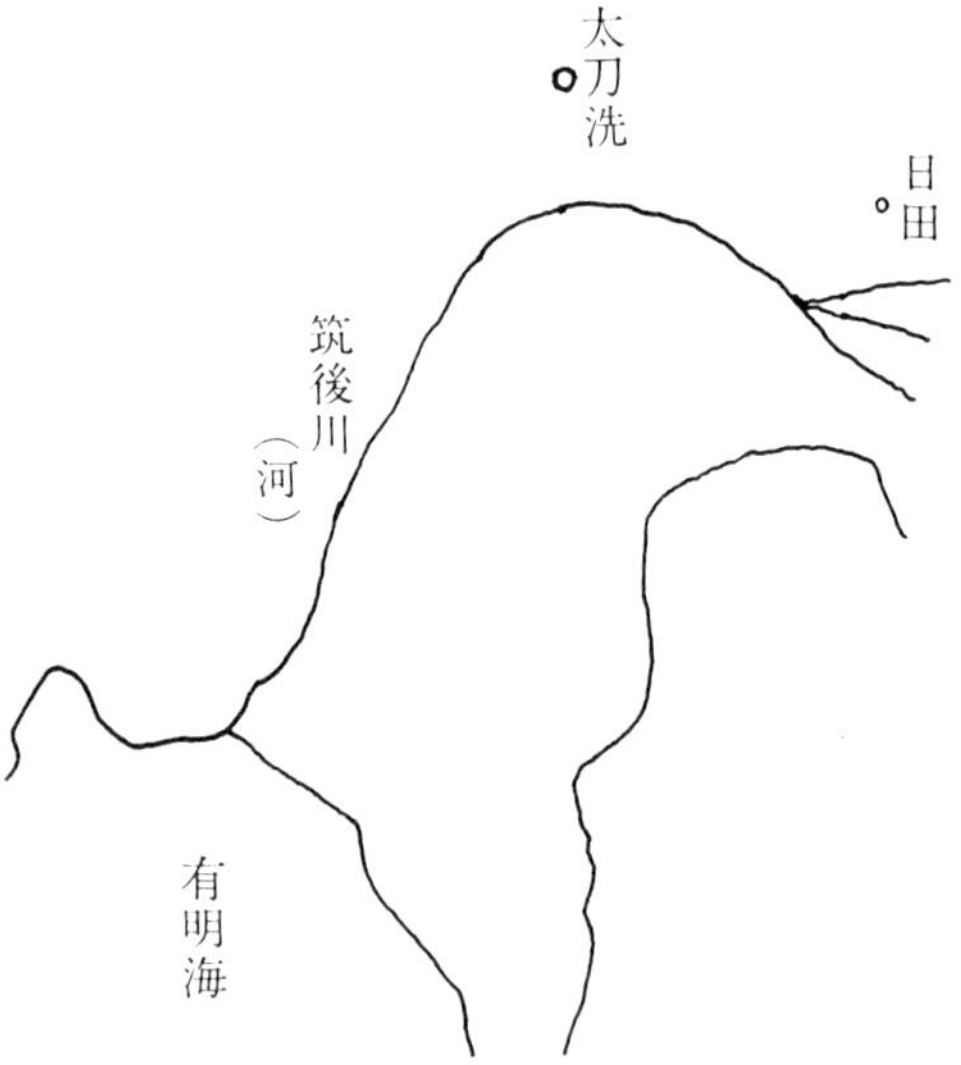

右の系図と地図では、教授案用紙の板書機構（前掲）の裏面に記入していたものである。

さて、右のような教案（指導計画）をたてるまでに、わたくしは、つぎのような教材研究をした。以下は、そのノートである。

二一　下筑後河、過菊池正観公戦処、感而有作　　頼襄

○水流如箭萬雷吼。過レ之使人竪毛髪。唐書訓等持二腐株一支二大厦之顛一天下為寒心竪毛。

○居民何……

自註、武光奉二征西将軍懐良親王一。数与二足利氏党大友小弐二氏一戦。正平十四年己亥歳。大戦二筑後河側一。克レ之。按此出二大日本史菊池武光伝一。

○大日本史菊池武光伝

武光初称二豊田十郎一紹二兄武重封一任二肥後守一。遵二父兄訓一。宅二心王室一。

○大日本史「後醍醐天皇記」及二行宮臨レ絶。国動。但逆賊不レ就二誅夷一。四海不レ従二澄清一。惟此為レ恨。太子即レ位。務成二恢復一。以称二乃志一。若有レ墜レ命。子匪二継体一。臣乖二尽忠一。言訖。把二法華経一。右按剣以崩。

○公本伝、延元三年帝命二懐良親王一為征西将軍。赴二肥後一。武光奉レ之。

○「河……紅雪」

天民云感慨淋漓気韻雄絶、真子成本也。

○河水――小竹云河水作臨河。

○公本伝

正平十四年。武光奉二懐良親王一。提二八千兵一。討二小弐頼尚一。率二兵六万一来逆。隔二筑後川一陣。武光夜遣二子武政等一。浴二筑後川一。乗二水声一進レ兵。斬二頼尚子忠資等一。懐良武光大呼擣二敵中堅一武光馬傷冑破有敵将斬二其首一上二其馬一。嬰レ冑復進。斬二獲四千余人一。頼尚大敗。

○「四世……乃父」

五山云便是正観公伝已作此佳伝千斛米不足惜。

碧海云、凛々生気、正観公不死。

自註。菊池武光世領二肥後一。父武時死二元弘之王事一。兄武重嗣。及二於武光一。以伝二子武政一。

○「詩国風」

常棣之萃。鄂不韡韡。凡今之人。無レ若二兄弟一。又北風其涼。

○「本朝通紀」　延元元年十二月帝幸二吉野一。時光明院在レ洛。自レ是以二吉野一曰二南朝一。京師曰二北朝一。

○「嘗……同日語」

自註、明氏来書至二征西府一。武光以二其事辞無礼一卻不レ受。又招二足利義満一。義満受之。及レ没。明謚之日本芬献。

○小竹云、読之不感懐必不忠不孝之人。

○詩人多用二南雲字一。　指二南雲一以寄レ欽。

○「当時国賊……臣武光。」

○「河乱軍声……挫折」

○「帰来……紅雪」

○「棣蕚……乃父」

○「嘗却……同日語。」

○「丈夫要……何狗鼠。」

○「千載姦党……」

○聊…………餘怒。」

○元《ぐわん》 十一月《げっ》 僦《カ》ふ

○己《キ》亥 当時の国賊は鴟張《しちゃう》擅にし 何人《ナニビト》 銜枚《カンバイ?》 目眥《もくし》

○丈夫貴ぶを要す順逆を知るを。

○僦舟筏 僦は買と訓ず。舟は字の如し。如レ箭-急流、吼は哮と同じ。ほゆる、水の音にも云ふ。

○過―筑後河に舟筏に乗りてすぎ通るを云ふ。

○毛髪―急流の勢ひ、翁をして恐懼せしめるにて、其急流の音、翁の毛髪も竪つ計りに恐れしむるを云ふ。髪の毛の根をしめつけられるやうに感じて、全身の肌に粟を生じた。

○居民は河の側に住居の村民を云ふ。

○何記――何ぞ記憶せんや……

○正平(際)――正平のとしのたたかひのことを。

○行客――翁自ら云ふ。

○長思――翁が今日この河をすぎられる時に、正平十四年己亥の歳に菊池氏と小弐氏と河側にて戦ひしことを長く思はるるなり。

○当時国賊――南朝正平十四年の頃の足利氏の党一類を云ふ。南朝の敵。

○擅鴟――鴟は悪鳥の名にて鵬《フク》と云ふ 親は子を食ひ、子は又親を食ふと云ふ。張は勢威を 張る也。故に兇悪の人の勢ひを肆ひままにするを擅ニ鴟張一と云ふ。

○七道――東海東山等七道を云ふ。日本大休は、賊に組みするものの多きを云ふ。

○助豺狼――七道の国賊は豺狼の如き兇悪無法の姦雄に加勢して助くるを云ふ。

○第九句 しかるにこの時にあたりて、南朝の忠臣たる勤王の楠氏らの如き人は前後に年を追うて死歿し、無くなりて居る時世となり。只この当時に南朝を扞蔽して志を変ぜず、勤王する者は西陲たる西国の果てにては、僅かに臣武光の存する耳となり。或は云ふ父の遺言を遺詔と云ふなりと。元弘年中武光の父寂阿、武時博多の城にて戦死の時、遺言して滅賊の事を武重に命じ、之を肥後に返せり。父の遺言も猶ほ遺詔と云ふべし。荘子雑篇盗跖の章に云ふ。夫レ為ル二人ノ父一者 必ズ能ク詔ゲ二其ノ子一為ル二人ノ兄一者 必ズ能ク教フ二其ノ弟一と云へり。詔は告ぐと訓ず。「遺詔……在耳」とあれば、武光兄武重より直接に遺詔の語をききし事を云ふ。此句には其語勢あり。

しかれども、延元帝の按剣遺詔、滅賊哀痛の詔を武光は直接に聞きし事実なし。帝の遺詔は武光は伝聞にて之を知るのみ。然るに父武時、筑前博多城の戦死に臨み、武重に滅賊を命ぜし遺詔の如きは、武光も亦兄武重より直接に之を伝へききて、哀痛を感ぜし所なれば、猶武光の耳底に存して忘れ難き所なるべし。

○在――耳底にこびりつく。心に忘れがたし。

○竜種――皇子 但し西国将軍懐良親王

○同二生死一――武光はこの懐良親王と生死存亡を同うし、南朝に向ひて志を弐にせざるを云ふ。
○大挙来犯――大いに兵をあげ起して、来りて官軍菊池の党を犯し伐つを云ふ。其の来り伐つ人は何人ぞや。
○心に誓ひて来り犯す小弐頼尚を剪り滅さんとなり。
○報天子――武光、頼尚を剪滅して南朝の天恩に報ゆる意を云ふ。
○筑後河の河の水の流るる音に軍声を紛らかして、軍兵をくり出すの意。
○代銜枚――軍兵の声を立てぬために、襲撃夜討の時抔に兵士は悉く枚と云ふ竹管を銜むは古来の作法也。然るに武光は音に紛れて兵を遣り、枚を銜むの代りに水音を以てせしとの意なり。
○銜は含なり。
○鬼気――鬼雄
○筑後川の川のひびきを耳にのこしつつよむ。
○第16句は、軍兵八千人菊池方の兵は、刀戟相ひ摺摩して夜中頼尚を襲撃するの状を云ふ。刀戟は太刀と槊《ホコ》とを云ふ。相摩は森々たる刀戟の互に相ひ摩するを云ふなり。
○第17・18句――このたたかひや、武光は馬は傷き冑は裂けたり。武光は一敵将を斬り、其馬と冑を奪うて復た進み、竟に大いに之を破るを云ふ。
○第19句――武光は敵の射る箭を其身に冒《カフム》り受ること蝟《キ》の毛の如しとなり。蝟は針鼠と云ふけものたり。
○目眥裂――武光が奮勇激戦怒気の盛なる貌を云ふ。目の端の耳へむかひたる方、めじり。
○第20句――頼尚の六万の大軍も、菊池氏の苦戦に因りて、菊池氏の八千の軍に破れて挫け折れしを云ふ。
○帰来――武光は戦場のかへりみちを云ふ。
○洗刀――この古跡は今に大刀洗川と称すところありと云ふ。
○大刀の血は奔湍の急流早瀬に迸り流れて、紅色の雪を噴くとなり。
○噴はふく。吐く意也。紅雪は血水共に相混じて流るるの状を云ふ。
○川のゆきあたりより水が一つまりつまりてふつふつとふき出すこと。
以上、武光の古戦場の事、以下はギロン。
○四世全節――四代の間父子相ひ承け、兄弟相つぎて、忠貞の節を全うせし菊池氏の世績を云ふ。四世は翁の自註にある通にて《ママ》、武時と武重と武光と武政とを云ふ。
○誰儔侶――菊池氏と肩を並ぶる儔侶たる忠臣は世にはまれなり。儔侶とは菊池氏と肩を並べる忠臣。友と云ひ儕輩と云ふ意也。
○第24句――九州九国の内、征西府の筑前御笠前の征西府、今云ふ太宰府に居りし小弐氏の如きも、菊池氏の武勇に恐れて逡巡したりとの意なり。逡巡は畏縮して進まざるの貌を云ふ。
○棣萼は、菊池氏の兄弟を指して云ふ。
○菊池氏の兄弟は未だ北風に向ひて頭を下ることを肯《ガエン》ぜずと云ふ意にて、北風は、菊池の朝を南朝と称す、足利尊氏の立てし天子を北朝と云ふ。故に不レ向二北風一は北朝に従はぬ。不肯――承知せぬ。

○殉国——国難に身の存亡を顧み惜まぬを殉国の忠臣と云ふ。
○剣伝ㇾ自ニ乃父ー——殉国の用に乃父の我が父より(剣)[2]を伝へ承けて居るとの意。帰来河水洗刀と云ふ句意に相顧みてこの句は力有るに似たり。乃父の乃は、助語助声の字にて義はなし。
○壮本朝——本朝日本の地位を尊くせし仕方を壮本朝と云ふ。
○足利義満の内外尊卑の名分をわきまへずして、明の招きに応じて臣を外国に称せしには、武光は同日の論に非ず。
○第29句は、以上の二句の意をうけて、翁慷慨論定する語勢転丸の勢ひあるをみるなり。
全体丈夫の男子たるものは大義名分の順と逆とを知り弁へ、是の一義を誤らざるを貴しとせん事を要し、求めて肝腎の大節とする事なるに、彼の恭献義満すら猶かくの如し。
○第30句——まして況んや小弐氏や大友氏の如き九州の姦雄に於てをや。彼小弐氏や大友氏が正統の天子南朝に敵して毎度兇威を逞うするのは、何ぞ狗盗鼠竊の如き所為に非ざらんや。
○以上、人々の邪正曲直を論ず。」
○以下は、この段をうけて今は正邪の人々も共に両ながら滅して跡なしと雖も、其忠烈なる人は余芳今に存して、彼の当時得意の姦党小弐大友氏の如き者は今人の歯牙に上ることなし。然らば丈夫の貴ぶ所は此にありて、かれに非ず、聊か千歳の今や善人意をつよくするの意ひある意をのぶ。
○第31句は、筑後川の滔々として流れて返らざるの景を云ふ。
○第32句は、筑後川の辺よりはるかに肥後の山嶺を見渡せば、今に其の山までも北風に向はずして南雲の南方の雲に向ふが如き姿致を存せると也。
○以上二句は、武光生時の川と山とのみ依然として其の観を改めずして、千載に存するを見て翁の懐古の情に切なるを云ふ。
○第33句は、千載の已に古き小弐頼尚や大友氏の如き、姦雄の党類の骨は、已に又菊池氏の骨と同じく朽たることは知るべきのみとなり。
○第34句——右の如く姦党たる両氏も菊池氏も其の骨は共に朽敗して存することなきに、只独り菊池の苦節を砥ぎ、生前につくせし忠烈の芳芬と香ばしき名のみ今世に存し伝ることあるを以て見れば、生前の得失勝敗は固より論ずるに足らずとの意也。
○第35句——聊か乍ら予鬼雄の菊池氏の雄魂を弔ふために、この長句を吟歌するとなり。
○第36句は、其哥声につれて筑後川の流れの声音も、当時の餘怒餘憤を激して、洩すが如き有様なる心地こそすれ。
○鬼雄は鬼神にて人死したる時のこんぱくを云ふ。雄魂を雄と云ふ。
○地図と系図
（四世全節）

………菊池時武1─┬棣─┬武重
　　　　　　　　│　　└武敏
　　　　　　　　└蕁2─武光3─武政4─武朝…
（正観公）

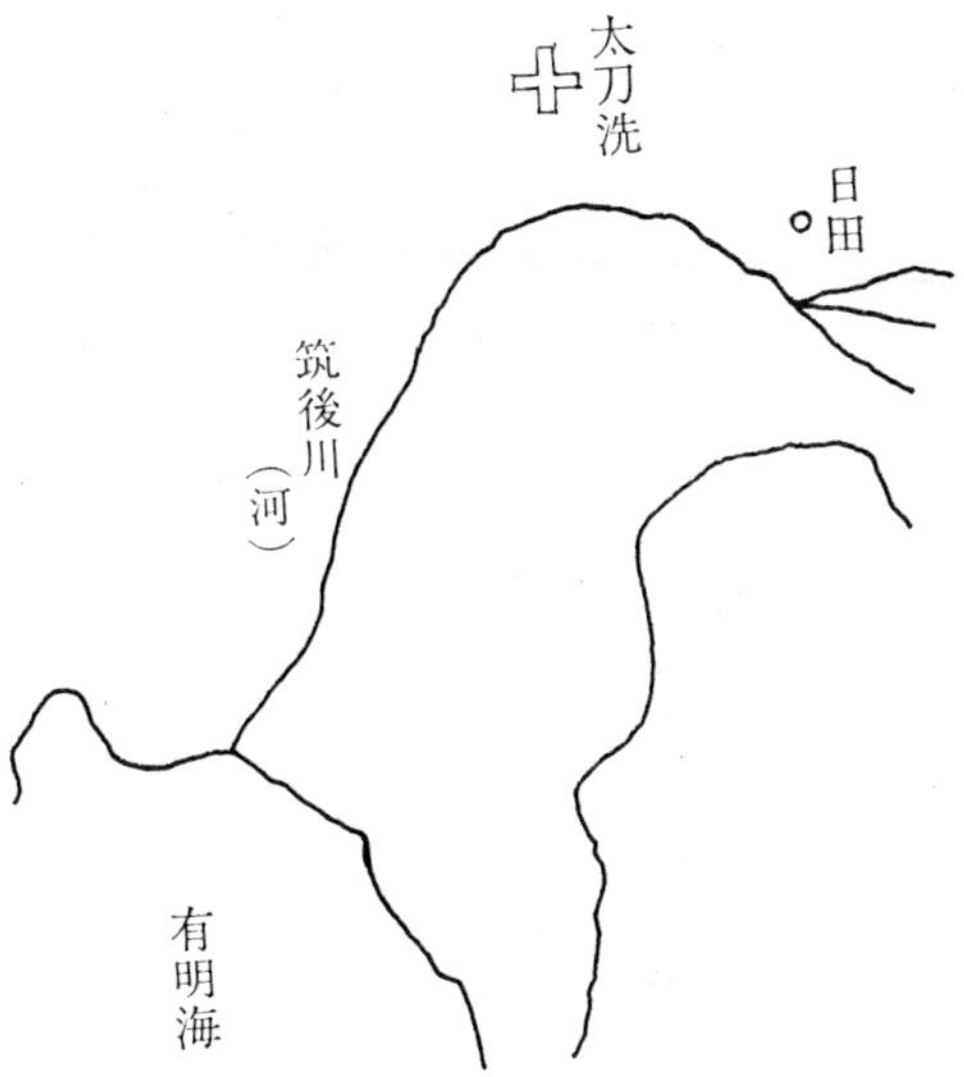

○七言古詩　行客長思己亥歳
○天下之形勢——勤王軍之不振
当　時　国　賊　擅　鴟　張。　七　道　望レ風　助二豺　狼一。
勤　王　諸　将　前　後　歿。　西　陲　僅　存　臣　武　光。
○菊池一族の孤忠
(1) 延元元年、正成湊川の戦死
(2) その後、名和長年の戦死
(3) 北畠顕家・義貞の戦死
(4) 延元四年、後醍醐天皇崩御、吉野の行宮
(5) 四条畷の戦と正行の戦死
(6) 正平九年、北畠親房薨去

かくて、諸親王の御活躍、新田一族、楠木一族等の忠節も空しく、四方の勤王軍は次第に不振に陥つたが、九州では、菊池武光（武敏の弟）が懐良親王を奉じて、賊の大軍を筑後川の畔り（久留米市附近）に破り、一時勢を振るつた。しかしこれもまた次第に振るはずなつたが、菊池一族は孤忠を守つて屈しなかつた。

○筑後川の戦と菊池一族の孤忠
○オホバル　大原
○菊池勤王史（野地注、この授業のため、広島市内の新刊書店から、中村孝也氏の「菊池勤王史」をもとめ、それを教材研究の参考としたのである。）
○八百年の長きを一貫せる菊池氏純忠の精神
○肥後は菊池の本居である。
○水流——如箭 ｝驚怖
○水音——萬雷吼 ｝
○乱軍声
笑洗刀　　笑　洗レ刀
噴紅雪　　血　迸二奔　湍一噴二紅　雪一

なお、板書機構（計画）については、前掲のもののほか、つぎのような案をたてていた。

下二筑　後　河一過二菊　池　正　観　公　戦　処一(感)而　有レ作

(一)筑水―凄絶 （冬のこと）
水流―如箭
水音―萬雷

(二)（長思）

(三)形勢―南風不競

(四)決意―悲壮

(五)
(六)血戦―壮絶
河（夜）乱軍声
河水―笑洗刀
奔湍―噴紅雪

(七)菊池氏全節―忠烈（苦）
殉国剣―知順逆

(八)肥嶺―南雲
独苦節―芳芬
河流―去不還

(九)結び―弔鬼雄←孤忠
河声

さて、この漢文の授業は、昭和一七年七月三日（金）第三時限、まず、四年北組で行なわれた。教室にいられたのは、指導教官の瀬群敦先生だけであった。緊張したせいか、たいへん重い感じで、みずから企図し、思い描いたような、なめらかに進行する授業にはならなかった。今までにしてきた実地授業に比べ、あまりに見劣りがするようで、なさけないようなおもいであった。

授業が終わって、瀬群先生のおへや（庶務部）にいくと、先生は、「涙ぐましい。僕でもあれだけは取扱へない。」（七月三日〈金〉の「日記」による。）とおっしゃった。わたくしは完全に失敗した授業と思いこんでいたので、瀬群先生のこのおことばは、すぐつぎの、第四時限の四南の批評授業に気おちしないで出向けるように、はげましてくださっているにちがいないと思った。それは瀬群先生のあたたかいおもいやりであると感じたのである。

第四時限に、四南で行なった授業は、前時四北での授業に比べて、予定したように比較的なめらかに進めることができた。四北での授業のように、重い感じではなかった。むしろ、軽い感じさえあった。しかし、指導教官の瀬群先生は、後の合同批評会の席上、四北の授業のほうがよかったと言われ、第三時限の四北の授業では、うしろのほうの席の生徒が授業中、感動してすすりあげて泣いていたと話された。わたくしには、まったく意外なことで、真剣に行ずる授業というものは、どうあるべきか、深く考えさせられた。

さて、批評会の席上、この授業について受けた批評のメモは、左のとおりである。

Ⅰ　教生からの批評

1横屋芳明君から

○朗読の問題　誰　タレ　ダレ
元　ゲン　ガン

○僅―追究

2山本武光君から

○北朝の問題

3古田敬一君から

○気分
○はじめに分析しきつた。
○味読段階をもつと考えるべきである。
4吉本武馬君から
○一方的な授業。一人にあてすぎる。
5難波義昌君から
○吉本武馬君のにほぼ同じ。
6牧窪行雄君から
○節のわけかた
7服部敬之君から
○天衣無縫の曖昧。

II　教官からの批評

1瀬群敦先生から
○熱
○気分をかきたてる。
2小谷等先生から
○雰囲気にひたる。
○よみ―骨亦《モ》―弱さ。
○わけ方―分析しすぎる。
○諳誦させる―一時間。
○範読の必要。

十一月　――――　筑水
如箭吼
居民　――――　行客

○何狗鼠《クツ》―不充分。
○重要語句の取扱ひ。
3満窪鉄夫先生から
○清水治郎先生のこと
○よみ―斉読、気がぬける。二句一つにまとまつてくる。きらないでつゞける。
○かきすぎる。板書―ゆとりの問題である。板書に生徒の注意をぐつと集注する。煩雑である。
○蜀張　○棣萼　○亦　○臣―武光の心になりきる。　○終―最後に
4白木直也先生から（本校から見にきていただいたのである。）
○正々堂々たるゆきかた
○詩の題とゆきかた
○「居民何記……」対句―考へねばならぬ。
感而―河流滔滔去不還。
　遙望肥嶺嚮南雲。 ｝余意。
5山根安太郎先生から
○道は一つ。教材愛。
○清水治郎先生の授業のこと。
○元気であたれ。
○｛諳誦法／朗読法｝―書板―意味断続（詩）
○重要語句を最初におさへる。これは偏道ではない。

○漢詩と朗読の問題―
　定型詩
○達読は楔である。
○舟……詩の流れ―感動の流動。
　　情調の問題。
尚こゝまでの間に、一語二語をほのめかす。
○大きく切る―内容深究である。
○8句　4句　2句。
○筑後河のひびき。水の流れはひそむ。こゝに作者の感情。
○「(在耳)―在 我 耳」ここの四句は武光の気持
○てなところで。よみとり―ひびき。
○「数的取扱ひの多さ」―漢詩の特色。国語のひびきとちがふものがある。
○萬雷
　八千千載｝特殊なひびきがある。
○望レ風
　際　）感じさせる。
○竪たゝしむ・たてしむ
○馬傷冑破気益々奮。
　斬敵取冑奪馬騎。

教生の学友からも、附属中学校・本校(高等師範)の先生方からも、こまごまとした批評があった。

満窪鉄夫・山根安太郎両先生からは、清水治郎先生(かつて、附属中学校の先生であったかた)が、この頼山陽の詩について、研究授業をされたこと、その際、「帰来河水笑洗刀。血迸奔湍噴紅雪。」のところなど、ゆったりと身振りをまじえられるなど、全体として深味のある、枯れきった授業だったことが紹介された。わたくしは、高等師範一年生の折(昭和一四年)、当時附中の国語科主任だった清水治郎先生から、「竹取物語」の講読指導をしていただいた。そういうことで、清水治郎先生を存じあげていたが、ゆったりと身振りを生かして――という、ゆとりなど、むろんわたくしにはなかった。

本校から指導に来ていただいた白木直也先生からは、授業は正々堂々たるゆきかたであるとして、認められたが、先生ご自身は、やはり作者の「感而有作」としたゆえんは、「河流滔滔去不還。遙望肥嶺嚮南雲。」にこそあるのではないか、とされた。このことは、その後もながく、わたくしの胸底に刻まれている。わたくしは、まだ、詩全体をほんとうにじっくり読み味わうところまで達していなかったのである。

小谷等・満窪鉄夫・山根安太郎三先生からも、ねんごろなご批評をいただいた。

また、瀬群敦先生は、直接の指導教官として、第三時限の四年北組での授業のことをもとりあげていただいた。批評授業をした四南のそれよりも、みずからは不出来であったと思いこんでいた四北のそれを高く評価していただいたのであった。(それは無我夢中の授業だった。)

山根安太郎先生には、「国語教授法」のご講義をいただいたのであったが、この批評会でも、懇切に批評をしていただいた。瀬群先生にほめていただいたこともあって、山根先生は、ねんごろなご批評のしめくくりのところで、年はわかいが、清水治郎先生の塁を摩するような授業で……とおっしゃっていただいた。過分なことで、それで有頂点になってしまうほど、自分にあまかったわけではないが、そうあたたかく言ってはげましていただいたことは、身にしみてうれしかった。

「板書機構」を書き入れた「教授案」用紙の裏面に、丹羽・金綱・中井・林・木方・三野の姓を、鉛筆で書き入れている。授業したクラスの生徒たちであった。

――いま、当時の四年北組・南組での授業の流れを復現しようとしても、どうしようもない。それはまさしく「河流滔滔去不還。」である。けれども、「授業」を通して学んだことどもは、いまに生きている。教育実習の仕上げとして、わたくしは、この「授業」をだいじにおもい、また、そこに国語教育実践の「初心」をすえていきたいのである。

昭和一七年(一九四二)七月四日(土)、附属中学校での教育実習をすべて終了した。わたくしは、授業に出た、どのクラスかの生徒たちから、「熱血漢」と呼ばれていることを、あとから知った。北門のところでも、金正堂の店頭でも、西観音町の路上でも、附中の生徒たちに会った。会釈して、彼らは通りすぎて行ったり、あるいは、人なつっこく話しかけてくれたりした。

二一　教育実習配布資料　その一

昭和一七年(一九四二)六月、附属中学校における教育実習に際しては、国語科から、つぎのような資料を各教生に配布された。

1　「広島高等師範学校附属中学校概要」(昭和十七年度)(昭和17年5月30日、広島高等師範学校附属中学校刊)

2　国語講読科附国語概説科教授の実際概略と教授細目」(広島高等師範学校附属中学校　国語漢文研究会著、昭和14年1月、同上会刊)

3　「日本精神の教育と国語漢文」(広島高等師範学校附属中学校国語漢文研究会著、昭和14年7月、同上会刊)

4　雑誌「国語愛」(第一巻第一号、昭和16年5月号、昭和16年5月1日、修文館刊)

これらのうち、「概要」は、全教生に配布され、他の三冊は、国語科の教生に限って配られたものである。

まず、「概要」についてみると、本文は菊判四七ページから成り、左のように構成されていた。

校舎配置図
沿革大要
当校の使命

設備大要
校務分掌
職　員　担任学科・事務分掌・学科担任表
生徒附入学考査
生徒教養の方針訓育・知育・体育
生徒の教養
（一）青少年学徒に下し賜はりたる勅語の聖旨奉体の施設（二）大詔奉戴日に関する施設（三）学科課程（四）教授細目・教授方針・教授の実際（五）行事学期と授業学期（六）教授予定及び進度表（七）補欠授業（八）成績考査（九）特別指導（一〇）課程外指導（一一）集団的宿泊学習訓練（一二）学習研究施設（一三）修練道場及び学校林（一四）臨海教育（一五）食糧増産作業（一六）夏季心身鍛練（一七）修学旅行・社会見学（一八）課外読物（一九）生徒研究室（二〇）訓育会（二一）国民学校との連絡会（二二）指導生（二三）級長会（二四）朝礼（二五）掃除及び作業（二六）服装検査（二七）校外監督（二八）家庭との連絡（二九）体錬年中行事（三〇）全校体錬（三一）乾布摩擦と裸体体操（三二）体力検査（三三）体力章検定（三四）野外体練及び行軍（三五）陸上運動会（三六）一萬米競走（三九）身体検査（四〇）健康相談（四一）呼吸器疾患予防治療処置及び寄生虫検査（四二）体育保健に関する講演会及び座談会（四三）報国会鍛錬部校内大会（四四）事変対応施設（四五）寄宿寮（四六）学用品販売部
普通教育の研究
（一）研究授業（二）研究部（企画係・調査研究係）（三）全国中等学校教員協議会（四）中等教育研究会
教育実習の指導
（一）高等師範学校文理科生徒・文理科大学学生及び臨時教員養成所生徒の教育実習（二）高等師範学校教育科生徒の教育実習
広島高等師範学校附属中学校報国会会則
広島高等師範学校附属中学校報国隊規則
昭和十七年度編成表
父兄団　団員・委員・団費・事業及び予算・基金
校　歌

教育実習に臨むにあたって、配布された「概要」を、その当時、精読して学校内容のあらましを理解するところまではいかなかった。「授業」そのものに心が向けられ、学校全体へ視野をひろげるまでにゆとりを持っていなかった。

いま、昭和一五年(一九四〇)度の「附属中学校概要」（昭和一五年一月一〇日、同上校刊）をみると、本文菊判四四ページから成り、内容上、ほぼ同じであるが、「生徒の教養」所収項目にちがいが認められる。また、当時は「報国隊」が編成されていなかったため、昭和一七年版「概要」のように、「報国会会則」・同「報国隊規則」などは採録されていない。「概要」にも、すでに太平洋戦争下にあった、戦時体制へと移行した有様がうかがわれるのである。

「概要」の末尾に掲げられた「校歌」は、つぎのようであった。

磨けるこころは　国のひかり
たゆまず勉めん　をのこ我等
　花はわらひ　鳥はうたふ　友誼のみその
　楽しや　いつとせ　吾が学校

鍛へるかひなは　君のみたて
たゆまず勉めん　をのこ我等
　竜とあがり　鳳とかける　希望のいづみ
　楽しや　いつとせ　吾が学校

さて、配布資料のうち、「国語講読科附国語概説科教授の実際概略と教授細目」（昭和一四年一月刊）は、附属中学校国語漢文科（国語漢文研究会）の国語講読科・国語概説科の教授に関する実際概略を示し、さらに「教授細目」をも提示したものであり、中心資料となっていた。

この資料は、菊判七四ページから成り、つぎのように構成されていた。

Ⅰ　国語講読科教授の実際概略
一　教授要項
二　教授方針
三　学習要項
四　当校国語漢文科課程
五　当校国語漢文科時間配当表
六　教科一覧
Ⅱ　教授細目（第一学年〜第五学年）
Ⅲ　国語概説
一　教授要項
二　教授方針
三　教授細目（第五学年第一学期〜第三学期）

ここでは、右の順序にしたがって、資料内容を考察していくことにしたい。

Ⅰ　国語講読科教授の実際概略

一　教授要項

国語漢文ニ於テハ国語ノ理会及応用ノ能ヲ得シメ漢文ノ読方及解釈ノ力ヲ養ヒ特ニ我ガ国民性ノ特質ト国民文化ノ由来トヲ明ニスルコトニ注意シ国民精神ノ涵養ニ資スルコトヲ要ス

国語ニ於テハ国語ノ構造・特質ヲ知ラシメ国語ノ正確ナル理会ト思想・体験ノ明確自由ナル表現トニ就キテ指導シ国語ガ国民性ノ具現タルコト及国語ノ教養ガ国民ノ自覚ヲ促シ品位ヲ高ムル所以ナルコトヲ会得セシメテ国語愛護ノ念ヲ培フト共ニ美的・道徳的情操ヲ陶冶スベシ又漢文ニ於テハ漢文ノ語彙・構造等ノ特質ニ留意シテ国語トノ関係ヲ明ニシ漢文ノ正確ナル理会ニ就キテ指導スルト共ニ其ノ我ガ精神生活ニ対スル意義ヲ会得セシムベシ

国語漢文ハ国語講読・漢文講読・作文・文法及習字ヲ課スルモ

ノトス

国語講読ハ読方及解釈、話方・暗誦・書取ヲ課シ其ノ材料ハ総テ醇正ナル国語ニ採リ国体ノ精華、国民ノ美風、偉人ノ言行等ヲ叙シテ国民精神ヲ涵養スルニ足ルモノ、世界ノ情勢ヲ知ラシメテ円満ナル国民的常識ヲ養成スルニ足ルモノ、文学趣味ニ富ミテ心情ヲ高雅ナラシムルモノ等タルベシ

漢文講読ハ読方及解釈、暗誦ヲ課シ其ノ材料ハ邦人ノ著作及漢籍中ヨリ平易雅馴ナルモノヲ選ビ我ガ国ノ徳教ニ関係アルモノヲ主トシ文学趣味ノ涵養ニ資スベキ詩文ヲ加フベシ尚教材ハ総テ返点、送仮名ヲ附スルコトヲ原則トスレドモ高学年ニ在リテハ適宜送仮名ヲ省クコトヲ得

作文ハ正確自由ナル表現ニ就キテ指導シ平明達意ニシテ実用ニ適スル各種ノ文ヲ作ラシメ且其ノ添削批評ヲ為スベシ

文法ハ国文法ノ大要ヲ授ケテ国語ノ構造・特質ヲ理会セシメ正確ナル語法ニ練熟セシムベシ

習字ハ漢字及仮名ヲ課シ間架結構ノ大要ヲ知ラシメ実用ニ適切ナル書写ノ能力ヲ得シムルコトヲ期スベシ但シ漢字ノ書体ハ楷書・行書ヲ主トシ草書ヲ加フルコトヲ得

第一学年　毎週七時

国語講読　毎週四時

漢文ニ関スル初歩ノ材料ヲ加ヘ漢文学習ノ基礎ヲ併セ養フベシ

作文　毎週一時

文法　毎週一時

主トシテ口語法ノ大要ヲ授クベシ

習字　毎週一時

第二学年　毎週六時

国語講読　毎週三時

漢文講読　毎週二時

作文　隔週一時

習字　隔週一時

第三学年　毎週六時

国語講読　毎週二時

漢文講読　毎週二時

作文

文法　毎週一時

既習ノ文法的事項ヲ整理シ文語法ノ大要ヲ授クベシ

第三学年（第一種及第二種ノ両課程ニ分チタル場合）

基本教材　毎週四時

国語講読　毎週二時

漢文講読　毎週一時

作文

文法　毎週一時

増課教材　毎週一時乃至三時

国語講読

近世以前ニ於ケル名著ノ抄本類ヲ課スベシ

漢文講読

名著ノ抄本類ヲ課スベシ

習字

第四学年
基本教材
国語講読　毎週四時
漢文講読　毎週二時
作文　毎週二時
増課教材
国語講読
前学年ニ準ズ　毎週一時乃至三時
漢文講読
前学年ニ準ズ
文法
習字

第五学年
基本教材
国語講読　毎週四時
漢文講読　毎週二時
作文　毎週二時
増課教材　毎週一時乃至三時
国語講読
国文学ノ史的発展ノ大要ヲ授ケ国民性ノ特質ト国民文化ノ由来トヲ知ラシムベシ
漢文講読
前学年ニ準ズ
文法
習字
国語発達ノ大要ヲ授クベシ

注意

一　国語講読及漢文講読ノ教授ニ於テハ特ニ次ノ事項ニ留意スベシ
読方及解釈ニ在リテハ語句文章ト思想内容トヲ一体トシテ把捉セシメ適宜文章ノ妙味ヲ鑑賞セシムベシ話方ハ方言訛語ヲ矯正シ醇正明晰ナル国語ノ使用ニ習熟セシメ尚敬語ノ用法ニ就キテモ適当ニ指導スベシ
暗誦ハ著名ナル詩歌文章ニ就キテ随時之ヲ課スベシ
書取ハ日用ノ文字・語句等ノ正確ナル書写ニ習熟セシムベシ

二　作文ハ特ニ時間ヲ設ケザル学年ニ在リテモ少クトモ隔週一回講読ノ時間内ニ於テ之ヲ課スベシ

三　文法ハ平易ナル実例ニ就キテ之ヲ理会セシムベシ尚特ニ文法ノ時間ヲ設ケザル学年ニ在リテモ常ニ講読・作文等ニ附帯シテ之ヲ授ケ正確ナル語法ニ練熟セシムベシ

四　習字ハ特ニ時間ヲ設ケザル学年ニ在リテモ作文・書取其ノ他ノ場合ニ於テ常ニ正確ナル書方ニ注意セシムベシ尚教材ニ就キテハ其ノ読方及解釈ヲモ授クベシ

五　増課教材ノ要目ハ適宜取捨シテ之ヲ課スベシ

（昭和十二年三月改正中学校国語漢文科教授要目）

右の教授要目の重点は、

一　特に我が国民性の特質と国民文化の由来とを明らかにする

ことに注意し、国民精神の涵養に資すること。

二　国語が国民性の具現たること、及び国語の教養が国民の自覚を促し品位を高むる所以なることを会得せしめて、国語愛護の念を培ふこと。

三　国語の正確なる理会と、思想・体験の明確自由なる表現に就きて指導し、識見を高め、情操の陶冶を図ること。

等である。

さて国語科には国語講読・作文・文法・習字の分科をもってゐて、右の諸目的はこの分科相依って完成されることはいふまでもないが、またその分科の各々には独自の役目をも有してゐるのであって、右の目的の各項に就いてその分科の担ふべき主要な任務上からは軽重を考えることが出来るにかかはらず、国語講読に於ては殆どそのすべてに深い関係をもってゐるといはなくてはならない。随ってその教材の選択排列は重要な意義を有する。

吾々は此の点に重大な関心を有って「新制国語」十巻を編纂したのであるがなほ特に留意した諸点を次に記すと、

一　小学校国語教育の発展として、教材の選択にも編纂体系の上にも、将又、仮名遣其の他の形式上にも、新しき小学国語読本との円滑なる連接を企図する。

二　国家的国民的自覚を示唆する教材を豊富に採択し、以て要目の「国民精神の涵養」の趣旨徹底に努める。

三　日本的生活・日本的文化の種々相を語る教材を重視し、日本的態度と日本的性格の育成に資し、以て要目の「国民的常識の養成」の趣旨に副ふことを図る。

四　教材選定の上に於て、雅醇なる国語表現、内容形式一如の生命ある作品を第一とし、以て要目の「醇正なる国語」採択の趣旨に副ふやうに努める。

五　文学教材は、雄健・明朗・高雅・重厚の精神の表現せられたる作を選び、繊弱・浮華な感傷を斥け、以て濶達なる青年の志気を鼓舞すると共に、要目の「高雅なる心情」の育成に資する。

六　大国民としての眼界・視野を高大広濶にし、海国日本の自覚に立ち、民族的気魄を呼醒すために、従来著しく閑却されてゐた海洋的素材の詩文を多数編入する。

七　特に要目の、「国語が国民性の具現たること」に眼醒めしめ、「国語愛護の念を培」ひ、国語的自覚を与へるような教材を多く採入れる。

八　教材は、意味深く、よく熟読翫味朗誦に堪へる渾然たる不朽の作、又は当該作者の代表的作品を択ぶと共に、清新なる新教材を直接近刊の書より採り、以て生徒の学習意慾を旺盛ならしめるやうに配意する。

九　教材は、実践の体験よりその長短を加減し、取扱ひ易く学び易きやうに工夫すると共に、片々たる小篇を多量に盛るよりも、重厚なる作の小数に拠らうとする行き方を執る。

一〇　教材の排列組織には特に意を用ひ、全十巻を通じて一貫せる精神を具現すべく特殊なる体系的排列をなすと共に、詩歌教材の選択と排列、第五学年に於ける古典教材の排列には新しき試みを以て臨む。

一一　方法上より、或は鑑賞的取扱或は語学的訓練又は話言葉の陶冶等、指導上の明瞭なる目標を立て、その取扱に徹底し得るやう用意し、また大作の「読方」訓練の意味に於て、相当長篇の作を各巻に一篇以上配当する。

一二　頭註・挿絵等成るべく生徒の学習訓練に便利なるやう特殊の注意を払ふと共に、教授時間数と対照して教材の分量を定め、挿絵・余白埋めの詩文・附録等不要な虚飾を避け、全体に清そと高雅なる気品を与へるやうに工夫する。

といふやうなことで、右に対し吾々の主張の存するところを更に述べると、

大国民の教養資料　国語読本の教材とその組織とは、生徒心意の形成母胎であり、人格錬磨の地盤となると共に、更に方法としての国語指導の体系をも規制するものである。故に国語読本が如何なる精神の具現として編纂されてゐるか、その編纂上の指導精神の高邁・健実なるべきことは最も重要な問題である。中等学校の国語読本の編纂に関しては、文部省教授要目の趣旨を主体とすることによって過なきを得る筈であるが、猶これを方向づける統一精神の確立を必要とする。この精神は、国民教養の高き理想に輝いてゐなければならない。惟ふに、当来日本の国民として、明朗・高雅なる心境の獲得を要求せられると共に、未曽有の展開を遂げつつある「大日本」の国家的活動を負担実践するに足る気宇広濶・心身剛健、十分に新東亜建設の聖業に協力し得る実力者たることが要望せられる。かかる熱と力との育成は、単に過去の文化の理解・享受に止ることなく、これを鍛練しこれを磨礪することによってのみ無窮に伸展せしめ得るのである。かくの如き大国民教養の資料たらんことが吾々の念願とするところである。

小学校教材との連絡　中等国語教育は、国語生活の系統的・具案的指導である「教室の国語」として、初等・中等・高等教育に於ける国語的陶冶の全野を見透したる後、中等五箇年間の国語的指導の領野を明確に定位せしめたる体系の上に立ってゐることが最も緊要なことである。この意味に於て中等国語読本の教材は、すべて小学校の国語教材の発展・成長として定位せられ、正確なる検討と厳密周到なる対比考察の余に成れるものでなくてはならない。そこには無意味な重複が避けられると共に、国語による心の陶冶として、より高次なる精神段階を獲得せしむべき陶冶材を編成することが肝要である。随って小学校教材と同種の教材も、小学校に於て培はれたる精神の鍛練的意義に於て考へられるべきであり、異種の教材はこれが補足に役立ち、原典提示の如きもその全き姿に触れしめることによって精神の深化を図ることが根本意義であり、所謂「小学校教育の基礎に拠り」発展と深化と拡充とを企図することが中等教育としての正当なる態度といふべきである。かかる内容的な問題のみでなく、文体・語彙・文字・仮名遣の形式方面に至るまで、常に小学教育を基底として編成することが最も能率的な国語教育の強化策となるのである。

厳密なる教材の選定　国語教授上最も重要なることは前述の如くその教材の選定である。文部省教授要目に拠れば国語講読の材料選定に於ける一般的規定としては、「総て醇正なる国語に採る」ことが要求されてをる。醇正なる国語とは、要するに表現に

生命があり熟読翫味に値する国語作品の謂である。かくのごとき力と感銘に満ちたる醇正・重厚なる作品の採択に最も留意しなければならない。一読の後更に再読翫味の要求を生じないやうな軽易な教材は、生徒の学習意慾を銷磨・弛緩させるだけであるから、かかる傾向の作品は断然これを排除して、各教材の採択に当っては吟味と厳選を加へ、反覆読誦に値し、十分の吟味鑑賞に堪へる教材のみを以てすることに努めた。更に要目には教材選択の特殊的規程として、（一）国体の精華、国民の美風、偉人の言行等を敍して国民精神を涵養するに足るもの。（二）世界の情勢を知らしめて円満なる国民的常識を養成するに足るもの。（三）文学趣味に富みて心情を高雅ならしむるもの。等の三項を掲げてをる。これらの精神を最もよく生かすべく、鋭意教材の精選に当ってゐることはいふまでもない。

統一ある体系的排列　次に緊要なることは教材の排列方法である。この排列如何が、国語講読の教授の効果を決定するものであり、各教材が正しき位置を得てその教材的価値を十二分に発揮し得るか否かの岐れるところであるから、周到・細密な用意を以て臨まなければならない。「新制国語」は全巻の根本的指導精神を「国民精神の涵養」に置き、全巻を精神史的展開の体系下に彙類して、心理的・論理的に考量の上、各学年の中核的目標を考定し、

第一学年に於ては、主として風土・人物・行事の日本的態度と日本的性格を発見すること。

第二学年に於ては、国語及び国語的表現の性格構造の考察によって日本的特性を把握させること。

第三学年に於ては、主として賢哲の言行及び日本的生活に見られる日本精神の特質を知らしめること。

第四学年に於ては、わが国民文化の諸相を展開して、国民性情の基づく所を知らしめること。

第五学年に於ては、国文学の各分野を史的に展開し、国文学精神の進展を辿らしめること。

右の如く中心的態度を定め、これに向かって何等かの素材的連関を有たせてそれぞれの教材を配当排列し、以て五箇年間に国民精神生活の渾然たる内容を与へるやうに周密なる組織を立てたのである。個々の教材の位置を決定するに当っては、生徒心意の発達及び季節的推移に即応するは勿論、教材の前後脈絡を一層緊密にし、漢詩の起承転結の句法、連歌の附句的気味を応用して一巻の教材に巧なる変化と統一を附与したものである。猶、詩歌教材の選定・排列には独特なる工夫を用ひ、和歌・俳句は学年を追うて溯源的に進み、詩は口語自由詩型より文語・定型・古典的なものへと進め、特に和歌に於ては量と質とに於て文学教材の最も重要なる地位に据ゑることにした。これは、和歌のわが国文学史上に於ける地位と、心詞一体の最も渾然たる国語表現たる様式的特質を考へ、その国語教育的意義を考量する時、最も妥当なる態度であると思はれるからである。（同上資料、一〜二ぺ）

右の「教授要項」においては、初めに昭和一二年（一九三七）三月に改正された「中学校国語漢文教授要目」を引用しつつ、それをふまえ

て、「教授要目」の重点を三つにしぼり、附属中学校国語漢文科の教官として編修された「新制国語」（一〇巻）の編成上の留意点に言及されている。

さらに、中等国語読本における教材の選定・定位・組織・排列はいかにあるべきかが説かれている。改正された「教授要目」にもっとも忠実に、しかも細心の配慮をもって、みずから「新制国語」（一〇巻）の編修にあたられた意気ごみがうかがわれる。当時の附属中学校国語漢文科としては、みずから中学校国語教科書の編成の組織化の試みをなし、教育内容について、一つの見通しを持っていたのである。

さて、「教授要項」につづいては、「教授方針」について、つぎのように述べられていた。

二　教授方針

自立学習主義

自立学習といふことは言ひふるされた言葉であるが、現今でもなほ大部分が教師本位の教授で、注入教授であり、講演式の教授であり、感情の押売り的教授であり、更に辞書的解釈の教授であり勝ちである以上、新東亜建設時代の我が国教育方針としては、一層之を強調する要があると信ずる。

国語教授では近来自立学習などの語を用ひないで、いろいろ新しい表現を用ひて来たやうである。即ち「自己発見」「自己を読む」「自己投入」或は「読む・考へる・わかる」の読方教授などはそれであるが、何れも旧式の注入教授への警告である。以て文章其のものを通して自己を眺め育て養つて行かう、表面だけの解釈にとどまらないで、眼光紙背に徹するまで、よく考へて読まうといふ考へから出てゐるのである。

「教へる」のでなくて「自ら発見する」のであり度い。教師は其の発見の、或は発見の結果の指導と点検との役目に在るといふ立場でなくては、如何に多くのことを教へてもそれは消化しきれない。現今の中学校の教育は此の消化しきれない知識の堆積であつて、所謂「知育偏重」の弊を招致してゐると論じてゐる識者もあることは、吾々教育者の特に考へなくてはならぬ点であると思ふ。

自発的研究心は興味と相俟つて愈々助長される。注入されることは一面楽であるから都合がよいやうであるが、却つて興味の梏亡によつて、いたく其の科目を嫌忌するやうになるのである。苦しくとも、一つの発見は愉快なことである。発見後の愉快は興味となり、興味は自立的となるといふやうに、相助けて自己の知能を進めて行くことは言を俟たない事実である。かのダルトン案等を讃美し採用しようとした時代のあるのも、其の精神に於ては学ぶべき点があり、現今の教授法に対する救を発見せざるを得ない。

当校が開校以来此の主義の下に立つて、諸種の試みをなして来た、又将来共に此の主義の下に立たうとする所以のものは、一に此に存するので、十の不消化よりは一の消化、百の人のものよりは一の自己のものであらしめたいからである。

予　習　生徒の予習と称するものを観るに、最も多く行はれてゐる方法は、与へられた範囲の文の上に無方針に眼を伝はし、何等考へることなく、唯読みの出来ぬ語をノートに書出し、全部書出した後、書物を離れ、一括片端から辞書を引いて、辞書に在る通り記入して教場に出るか、或は又知らぬ語は勿論知つてゐる語でも之を入念に書くかで、さて問ひ質してみると、全く書物とは別物に取扱つてゐるといふやうなものである。実に無謀なことであり、時間的にも不経済な方法であり、興味のない方法である。

この弊をなくする為に、当校では単に教材の範囲を示すにとどまらず、予習の主眼点を指示し、其の指示を基礎として適当な予習を行ふやうにつとめてゐる。即ち単語を主とする場合もあれば、内容把捉を主とする場合もあり、批評鑑賞を主とする場合もあり、各々其の教材の有つ目的に従つて予習の要項を示すのである。

然して辞書を引き参考書を見るのは、先づ本文を再読して意味を考へた後、真に了解し難いもののみについてなすのであつて、一々知つてゐるものまでを書くが如き愚をなさしめないやうに注意し、ノートを検しつつ指導するのである。之れを実行すること暫くにして其の却つて時間的にも経済なることを悟り、興味あることをも知るに至るのである。

予習は家庭又は当校図書室に於て放課後行ふのを本体とするが、初学年に在つては時々授業時間中予習方法の指導をなす。

辞書参考書について。

辞書は入学当初から漢字の辞書、国語の辞書を持たせ、指示事項は勿論、予習に際しての疑問解決又は探究の為に使用せしめるのである。然しながらかやうに辞書を引くことに多くの時間と労力とを用ひることは余程困難性もあるのであるから、当校使用の教科書に対しては、当校に於て適当と思惟する生徒用ノートを作り、或は語句の辞書的解釈を附し、或は参考資料を附加しなどして、予習を最も有意義に行はせたいと思つてゐるし、上級学年に於ては、特に図書室に適当な参考書を備へ、それによつて予習を命ずることもあるのであるが、或方面からいへば苦しんでも何等かの方法で自ら解決するといふ学習態度を養成しなければ世に立つて役に立たないと思はれるから、指示された予習事項はノートに記入して教場に臨ませる。予習なくて教場に入る者には厳重なる訓誡を与へることにしてゐる。これは入学当初に特に厳重にせば、習ひ性となつて、上級に進んでも予習を怠ることがないのである。

読方及解釈　此に就いては要目の注意に「語句文章ト思想内容トヲ一体トシテ把捉セシメ適宜文章ノ妙味ヲ鑑賞セシムベシ」とあるのであるが、これは最も大切なことであつて、常に国語講読が、文全体としての生命を把握させる様に取扱ふやうにありたいのである。

精読主義　元来解釈といふ言葉は其の内容が漠としてゐる。是は在来解釈といへば、一通り文の辞書的通釈をなすことを意味してゐたからである。けれども要目なり施行規則の全体にあらはれてゐる思想によつて考へると、単なる語句的解釈といふ意味ではない。即ち語句の辞書的解釈以外に、内容の正確な把持は勿論、其の鑑賞批評まで含むものと考へられるのである。この点は高等学校高等科の要目では、明かに解釈鑑賞批評の三態度を取るやうに書かれてゐて、解釈と鑑賞批評とは区別されてゐるから議論はないのであるが、中学校ではそれがない為に誤解され易いが、決して所謂解釈にとどめてよいといふのではない。

要目の解釈の語の解し方は兎に角として、当校に於ては国語講読を単に一通りの辞書的通釈に終るとか、語句の解釈に終るとか、或は内容だけを教授するとかいふ終始一方にのみ偏した主義を取らないで、其の与へられた材料の性質によつて、或は形式を重く、或は内容を重く、或は形式内容共に重く（近来は形式内容の語をきらふが）或は鑑賞批評を重く、或はそれ等のすべてを含めるなどのやうに、其の主眼点を一つにしてゐないのであるが、何れの場合に於ても、一読して過去れば足るといふが如き態度に出でず、必ず其の課の有つ目的の貫徹に対して精細であり度いといふのである。若しそれを一読して過去り、一時間に二課三課と進み得るが如き教材は、講読としては避けなくてはならぬもので、かかるものによつて国語科を軽視するの風を生ずるのではないかと思ふ。我が校のとつてゐる精読主義といふのは、即ち以上の如きものをいふのである。

吾々は考へさせ、議論させて、其の文の有つ使命を全うさせなくてはならぬ。「自己を発見する」「自己を読む」「縦横深の三元」「読む・考へる・わかる」を主張する人々の精神をも汲入れることが必要であると信ずる。

読方尊重主義　文章の読方如何によつて予習の程度、其の文章に対する了解の程度を知りうる程、読方と了解翫味とは密接の関係があるものである。読方といつても散文と韻文とによつてちがひ、同じ散文なり韻文なりにしても、其の文の性質によつて自ら差がある。たとへば知的の文議論的の文と感情的感傷的の文、同じ韻文でも七五調五七調などの定型詩と他の自由詩と、口語の韻文と文語の韻文といつたやうに、其の詩文の有つ情趣によつて朗読諷誦の仕方に差異があるやうなものである。従つて常に此の方面に留意し、抑揚緩急、長短高低など文と朗読、韻文と諷誦の間に自然的な結合をなさしめる。かくて詩歌は勿論、流麗にして情趣を養ふに足る文は、暗誦させるやうに努めてゐる。

又読方は多く単に読みとして取扱はれ、生徒も読みと意味とを密接な関係に於て取扱つてゐない場合が多く、常に流暢に読まうとする結果、全体の意味の方は別物となつてゐるのである。故に常に意味の了解を以て読むやうに注意してゐるのである。

講読指導の一般的過程

一般的に国語科の指導過程は、ヘルバルト派の五段式教授法（予備・提示・比較・概括・応用）から幾変遷を経てきた。形式的なこの五段階をいかに巧妙に進行させるかが当時の教授法に於ける関心事であつて、教材の特質と、学習者の程度に応じて、いかに徹底せしむべきかは比較的に軽視せられた。更に教材の扱に於て、形式を主とするものと、内容を重んずるものとの対立・相剋を経て、やうやく「文自体」を目標とする生命主義、形象主義の方法に到達したのである。これは最近の言語哲学・解釈学等の理論的根拠に基づき、曽てのやうな、文字は文字、語釈は語釈、読みは読みとして孤立させた分節的教授法では、文の精神を理解し難いことを究明して来たものである。即ち、全体の把捉に努めつつ部分を照らし、難語句の解釈を文全体の理会の一環として定位させ、その一体の解決によつて、文の形象を明らかにしようと企図するのである。

又、講読作業に局限しても、教材として与へられたる一篇の作品に対し、単にその文意の理会把握といふことのみを以てしては、国語教育としての完き取扱を終了したものとは認めなくなつた。把握したる文そのものの内容的事象及び形式的表現の十二分なる体験化を図るために、今一層高次なる反省的吟味の行はれる必要があつて、これは、或は批評ともなり、創造化ともなり、応用練習ともなつて、所謂教授的徹底が考へられるに至つた。

かくて予習・復習作業に連る教室学習として、全指導体系を見通しての講読の指導過程は、大体左の如き法式による事が妥当と思はれる。これは、勿論一課一単元としての取扱に於ける模式的な取扱項目の編制に基づくものであつて、具体的な実践に於ては、更に教材の質・生徒の程度・時間配当を考量の上、適宜取捨按排し伸縮自在なる適用がなされるべきである。

一　予備的指導段階

既有知識との連絡、作者説明、出典解題等

二　中心的指導段階

第一次　直観的方法

(1)　概観的通読

生徒通読、誤読訂正、教師範読又は生徒個読、難語句の註解

(2)　全文的考察

全文の大意発表、表現の特質の注意

第二次　分析的方法

(1)　省察的精読

(2)　表現面の吟味

重要語句の解釈、文脈の解剖、文法的・修辞的吟味、通釈

(3)　文機構の精査

節意及び各節の関係の吟味、中心節及び中心語句の措定、想の展開の究明

第三次　綜合的方法

(1)　文意の深究

表現と作者の個性、文題と形象の理会、作品の思想批評（現代との関係）

(2)　統括的味読

三　発展的指導段階

題材の変容創作化、諳誦、書取、語法の研究及び練習

指導段階の目標　心詞一体の言語観に立ち、形象理会の過程に沿うて、文の全体的把握を目ざす模式的指導過程を考へれば、凡そ上記の如きものとなる。

即ち教室に於ける学習の指導を、その目標の据ゑ方によつて、予備的・中心的・発展的の三段階に分ち考へ、中心的指導段階を基準として、一はその補助、他はこれが強化の役割に於て位置させる。更にこの中心的段階は、指導のはたらき方に着目して、これを三次に組立て、各々直観的・分析的・綜合的方法の主に働く

層面を考定する。更にこれに、講読作業の基底を「読み」の推進に置き、各々概観的通読・省察的精読・統括的味読を配置し、各々の読みの深化を図るための諸作業を附随せしめる。何れも全指導体系の分節的定位に基づき、ここに一単元の指導過程として体系を形成するのである。そしてその全体系を統率してゆくものは、全文的把握を目ざす「読み」の深化推進である。そしてまた、直観による全体的情意的把握より出発して、途中、知的理会を参与させ、明化・意味化へと推し進めて完き理会への途を辿らしめようとするのである。

ここに中心的指導段階として措定した直観・分析・綜合の各段階は、或は「文意の直観・文意の自証・形象の直観」とし、また、「視る・考へる・分かる」や「通読・精読・味読」乃至「素読・解釈・批評」の段階とされたり、文に於ける「叙述層・示現層・象徴層」の理会を目標とするものとして措定されたりして、それぞれの立場から独特なる意味が附されてゐるが、いづれも、解釈学乃至は文学形象の説等から理論づけられてきたものである。

これを、更に中等教育の実際の立場に立つて具体的に考へて見ることにしたい。

一　予備的指導段階

この段階の目標は、あくまで次の段階の指導の補助的な立場にあつて、文の理会のために興味の喚起となり、理会の明化に側面から参与しようとするのである。「既有知識との連絡」の作業は、その教材の素材又は題材・様式等が既習の課に現れてゐるとか、他教科で修得したるものであつたり、其の他体験的事実を有つてゐたりする時に行はれる。「作者説明」に於ては特にその教材と聯関ある部分を強調して説明すべく、たとへば紀行・感想文等に於ては、それに関係ある経歴や生活・思想等の部面を主として述べ、創作等に於ては思想・作風に局限して説明する等、出来る限りその作品の理解に資する点だけに止める事が大切である。直接教材の理解に関係なき生歿年月・生地・官職等無用の点に亘つて一篇の伝記を述べるが如き態度は厳に戒められるべきである。これは、教授の進行中必要とする場合、其の場で説明する方が効果ある場合もあらう。現代文の或ものにありては、その作風の結晶点を文中につき検討させるやうにして、作者説明と、文の正面からの理会とを照応させる扱が必要である。出典としての引用書解題の呼吸もこれに同じである。

その他この段階に於ては、作品中割愛されたる部分の梗概を補説し、或は軍記物など、教材の背面にある事件、人物等を予め説明し置く方が理会を容易ならしめる場合が多い。

二　中心的指導段階

理会の中核を殆ど完成さすべく、指導体系の大部に亘り最も重要なる指導の段階である。

(直観の段階)　直接的に文面に当つて形象の理会を目ざす。「概観的通読」にありては、直読直解を目ざして全課的通読を行ふ。上級に到り余程読みの訓練を積み、且平易なる表現の文でない限り個人読を行はず、指名通読によるべきである。ここでは正確なる読みを目ざして誤読訂正も厳密に行ふを要する。誤読訂正の法としても、語の難易を考量して、読みの途中に　(一) 教師より訂正。　（二）同じく他生に発問して訂正。読了後　（三）教師より訂正。　（四）同じく他生の気附きしものの訂正。

（五）同じく特に板書して訂正。等の中適当なる方法により確実に行ふ。第一回の読みに於て看過する時は、他生の読みにも影響していつまでも誤読頻出し、後の諸作業の円滑なる進行を欠くことが多い。誤読は新出の漢語の読み以外に、上級に於ける古文等に於て、仮名文字の言語化の困難を示す場合多く、これによつてその読書力及び予習の程度を察知し得て、爾後の指導案の臨機的変更を示唆する事もある。尚漫然たる読みに陥らぬやう予め目標を与へて読ますをよしとする。「全文的考察」にありては、文意の概観的把握を目標とするもので、真の文意の理会はこの段階に於ては未だ困難の場合多く、学年と教材の程度に応じ、文の事象、叙述内容の把握等を以て、この段階としては満足されねばならぬ場合が多い。

（分析の段階）　国語指導としての所謂解釈の段階で、教室に於ける主要作業を形成する部分。「省察的精読」にありては全文を確実に言語化しつつ、意味と言葉との結ばれを解く気持で通読させる。これは省察に適する個読に依るのがよい。

「表現面の吟味」にありては、普通に謂はれる解釈の作業の主要部分が行はれる。重要語句の解釈とは、難語句の言換へ的説明を指すものではない。重要語句は、文とその指導の態度によつて定まり、芸術的文では感覚的表現たる形容詞・副詞・助詞・修飾句の類、思想的文では体言の類となることが多い。これらの語句が、全文と如何に相聯関して相互規定を行ふかの究明が真の解釈である。更に表現の解釈は、文脈の解剖、文法的・修辞的吟味の作業に於て一層強力に行はれる。しかも、これらの解釈の間に、第一次直観に基づく文の大意を補正しつつ、漸次に文の主意に凝集させてゆかねばならない。

「文機構の精査」にありては、更にこの解釈を内面化し、全体から部分へと推し進め、節意の連関によつて、中心節と中心語句へ迫つてゆき、中心語句から前後の節への関係を見、かくて「言葉の形」に於て展開してゐる想の流を見ることが出来る。然してこの段階は、多くの生徒との問答によつて進展せしめらるる傍ら、また十分に「静思」の時間を与へ、絶えず前後の黙読を反覆せしめることによつて理会の深化を図る指導が与へられねばならぬ。

（綜合の段階）　第二次に於て、著しく知的に隅々にまで分解したものを集合し、統一して、再び直観的に形象の把握に向かふ。「文意の深究」にありては、表現と作者の個性・思想との関係を見、文題の吟味によりて形象の理会を完成し、時代と作品との連関を討ねて作品の価値と意味とを考へる。更に「統括的味読」によつて、今までやや後退してゐた情意的なるものを惹起させて、形象の全き構成に到らせる。この味読は教材と学年とを考慮して、或は朗読を、また低唱微吟若しくは黙想的の静読個読の方法の中、いづれかを適用する。

三　発展的指導段階

前段階の指導効果を更に強力に伸展させんとして、主として応用的諸作業を行ふ段階とする。実際の取扱に於ては、多く家庭作業に委譲される範囲のものであるが、心詞一元の立場から、その陶冶と指導は忽にすべからざるものである。

以上の指導様式と諸作業は、更に大きな「自習・教室学習・練習」の連関に於て、それら自習・練習の進度にも対応し、十分に教材の特質にも法つて、それの取捨と排列が適切有効に工夫される事を要する。そして真に「国語の教育」であるために、すべての作業が、常に言葉自体、表現そのものに立戻つて実証されてゆき、かくて真実なる文生命の把握が、また当然その形象面たり肢体たる言語・文字の十全なる駆使体得をも伴なひ来つて、ここに「国語の教育」として始めて徹底と完成に到る所以が深く考へられねばならない。

文の類型と指導法

文は類型的見方に依つて観察する時、一層よくその特質を顕し、これが教材としての価値及び方法の拠点を与へ易い。一般的指導過程を実にするものは、終に個々の教材たる文ではあるが、類型的見方より得る特質に基づいて、指導方法の具体化も考へられる。文の類型は、いろいろな立場からなされようが、今は表現態度の上よりする知的文と情的文、純形式的な語学的な立場からの古文と現代文、更に文学様式上より見たる彙類、この三つの立場から方法の問題を考へて見たい。

一　知的文と情的文　　科学的文と芸術的文、合理的文と非合理的文などとも言はれる。これは素材的なものでなく、表現の態度様式上よりしたる分類である。

知的文は概念・思惟の表現であり、その文構造は科学的・論理的で、論旨一貫、整然たる秩序に立つ。言葉は抽象的・概念的なものが用ひられる。この種の文が教材として採用されるのは、多くその内容的知識にあるが、猶、思惟展開の型式の会得も逸すべきではない。この種の文の理会の困難は、多くの抽象的な叙述に起因するやうである。かかる障害は、出来るだけ具体的に砕き、事例や譬喩を用ひて説明すべきで、主として分析の作用に依り、文を分節し、大意・節意・主意等の吟味より、文の構成、想の展開を討ねさせるべきである。

情的文はこれに対し、具象的・渾一的な形態に向かつて特殊的・個性的な表現となり、感覚的な言葉によつて象徴的な匂を帯びるに至り、遂には内的な生命と響応して文章は自ら一種のリズムを漂はすものとなる。かかる特殊化へ向かふ文は、理会者の心境の不一致、趣味・性格の乖離、体験を欠くこと等が理会の障碍点となり勝であるから、これが指導に当つては、文の感覚表現を捉へ、想像・連想作用を働かして文の事象や情調の中に浸りきらせる用意が必要である。常に反覆読誦により語感やリズムに揺られ、表現の外の余韻を味はひとらんやうに努めねばならない。

二　古文と現代文　　これは全く形式上語学上よりの彙類に過ぎないが、中等教育の実際上よりしては便宜なる区別である。現代文とは時代的に曖昧なる言ひ方であるが、大体明治中期（二十年より三十年頃）以後のものを言ふやうである。かくても、この中には文語文も含まれ、形式的区別に於て猶不明確のやうであるが、文学上この頃より漸く近代的な人間性の自覚が深まり来つてゐると思はれるので、此のあたりに一線を劃するのである。

この古文と現代文の教材的価値を、それぞれ前代精神と現代精神の具現たる所に置くと意義が一層明瞭になる。古典教材は、わが伝統精神の迹を尋ね、民族文化の遺産を味はしめることによつて、国民としての強き生長力を涵養せんとするのであり、形式の難関を克服しつつ、祖先の精神と呼吸のさながらの具現としてその原形に接してゐるのであるが、この指導の実情は、難解な古語、煩瑣な故事熟語の解説に留つてゐるのが多い。教材の選定に於ても余りに国文学史的に傾き、専ら文章見本として羅列の嫌のあるものは如何であらう。真に祖先の生命の動きが見え、採つて以て明日の国民精神の鍛成に資する底の作品が配せられたい。ともあれ、実際の指導に於ては、猶「古き中に於て新しく、更に将来に生きる」ものの発見に努め、過去の思想をただ過去の思想として与へることに満足してゐてはならない。

現代文教材の意義は、飽くまで現代精神の理会にあり、現代生活の意義と価値を見出さしむるものでなくてはならぬ。下級にあつては、言葉そのものとしても語彙拡充のために広く多数作家の個性的表現の作品に触れる必要はある。学年に拘らず、現代文の教育は、語学的・文学的指導の二方面を負担してゐる。しかし雑纂の度を越えて、印象の稀薄な片々たる作品を一巻に三十余も盛るよりは、むしろ長篇の而も力ある小数の作品によつて編成された教科書の方が遙かに有効ではあるまいか。心詞一元の意味に於て、言葉そのものの修得も見逃さるべきものではないが、気魄乏しき文の言葉は、また力に欠くる所がある筈である。国民的自覚を強烈にし、深き人生の意義を示唆するやうな渾然たる作品を与へて、明日に生きる強く健かな魂を錬上げさせなくてはならない。

かくて国民形成のための国語教育が真実の力を発揮するに至ると思はれる。

しかも実践の面に於ては、猶現代文の取扱の困難な事が言はれてゐる。これは何に由るか。古文解釈の余弊たる知的方法が猶我々の方法観の根底に働いてゐるからではあるまいか。新しく「文思想の批判的方法」を導入して、現代文取扱の方向を今少し向け変へる時期に逼られてゐるやうに思ふ。しかも、これを曽ての文芸的鑑賞主義の陥つた穽に踏込む事から防ぐためには、教材と方法の上に十分の科学的観察が向けられることが必要である。

三　様式的彙類　一般方法の具体化を図るにはこの彙類に基づく方案が考察されねばならぬ。これもいろいろな立場によつて類別の基準が成立つであらうが、普通の国文学作品分類様式に従へば、物語・軍記・古文・小説・戯曲・随筆・謡物（神楽・催馬楽・朗詠・今様）・童話・童謡・民謡・謡曲・狂言・浄瑠璃・新体詩・和歌・連歌・狂句・俳句等の各類型に応じ、それに即したる講読指導の方法も考へられるわけであらう。

話　方　特に時間を設けてはないが、作文と国語の時間内に於て、適当に発表の機会を与へ、方言訛言アクセント思想傾向等に注意して、之を矯正することにつとめてゐる。質問応答の場合に於ても常にこの点に留意し、其の都度訂正する。かくて作文と相俟つて所謂思想表現の能を養ひ、知識を確実にすることにつとめ、出来るだけ多くの機会を捉へることにしてゐる。

書　取　読本中又は読本外の文や漢字の書取は、絶えず行つて、日常使用の文字の正確を期してゐる。世には漢字制限論と漢字廃止論とを混同し、又はこの両論から現在直ちに漢字を駆逐するかのやうに心得て、生徒にも其の主張を吹聴するが如きものもあるやに聞けど、実際生沽上に立つ生徒教養に於ては、かかる極端な実行をなさしめるべきものでなく、日常必要な漢字は之を出来る限り正しく書き正しく使用しうるやうにせねばならぬ。さなきだに現今の生徒の文には誤字が多いのであるから、一度之が練習を怠れば其の結果は想像するに難くない。勿論漢字は大部分最早優れた文字として取扱ふことは出来ぬ運命にあるのであるから、平易にて実用的のものを（常用漢字一八五八字）練習させるにとどめてゐる。

書取のノートは別に設けてゐない。そして此の書取の訂正は相互訂正、教師の訂正、板上共同訂正の場合等一定してゐない。

練　習　既習の事項を熟読玩味して、いつまでも其の要を把住してゐることが大切である。即ち長い間の学習によつて知らず識らずの中に、自己のものとなつて、他にその力を発現してゐるといふやうにあると共に、又中学校を卒業した後に於ても、かやうな文を習つたとか、かやうな種類の事を覚えたとかいふ事の大要だけ位は残るやうにあらせ度い。これには適当な教授と相俟ち適当な練習をさせるがよい。

授業の初めに前時間の事項について問ひ或は書かせ、或は家庭にて一つのまとまつたものとして書いて来させたり、其の応用としての作文をなさせたりする。

韻文格言などにて特に諷誦すべきものは暗誦させ、其の検討をも行ふ。

考　査　練習と連関して考査のことを述べる。考査には三方面の任務がある。一は既習事項の総括と確実な把握。一は能力検査。一は教師の教授の反省である。

元来国語漢文の講読の如きは、其の日其の日の事を正確に自立自学の方法によつて学習し、其の堆積と年齢上から来る思想の進展と相俟つて漸次完成されてゆくもので、一時的に単語を覚えたり、一時的に内容を詰込むことによつて目的が全部達成されるものではないのであるから、学期とか学年とかにまとめて之を考査せねばならぬといふわけではない。折に触れ時に随つて各方面の考査を行ひつつ、国語漢文教育の実績を挙げるやうにすればよい。

従つて当校では是非共学期末学年末に定期的に考査せねばならぬといふことなく、平常の授業中に於て僅少の時間を割きて之を行ひ、或は学期途中又は末に、既習課の中若干課を示して其の課に就いて行ひ、或は考査事項を指示して其に就いて行ふなど一定してゐないが、要は最初に述べた考査の三目的を達しうるやう、教師各自の方法に一任されてゐる。（同上資料、一二～二八ぺ）

右の「教授方針」は、もっとも力のはいっている部分である。全体を、つぎのように、

① 自立学習主義
② 予　習
③ 読方及解釈

④ 精読主義
⑤ 読方尊重主義
⑥ 講読指導の一般的過程
⑦ 指導段階の目標
一 予備的指導段階
二 中心的指導段階
三 発展的指導段階
⑧ 文の類型と指導法
一 知的文と情的文
二 古文と現代文
三 様式的彙類
⑨ 話　方
⑩ 書　取
⑪ 練　習
⑫ 考　査

一二にわけて、講読科教授の基本的な考え方ならびに実際的具体的な配慮が述べられている。附属中学校国語漢文科として、講読教授（読解・鑑賞・朗読）をどのように考えて実践しているかが、平明でていねいに説かれている。

教授方針の根幹には、自立学習主義が据えられ、さらに、精読主義・読方尊重主義が強調されている。〃自立学習主義〃については、「当校が開校以来此の主義の下に立つて、諸種の試みをなして来た、又将来共に此の主義の下に立たうとする所以のものは、一に此に存するので、十の不消化よりは一の消化、百の人のものよりは一の自己のものであらしめたいからである」（同上資料、一三ぺ）と述べられ、また、〃精読主義〃については、「当校に於ては国語講読を単に一通りの辞書的通釈に終るとか、語句の解釈に終るとか、或は内容だけを教授するとかといふ終始一方にのみ偏した主義を取らないで、其の与へられた材料の性質によって、或は形式を重く、或は内容を重く、或は形式内容共に重く（近来は形式内容の語をきらふが）或は鑑賞批評を重く、或はそれ等のすべてを含めるなどのやうに、其の主眼点を一つにしてゐないのであるが、何れの場合に於ても、一読して過去れば足るといふが如き態度に出です、必ず其の課の有つ目的の貫徹に対して精細であり度いといふのである」とも、「吾々は考へさせ、調べさせ、議論させて、其の文の有つ使命を全うさせなくてはならぬ。『自己を発見する』『自己を読む』『縦横深の三元』『読む・考へる・わかる』を主張する人々の精神をも汲入れることが必要であると信ずる」（同上資料、一六ぺ）とも、述べられている。これから推せば、当時の附属中学校の国語漢文科は、講読教授について、根本の態度・方針を確立しつつ、しかも柔軟な周到な心くばりをしていたとみられる。

つぎに、講読指導の一般的過程については、「心詞一体の言語観に立ち、形象理会の過程に沿うて、文の全体的把握を目ざす模式的指導過程」（同上資料、一九ぺ）として、「全体の把捉に努めつつ部分を照らし、難語句の解釈を文全体の理会の一環として定位させ、その一環の解決によつて、文の形象を明らかにしようと企図」（同上資料、一七ぺ）しつつ、つぎのように措定される。

一　予備的指導段階
既有知識との連絡、作者説明、出典解題等
二　中心的指導段階
第一次　直観的方法
(1)　概観的通読
生徒通読、誤読訂正、教師範読又は生徒個読、難語句の註解
(2)　全文的考察
全文の大意発表、表現の特質の注意
第二次　分析的方法
(1)　省察的精読
(2)　表現面の吟味
重要語句の解釈、文脈の解剖、文法的・修辞的吟味、通釈
(3)　文機構の精査
節意及び各節の関係の吟味、中心節及び中心語句の措定、想の展開の究明
第三次　綜合的方法
(1)　文意の深究
表現と作者の個性、文題と形象の理会、作品の思想批判（現代との関係）
(2)　統括的味読
三　発展的指導段階
題材の変容創作化、読誦、書取、語法の研究及び練習

（同上資料、一八～一九ぺ）

もちろん、この一般的指導過程は、基本過程であって、「具体的な実践に於ては、更に教材の質、生徒の程度・時間配当を考量の上、適宜取捨按排し伸縮自在なる適用がなされるべきである。」（同上資料、一八ぺ）とされている。

右の指導過程においては、当然、二　中心的指導段階における、第一次　直観的方法、第二次　分析的方法、第三次、綜合的方法が中心を占める。この点については、「ここに中心的指導段階として措定した直観・分析・綜合の各段階は、或は『文意の直観・文意の自証・形象の直観』とし、また、『視る・考へる・分かる』や『通読・精読・味読』乃至『素読・解釈・批評』の段階とされたり、文に於ける『叙述層・示現層・象徴層』の理会を目標とするものとして措定されたりして、それぞれの立場から独特なる意味が附されてゐるが、いづれも、解釈学乃至は文学形象の説等から理論づけられてきたものである。」（同上資料、二〇ぺ）と述べられている。すなわち、垣内松三・勝部謙造・石山脩平・西尾実の諸氏の形象理論・解釈理論にもあたって、中等教育の実際のうえから、右のような講読指導過程が樹立されたとみられるのである。

中等教育における実際の立場に立って、各段階での取り扱い、方法上の留意点は、精細に述べられ、適切である。その点からは、まぎれもなく、昭和一〇年代における典型的な講読指導過程であるといえよう。昭和一〇年（一九三五）前後のわが国語教育界で主流をなしていた、形象理論・解釈理論に立つ国語教育として、右のような入念

周到な、そしてきめのこまかい、講読教授基本過程が、生み出されたとみられる。

講読指導過程のありかたについては、さらにまた、つぎのようにも述べられている。

「講読作業に局限しても、教材として与へられたる一篇の作品に対し、単にその文意の理会把握といふことのみを以てしては、国語教育としての完き取扱を終了したものとは認めなくなった。把握したる文そのものの内容的事象及び形式的表現の十二分なる体験化を図るために、今一層高次なる反省的吟味の行なわれる必要があって、これは、或は批評ともなり、創作化ともなり、応用練習ともなって、所謂教授的徹底が考えられるに至った。」(同上資料、一七ぺ)

「以上の指導様式と諸作業は、更に大きな『自習・教室学習・練習』の聯関に於て、それら自習・練習の進度にも対応し、十分に教材の特質にも法つて、それの取捨と排列が適切有効に工夫れさる事を要する。そして真に『国語の教育』であるために、すべての作業が、常に言葉自体、表現そのものに立戻つて実証されてゆき、かくて真実なる文生命の把握が、また当然その形象面たり肢体たる言語・文学の十全なる駆使体得をも伴なひ来つて、ここに『国語の教育』として始めて徹底と完成に到る所以が深く考へられねばならない。」(同上資料、二三ぺ)

これらをみても、単なる「指導過程」のための「指導過程」を整備するというのではなく、国語教育のありかた、指導過程のありかたを的確に把握して、そこから講読指導過程が導かれているのである。

なお、文章の類型(形態)とそれに応ずる指導方法についても、「話方」・「書取」・「練習」・「考査」などについても、それぞれ簡明に指導上の要点が述べられている。

このようにみてくると、昭和一七年(一九四二)六月に、わたくしどもが受けた教育実習において、ねんごろな指導をしていただいた附属中学校国語科の先生方は、一応右のような講読教授観ないし方法をふまえていられたわけである。個人差はあるにしても、講読指導については、戦前における一つの到達点に達していたと認められるのである。

ただ、わたくしは、「教育実習」において講読指導過程についてこまかくかつ大きく見すえることができなかった。こうした「資料」に接しつつ、なおそこからの自主的摂取はじゅうぶんでなかった。(もっと言えば、当時のわたくしの国語教育力ないし国語教育学的思考では、ここに述べられている高い水準の原理と方法を、その高さにおいて理解することができなかったのである。)

ついで、三　学習要具、四　当校国語漢文科課程、五　当校国語漢文科時間配当表、六　教材一覧については、左のようにまとめられていた。

三　学習要具

正読本と副読本

正読本副読本と称する語に二様の解釈がある。即ち正読本は精読用、副読本は多読用とすると、他は正読本は各種の文章による教育、副読本は或種の書又は抄本によつてまとまつた思想傾向による知徳教養とするものとである。文部省は現今後者の考によつてゐるやうに思はれる。かの雑纂の副読本の編纂を許してゐない点は明らかに之を語つてゐるのである。吾々も大体に於て此の説に賛成であるが、ただ同一種の文の抄本と限らずに、適切なる古文ならば、若干篇宛を採つて、一冊に編纂した形のものが、教授上飽きを生じなくて効果が多いかと思ってゐる。当校では副読本使用の時間の余裕を有たないのが普通で、多くは用ひてゐないが、用ひる場合は左の鈔本を標準とすることにしてゐる。

第二学年　藩翰譜　常山紀談　東西遊記等
第三学年　保元平治平家物語　太平記　方丈記等
第四学年　徒然草　擬古文等
第五学年　上古・中古文の平易なもの

筆記帳

筆記帳は大体当校で作製の形式のもの、即ち三段に分け、最後の段を白のままにしたものを持たせてゐる。何れにしても常に其の記載には指導を怠らず、予習の欄、教室にて記入すべき欄、応用練習書取の欄など整理させ復習に便なるやうに工夫させてゐる。

筆記帳は各学期一二回宛検閲し学習態度の参考にしてゐる。

国語漢文学習便覧

国語漢文全体に通じて、教科書に出て来る事項で、必要と認める次の項目の如きものを一括して、学習便覧といふ小冊子にし、常に持参せしめてゐる。

装束、甲冑弓矢調度、車、雑具、日本特に東海・東北・京都・奈良附近・近畿地方・支那等の地図、宮殿・家屋・門・垣・鳥居の類、官位表、文法要領、常用漢字、略字表、聖帝表、年号索引、支那国号、文化史年表。

辞　書

国語方面としては辞苑、漢字方面としては新修漢和大辞典等。

参考書

図書室は校友会所属で、単に国語漢文科のもののみを集めてゐるのではないが、国語漢文科の参考とすべき諸方面のものをつとめて購入し、学習上の便宜に資することを怠つてゐない。図書室の文学に関係したのは小説・韻文・雑に分けてゐる。教室で説明する国語漢文方面の書物は出来るだけ全本で備へるやうに努めてゐる。

四　当校国語漢文科課程

学年＼学科目	国語漢文	
第一学年	現代文、平易ナル近世文ノ講読 漢文ノ初歩 作文 口語文法 習字	七
第二学年	前学年ニ準ジ稍進ミタルモノ及ビ漢文ノ講読 作文 習字	六
第三学年	現代、近世ノ国文、平易ナル近古ノ国文、漢文ノ講読 作文 文法	六

種別	学年＼学科目	国語漢文	
第一種課程	第四学年	現代近世近古ノ国文 平易ナル中古ノ国文 漢文ノ講読 作文	六
	第五学年	現代近世近古ノ国文 平易ナル中古上古ノ国文、漢文ノ講読 作文 国文学ノ史的発展	六
第二種課程	第四学年	現代近世近古ノ国文 平易ナル中古ノ国文 漢文ノ講読 作文	五
	第五学年	現代近世近古ノ国文 平易ナル中古上古ノ国文、漢文ノ講読 作文 国文学ノ史的発展	五

五　当校国語漢文科時間配当表

学年		分科	国語講読	漢文初歩	漢文講読	作文	文法	習字	国語概説	計
第一学年		中学校令	四			一	一	一		七
		当校	三	一		一	一	一		七
第二学年		中学校令	三		二	〇、五		〇、五		六
		当校	三		二	〇、五		〇、五		六
第三学年		中学校令	三		二		一			六
		当校	二、五		二	〇、五	一			六
第四学年	第一種	中学校令	二		二					四(1.3)
		当校	三、五		二	〇、五				六
	第二種	中学校令	二		二					四(1.3)
		当校	二、五		二	〇、五				五
第五学年	第一種	中学校令	二		二					四(1.3)
		当校	三		二	〇、五			〇、五	六
	第二種	中学校令	二		二					四(1.3)
		当校	二		二	〇、五			〇、五	五

〔備考〕　当校は中学校令施行規則中の甲号表により第四学年より第一種第二種に分つ。第四・第五学年の中学校令の欄の計の四の下の(1.3)は増課教材に対する時間数である。

六 教材一覧

第一学年

当校国語漢文研究会編
修文館発行
新制国語

巻	課	題目	文体	作者又ハ書名
一	一	爽やかな心	口	河野省三
	二	明治天皇御製	和歌	
	三	国花	口	芳賀矢一
	四	曙の富士	口	小泉八雲
	五	美しい日本	詩	山村暮鳥
	六	峠の茶屋	口	夏目漱石
	七	菖蒲の節句	口	島崎藤村
	八	障子の趣味	口	鶴見祐輔
	九	東郷大将	文	赤堀又次郎
	一〇	杉浦重剛翁	口	小笠原長生
	一一	「神風」号に乗つて	口	飯沼正明
	一二	空の戦	口	(戦乱の翼)
	一三	偉才野口英世	口	奥村鶴吉
	一四	藤樹先生	文	橘南谿
	一五	満蒙の四季	口	上田恭輔
	一六	私の村	詩	川路柳虹
	一七	八月の故郷	口	吉田絃二郎
	一八	キャンプ	口	深田久弥
	一九	爽涼	文	徳富蘆花
	二〇	ポチ	口	二葉亭四迷
	二一	第一義	口	村井知至
	二二	北白川の月影	文	西村天囚
	二三	今上天皇の御幼時	口	石井国次
	二四	科学的日本魂	口	吉村冬彦

巻	課	題目	文体	作者又ハ書名
二	一	大和言葉	口	五十嵐力
	二	君恩	口	石黒忠悳
	三	日章旗	詩	中西悟堂
	四	オリンピック	口	山川建
	五	良夜	文	徳富蘆花
	六	収穫	口	島崎藤村
	七	土	口	三浦修吾
	八	熊王の発心	文	大町桂月
	九	昼の月	俳句	小林一茶
	一〇	親知らず	文	橘南谿
	一一	縁起	口	関根正直
	一二	初日の出	口	国木田独歩
	一三	雪のわかれ	文	村井弦斎
	一四	知行合一	口	南条文雄
	一五	人間エジソン	口	沢田謙
	一六	スキー	口	浦松佐美太郎
	一七	春動く	口	北原白秋
	一八	ふるさと	和歌	石川啄木 北原白秋
	一九	我が幼時	文	新井白石
	二〇	伸びて行く力	口	小林一郎
	二一	土の歓喜	詩	河井酔茗
	二二	鎌倉一見の記	文	正岡子規
	二三	人に存す	口	桜井忠温
	二四	三都物語	口	鶴見祐輔
	二五	国史に還れ	口	徳富蘇峰

第二学年

巻三

課	題目	文体	作者又ハ書名
一	言葉と心	口	金田一京助
二	文章の道	口	島崎藤村
三	千里の春	文	大和田建樹
四	勿来関	文	熊田葦城
五	お遍路さん	口	荻原井泉水
六	大地に立つ	詩	福田正夫
七	新緑の野	口	安倍能成
八	惜陰	文	貝原益軒
九	日本海海戦	文	戦闘詳報
一〇	町人論吉	口	太田正孝
一一	人物となる工夫	文	大町桂月
一二	心の眼	口	北原白秋
一三	雨の趣味	口	黒田鵬心
一四	泉の水	和歌	窪田空穂 若山牧水
一五	上高地	口	田部重治
一六	皇室と国民	口	芳賀矢一
一七	聖土	詩	西条八十
一八	松樹と日本	口	野口米次郎
一九	芥川久米両氏に贈る	口	夏目漱石
二〇	板倉父子	文	新井白石
二一	恩讐の彼方へ	口	菊池寛
二二	スポーツ道	口	東龍太郎
二三	豊臣太閤の文事	文	三上参次
二四	文字	口	佐々政一
二五	自国語	文	上田萬年

巻四

課	題目	文体	作者又ハ書名
一	学者の苦心	口	芳賀矢一
二	郷里の言葉	口	窪田空穂
三	古名将の嗜	文	湯浅常山
四	白露	和歌	正岡子規 伊藤左千夫
五	聖徳太子	口	高嶋米峰
六	満洲の黎明	口	高松洋右
七	揚子江の秋	口	南部修太郎
八	武蔵野	口	国木田独歩
九	吾が家の富	文	徳富蘆花
一〇	乃木将軍	詩	森鷗外
一一	冬ごもり	口	相馬御風
一二	新年歌御会始	文	金子元臣
一三	勅題和歌「田家雪」	和歌	官報
一四	日本趣味	口	佐々政一
一五	俳句に就いて	口	高浜虚子
一六	城跡	俳句	正岡子規
一七	尊徳先生の幼時	文	富田高慶
一八	天理人道	文	二宮翁夜話
一九	太陽の子	詩	正富汪洋
二〇	弓矢の道	文	新井白石
二一	死して惜しまるゝ人となれ	文	嘉納治五郎
二二	湖畔の少年	口	前田夕暮
二三	今	口	市島春城
二四	蘭学事始	文	杉田玄白
二五	国語の愛護	口	五十嵐力

第三学年

巻 五

課	題目	文体	作者又ハ書名
一	道	口	芳賀矢一
二	大事を思ひ立たん人	文	吉田兼好
三	吉野の奥	口	吉田絃二郎
四	村上義光	文	太平記
五	正行の参内	文	太平記
六	武士道の精神	口	清原貞雄
七	麦	詩	千家元麿
八	保津川下り	口	夏目漱石
九	非凡なる凡人	口	国木田独歩
一〇	鎮西八郎為朝	文	保元物語
一一	男性美	文	笹川臨風
一二	傷をなめる獅子	詩	高村光太郎
一三	登山の意義	口	田部重治
一四	峠	口	大島亮吉
一五	郊外閑居	文	大町桂月
一六	雑木の若葉	和歌	木下利玄 古泉千樫
一七	海洋趣味	文	幸田露伴
一八	太平洋時代	口	鶴見祐輔
一九	元寇	文	三宅雪嶺
二〇	防人の歌	口	金子薫園
二一	人臣の道	文	北畠親房
二二	乃木大将の殉死	文	徳富蘇峰

巻 六

課	題目	文体	作者又ハ書名
一	日本の発見	口	鶴見祐輔
二	折節の移り変り	文	吉田兼好
三	野分	俳句	谷口蕪村
四	霊光	文	徳富蘆花
五	扇の的	文	平家物語
六	故郷の花	文	平家物語
七	夕、焼空	和歌	島木赤彦 斎藤茂吉
八	夜叉王	戯曲	岡本綺堂
九	嵐のもみぢ葉	口	堀江秀雄
一〇	象山と松陰	文	徳富蘇峰
一一	妹に与ふ	文	吉田松陰
一二	富士山頂の新年	口	菅原芳生
一三	建国	歌詩	北原白秋
一四	樹の根	口	和辻哲郎
一五	或日の大石蔵之助	口	芥川竜之介
一六	敬天愛人	文	西郷隆盛
一七	西郷隆盛に与ふ	文	山県有朋
一八	丈夫の襟度	文	大町桂月
一九	高潮	詩	蒲原有明
二〇	本居翁の遺蹟	口	芳賀矢一
二一	うひ山ふみ	文	本居宣長
二二	国文学と日本精神	口	久松潜一

第四学年

巻	課	題目	文体	作者又ハ書名
七	一	奈良の春	口	笹川臨風
	二	東洋の詩境	口	夏目漱石
	三	晩春の別離	詩	島崎藤村
	四	正風興隆	口	荻原井泉水
	五	山路	俳句	松尾芭蕉
	六	奥の細道	文	松尾芭蕉
	七	重盛の教訓	文	平家物語
	八	平家雑感	文	高山樗牛
	九	愚禿親鸞	口	西田幾多郎
	一〇	勧学の辞	口	得能文
	一一	世に語り伝ふること	文	吉田兼好
	一二	森の木した	和歌	良寛 橘曙覧
	一三	落花の雪	文	太平記
	一四	雅文四篇	文	
		芳宜園の月のまとゐ		村田春海
		砧を聞く		清水浜臣
		夜学		中島広足
		ゆふべやまさりたらむ		石原正明
	一五	神秘の日本	口	野口米次郎
	一六	塔影	詩	河井酔茗
	一七	忠直卿行状記	口	菊池寛
	一八	乙若	文	保元物語
	一九	俚諺論	文	大西祝
	二〇	我が国の神話	口	松村武雄
八	一	東西自然詩観	口	厨川白村
	二	月雪花	文	芳賀矢一
	三	家居	文	吉田兼好
	四	戯作三昧	口	芥川竜之介
	五	博雅の三位	文	今昔物語
	六	出盧	詩	土井晩翠
	七	熊野落	文	太平記
	八	光頼卿の参内	文	平治物語
	九	歌人西行	文	藤岡作太郎
	一〇	鴫立つ沢	和歌	西行 源実朝
	一一	川柳点	文	金子元臣
	一二	鉢の木	謡曲	観世流謡本
	一三	末ひろがり	狂言	狂言記
	一四	日本絵画の特性	口	和辻哲郎
	一五	日本の文化	口	笹川臨風
	一六	日蓮上人	文	高山樗牛
	一七	自発の工夫	文	徳富蘇峰
	一八	新なる説	文	本居宣長
	一九	国民の抱負	文	大西祝

第五学年

巻	課	題目	文体	作者又ハ書名
九	一	文学と人生	口	藤井健治郎
	二	我が国民性	口	国体の本義
	三	神武天皇の御東遷	文	古事記
	四	近江の荒都	和歌	萬葉集
	五	情趣文学	文	藤岡作太郎
	六	かぐや姫	文	竹取物語
	七	小野の深雪	文	伊勢物語
	八	舟路	文	紀貫之
	九	国文学と和歌	口	芳賀矢一
	一〇	春日野	和歌	古今和歌集
	一一	須磨の秋風	文	紫式部
	一二	春は曙	文	清少納言
	一三	菅公の左遷	文	大鏡
	一四	法成寺の造営	文	栄華物語
	一五	比良の山風	和歌	新古今和歌集
	一六	小原御幸	文	平家物語
	一七	新島守	文	増鏡
	一八	文学道の建設	口	久松潜一

巻	課	題目	文体	作者又ハ書名
十	一	読書の意義	口	阿部次郎
	二	日野の閑居	文	鴨長明
	三	羽衣	謡曲	観世流謡本
	四	文芸復興	口	久松潜一
	五	百蟲譜	文	横井也有
	六	銀徳	文	井原西鶴
	七	寺小屋	浄瑠璃	竹田出雲
	八	千里が竹	浄瑠璃	近松門左衛門
	九	芳流閣	文	滝沢馬琴
	一〇	直毘霊	文	本居宣長
	一一	文芸の進化	口	厨川白村
	一二	一分	文	幸田露伴
	一三	高瀬舟	口	森鴎外
	一四	夜明け前	口	島崎藤村
	一五	世界の四聖	文	高山樗牛

（同上資料、二八～三六ペ）

右のうち、「学習要具」においては、①「正読本と副読本」、②「筆記帳」③「国語漢文学習便覧」④「辞書」⑤「参考書」などについて、要をえた説明がなされている。

なお、「教材一覧」は、各学年別に掲げられているが、これらの教材選定と排列とについては、学年ごとに、つぎのような方針によってなされた。

「『新制国語』は全巻の根本的指導精神を『国民精神の涵養』に置き、全巻を精神史的展開の体系下に彙類して、心理的・論理的に考量の上、各学年の中核的目標を考定し、

第一学年に於ては、主として風土・人物・行事の日本的性格を発見すること。

第二学年に於ては、国語及び国語的表現の性格構造の考察によって日本的特性を把握させること。

第三学年に於ては、主として賢哲の言行及び日本的生活に見られる日本精神の特質を知らしめること。

第四学年に於ては、わが国民文化の諸相を展開して、国民性情の基づく所を知らしめること。

第五学年に於ては、国文学の各分野を史的に展開し、国文学精神の進展を辿らしめること。

右の如く中心的態度を定め、これに向かって何等かの素材的聯関を有たせてそれぞれの教材を配当排列し、以て五箇年間の国民精神生活の渾然たる内容を与へるやうに周密なる組織を立てたのである。」(同上資料、一一ぺ)

雑纂形態の教科書（読本）ではあっても、統一のある体系的排列が企画されており、当時の国語読本における特質・性格が右の中核的目標によくうかがわれる。教材排列については、さらに、つぎのようにも述べられている。

「個々の位置を決定するに当っては、生徒心意の発達及び季節推移に即応するは勿論、教材の前後脈絡を一層緊密にし、漢詩の起承転結の句法、連歌の附句的気味を応用して一巻の教材に巧なる変化と統一とを附与したものである。猶、詩歌教材の選定・排列には独特なる工夫を用い、和歌・俳句は学年を追うて溯源的に進み、詩は口語自由詩型より文語・定型・古典的なものへと進め、特に和歌に於ては量と質とに於て文学教材の最も重要なる地位に据ゑることにした。これは、和歌のわが国文学史上に於ける地位と、心詞一体の最も渾然たる国語表現たる様式的特質を考へ、その国語教育的意義を考量する時、最も妥当なる態度であると思はれるからである。」

(同上資料、一一～一二ぺ)

これらによって、教材の編成・排列・組織については、独自の、そしてかなりに普遍的な方針にもとづく操作のなされていることに気づくのである。

つづいて、「資料」では、「教授細目」が掲げられていた。

II 教授細目

第一学年　（教科書）　当校国語漢文研究会編　修文館発行　新制国語　一・二

第一学期（毎週三時間）

（備考欄ニハ主トシテ連絡スベキ課ヲ示ス、ソノ中「小学」トアルハ小学国語読本尋常科用ノコト）

週	題目	時数	教授要項	備考
1	（巻一）一　爽やかな心	二	日本精神の真髄としての「爽やかな心」の諸相とその意義	本巻の二・三・四・五、二四「科学的日本魂」巻二の二五「国史に還れ」
	二　明治天皇御製	一	明治天皇の御製を拝誦し、天皇の御聖徳を偲び奉る	本巻の一・三・四・五、二三「今上天皇の御幼時」巻二の二「君恩」小学巻一二の「玉のひびき」
2	同前	一		
	三　国花	二	国民性の象徴たる桜花の美趣	本巻の一・二・四・五、巻三の一八「松樹と日本」巻八の二「月雲花」小学巻一一の一「吉野山」同一二の二七「山ざくら花」
3	四　曙の富士	一	高雅にして崇高な富士の麗姿とそれによって喚びさまされた祖国愛	本巻の一・二・三・五、巻六の一「日本の発見」
	五　美しい日本（詩）	二	美しい国日本の讃美と祖国愛の涵養口語自由詩鑑賞	本巻の一・二・三・四、巻二の三「日章旗」巻三の一七「聖土」巻六の一「日本の発見」
4	六　峠の茶屋	三	高雅でをかしみのある俳諧的な自然と生活の観照 非人情の感得	本巻の二〇「ポチ」巻七の二「東洋の詩境」
5	七　菖蒲の節句	二	男の児のための菖蒲の節句の持つ日本的情調と、その追懐によって、民族的風習の真意義の感得	次課 小学五の六「鯉ノボリ」
	八　障子の趣味	一	日本的生活様式の伝統美とその保持	前課　巻四の一四「日本趣味」巻八の一「東西自然詩観」

6	同前 九　東郷大将	一	二	我が国が産んだ最も偉大なる歴史的人物としての東郷元帥の日本海海戦に於ける偉勲とその忠勇沈毅なる精神の讃仰	次課、巻三の九「日本海海戦」小学巻六の二五「東郷元帥」同一一の一〇「日本海海戦」
7	一〇　杉浦重剛翁 一一　「神風」号に乗って	二	一	杉浦重剛翁の終始一貫の誠実と日本臣民としての自覚反省 科学的日本の世界雄飛と空から見た印度	前課　本巻の二三「今上天皇の御幼時」巻二の二「君恩」巻五の二一「人臣の道」 次課　本巻の二四「科学的日本魂」小学巻九の三「飛行機の発明」同二五「空の旅」
8	同前 一二　空の戦	一	二	空中戦の壮烈さ	前課 小学巻一一の二七「空中戦」
9	同前 一三　偉才野口英世	一	二	世界的大科学者、人類の大恩人としての野口博士の少年時代に於ける艱苦と立志	本巻の二四「科学的日本魂」巻二の一九「我が幼時」
10	同前 一四　藤樹先生	二	一	藤樹先生の徳沢　近世文の読解	巻二の一三「雪のわかれ」
11	同前 一五　満蒙の四季	二	一	満蒙の風土、国民の大陸への発展を促進する	巻四の六「満州の黎明」 小学巻一〇の二六「『アジア』に乗りて」
12	同前 一六　私の村(詩)	二	一	故郷に対する愛着と田舎の自然の純朴さ、郷土愛　口語自由詩鑑賞	本巻の五「美しい日本」 次課

週	題目	時数	教授要項	備考
13	一七 八月の故郷	一	夏休に於ける一家団楽の楽しみ	前課 巻五の一五「郊外閑居」巻二の一六「スキー」巻三の一五「上高地」巻五の一三「登山の意義」巻五の一四「峠」
	一八 キャンプ	二	夏季に於けるキャンプ生活の楽しさ	

第二学期（毎週三時間）

週	題目	時数	教授要項	備考
1	一九 爽涼	一	夏から秋へかけての自然美の観照、簡潔な文語の日記の味読	
	二〇 ポチ	二	動物愛を通して現れた少年期の追憶、軽妙な棄狗の客観描写の味読	本巻の六「峠の茶屋」
2	同前	一		
	二一 第一義	一	黄檗山の門頭に掲げられた扁額の由来、「第一義」の意味の会得	小学巻一一ノ二六「鉄眼の一切経」巻二の二「君恩」
	二二 北白川の月影	一	武将の鑑としての北白川宮殿下の御高徳	
3	同前	二		
	二三 今上天皇の御幼時	一	今上陛下の御幼時に於ける御盛徳の讃仰	本巻の一〇「杉浦重剛翁」
4	同前	二		
	二四 科学的日本魂	一	陸地測量部の苦心、科学的日本魂の真髄及び科学日本の発展の自覚	本巻の「爽やかな心」一一「神風」号に乗って一三「偉才野口英世」巻二の二三「人に存す」巻六の一二「富士山頂の新年」
5	同前	三		

6	（巻二）一　大和言葉	二	「牛を追ふ」といふ平凡な一語に含まれた不動の真理、祖先の幾百年の経験の結晶たる大和言葉の味の感得、国語の愛護	巻三の二五「自国語」巻四の二「郷里の言葉」二五「国語の愛護」小学巻九の二八「国語の力」
	二　君恩	一	明治天皇の御聖恩と山県俊信少佐の感激、梅酢の日の丸の旗	次課　巻一の二「明治天皇御製」二三「北白川の月影」巻三の一六「皇室と国民」
7	同　前	一		
	三　日章旗（詩）	二	秋日の朝の町に飜る日章旗、純潔・明朗・博大・光明の象徴たる日章旗、国旗の愛護と愛国心の涵養口語自由詩鑑賞	前課　巻一の五「美しい日本」巻四の一九「太陽の子」
8	四　オリンピック	二	古代オリンピックと現代オリンピック、オリンピック競技の変遷及び其の真精神	巻三の二二「スポーツ道」
	五　良夜	一	陰暦七月十五夜の明月、月光と樹影と黒白斑々たる美景、自然描写の文語文の味読・鑑賞	
9	同　前	一		
	六　収穫	二	収穫に従事する人達の忙しさ写生文の妙味	次課
10	同　前	一		
	七　土	二	「死んだら土になるのだ」の一語に鳴り響く百姓爺さんの信念と希望と安心と感謝報恩の念	前課　本巻の二一「土の歓喜」
11	同　前	一		
	八　熊王の発心	二	熊王の復讐の決心と恩讐の絆に挾まれた苦悶・発心・明君正儀	巻三の二「恩讐の彼方へ」巻五の六「武士道の精神」

週	題目	時数	教授要項	備考
12	同前 九 昼の月（俳句）	二 一	一茶の俳句鑑賞	巻四の一五「俳句に就いて」一六「城跡」巻六の三「野分」巻七の四「正風興隆」巻七の五「山路」小学巻九の一一「雀の子」
13	同前 一〇 親知らず	一 二	近世の紀行文の鑑賞、文語文の習得	巻一の一四「藤樹先生」 本巻の一九「我が幼時」
14	一一 縁起	三	縁起の意味とその例	巻一の七「菖蒲の節句」 本巻の一「大和言葉」

第三学期（毎週三時間）

週	題目	時数	教授要項	備考
1	一二 初日の出	三	青年をして常に日の出の盛な美しい姿の如く希望を以って進ましめる	本巻の二〇「伸びて行く力」
2	一三 雪のわかれ	三	近江聖人の幼時、命がけな藤太郎の孝心と徹した母の慈愛、劇的文章の味読	巻一の一四「藤樹先生」 次課
3	同前 一四 知行合一	二 一	法海老師の訓誡と雲華上人の友情とを虚心に受入れた山陽の帰省、知行合一の意味	前課
4	一五 人間エジソン	三	エジソンをして発明王たらしめた人間性の偉大さ、人物評伝	巻一の一三「偉才野口英世」

第一学期（毎週三時間）

第二学年（教科書）当校国語漢文研究会編 修文館発行 新制国語 三・四

5	一六 スキー	三	スキーの運動美と雪の魅惑	巻一の一八「キャンプ」小学巻八の一六「スキー」
6	一七 春動く	一	春の黎明を待つ詩情と閑寂	本巻の二一「土の歓喜」巻三の一四「泉の水」巻四の四「白露」巻五の一六「雑木の若葉」巻六の七「夕焼空」
	一八 ふるさと（和歌）	一	和歌の鑑賞	
	一九 我が幼時	一	白石の幼時に於ける勉学の追懐 近世文の習得	巻一の三「偉才野口英世」巻四の一七「尊徳先生の幼時」
7	同前	二		
	二〇 伸びて行く力	一	「伸びて行く力」の働き	本巻の一二「初日の出」
8	二一 土の歓喜（詩）	一	冬の圧制と脅威に忍苦を続けて来た大地が春を迎へた喜び 口語自由詩鑑賞	本巻の七「土」巻三の六「大地に立つ」巻四の一九「太陽の子」巻五の七「麦」巻五の一二「傷をなめる獅子」小学巻八の二五「早春」
	二二 鎌倉一見の記	二	俳味ある紀行文の鑑賞	本巻の九「昼の月」巻四の一六「城跡」小学巻一二の七「鎌倉」
9	二三 人に存す	一	支那事変に発揮された日本魂	巻一の二四「科学的日本魂」
	二四 三都物語	二	三大都を通じて表れた英・仏・米三国の国民性の相異	次課 巻一の二四「科学的日本魂」小学巻一二の一八「欧州めぐり」
10	同前	一		
	二五 国史に還れ	二	国史の宝蔵に潜在せる真の「日本」の自得、国民的自覚の喚起	前課巻一三の「爽やかな心」巻六の一「建国歌」

週	題目	時数	教授要項	備考
1	(巻三) 一 言葉と心 二 文章の道	二 一	言葉の価値、言語研究の努力 文章作法観	巻四の一「学者の苦心」二四「蘭学事始」
2	同前 三 千里の春	一 二	東海道沿線の春望と京都の春色美文形態	
3	同前 四 勿来関 五 お遍路さん	一 一 一	勿来関に於ける義家の風流 遍路の意義、人生と遍路との関係	巻四の三「古名将の嗜」 小学巻九の四「八幡太郎」
4	同前 六 大地に立つ(詩) 七 新緑の野	一 一 一	希望の力　口語自由詩の鑑賞 新緑の情趣と自然の力	巻一の五「美しい日本」一六「私の村」巻二の三「日章旗」二一「土の歓喜」巻四の一九「太陽の子」　巻五の七「麦」一二「傷をなめる獅子」
5	同前 八 惜陰	一 二	人生教訓、近世文の読解	
6	同前 九 日本海海戦	一 二	日本海海戦の感激的戦況報告	巻一の九「東郷大将」 小学巻一六の二五「東郷元帥」 小学巻一一の一〇「日本海海戦」
7	同前 一〇 町人諭吉	一 二	偉大なる真の町人としての諭吉	

8	一一　人物となる工夫	三	高く大きく円き人物となるの道	巻六の一六「敬天愛人」「丈夫の襟度」
9	一二　心の眼	二	修練したる精神の力	
	一三　雨の趣味	一	雨の種類と其の趣	
10	同前	一		
	一四　泉の水（和歌）	二	現代和歌の鑑賞	巻二の一八「ふるさと」巻四の四「白露」巻五の一六「雑木の若葉」巻六の七「夕焼空」
11	一五　上高地	三	日本アルプス中の上高地の高爽森厳的美観、自然描写	巻一の一八「キャンプ」巻五の一三「登山の意義」小学巻一一の「燕岳に登る」
12	一六　皇室と国民	二	義と情とにて結合されたる君民一体の趣	巻二の二「君恩」次課巻四の一九「太陽の子」巻七の二〇「我が国の神話」
	一七　聖土（詩）	一	崇高なる国体の感得　文語定形詩鑑賞	巻一の五「美しい日本」前課巻四の一〇「乃木将軍」一九「太陽の子」巻五の一八「太平洋時代」巻六の一三「建国歌」一九「高潮」巻七の三「晩春の別離」一六「塔影」巻八の六「出廬」
13	一八　松樹と日本	二	松樹の日本人に与ふる感化	巻一の三「国花」
	一九　芥川久米両氏に贈る	一	師弟の情愛　現代的書簡文	

第二学期（毎週三時間）

週	題目	時数	教授要項	備考
1	二〇　板倉父子	三	人生教訓　近世文読解	巻四の二〇「弓矢の道」

2	二一　恩讐の彼方へ	三	大悲願の偉力　小説鑑賞	巻二の八「熊王の発心」
3	同　前 二二　スポーツ道	一 二	スポーツの精神的価値	巻二の四「弓矢の道」巻五の六「オリンピック」巻四の二〇「武士道の精神」
4	二三　豊臣太閤の文事	三	英雄秀吉の雅懐	巻四の三「古名将の嗜」小学巻七の一六「木下藤吉郎」
5	二四　文　字 二五　自国語	二 一	我が国の文字に関する一般的知識 自国語の価値と必要	巻二の一「大和言葉」巻四の二「郷里の言葉」二五「国語の愛護」小学巻九の二八「国語の力」
6	同　前 (巻四) 一　学者の苦心	一 二	国語愛に基づく学者の努力	巻三の一「言葉と心」本巻の二四「蘭学事始」
7	二　郷里の言葉 三　古名将の嗜	二 一	古語と郷里の言葉、郷里の言葉の情味 古名将の文事に嗜ありしこと近世文読解	巻二の一「大和言葉」本巻の二五「国語の愛護」巻三の二五「自国語」巻三の四「勿来の関」二三「豊太閤の文事」巻六の六「故郷の花」
8	同　前 四　白　露(和歌)	二 一	現代和歌鑑賞	巻二の八「ふるさと」巻三の一四「泉の水」巻五の一六「雑木の若葉」巻六の七「夕焼空」
9	同　前 五　聖徳太子	一 二	聖徳太子の偉徳鴻業と我が国の進展	巻七の一「奈良の春」小学巻一一の五「法隆寺」
10	六　満洲の黎明	三	大陸への進展と満洲開拓の先駆者としての覚悟	巻一の一五「満蒙の四季」小学巻一〇の二六「『アジア』にのりて」

週	題目	時数	教授要項	備考
11	七　揚子江の秋	二	揚子江畔の秋の情景　中支方面への関心	小学巻一二の四「支那の印象」
	八　武蔵野	一	晩秋初冬の武蔵野の情景詩趣	
12	同前	三		
13	九　吾が家の富	二	庭前四季の風趣	巻五の一五「郊外閑居」
	一〇　乃木将軍（詩）	一	愛児の遺骸に遇へる乃木将軍の心情　文語定形詩鑑賞	巻三の一七「聖土」巻五の二二「乃木大将の殉死」巻六の一三「建国歌」一九「高潮」巻七の三「晩春の別離」一六「塔影」巻八の六「出盧」小学巻七の二六「乃木大将の幼年時代」小学巻一〇の一五「水師営の会見」
14	同前	一		
	一一　冬ごもり	二	冬の北国情趣	

第三学期（毎週三時間）

週	題目	時数	教授要項	備考
1	一二　新年歌御会始	一	歌御会の御模様とそれを拝したる感激	次課
	一三　勅題和歌「田家雪」（和歌）	二	勅題和歌の一例	前課
2	一四　日本趣味	二	日本趣味の素因と特質	巻一の八「障子の趣味」巻七の一五「神秘の日本」巻八の一四「日本絵画の特性」
	一五　俳句に就いて	一	俳句の成立、俳句の調子、俳句の使命	巻二の九「昼の月」次課巻六の三「野分」巻七の四「正風興隆」巻七の五「山路」

3	同前	二		巻二の九「昼の月」二三「鎌倉一見の記」前課 巻六の三「野分」巻七の四「正風興隆」五「山路」小学巻一二の二一「雪残る頂」
	一六 城跡（俳句）	一	現代俳句の鑑賞	
4	同前	一		巻二の一九「我が幼時」 次課
	一七 尊徳先生の幼時	二	幼時に於ける尊徳の孝心と勤労の生活	
5	同前	一		前課
	一八 天理人道	二	天理と人道との関係、人道は不断の努力	
6	同前	一		巻一の五「美しい日本」一六「私の村」巻二の三「日章旗」二一「土の歓喜」巻三の六「大地に立つ」巻三の一七「聖土」巻三の二二「スポーツ道」巻五の六「武士道の精神」巻五の七「麦」一二「傷をなめる獅子」
	一九 太陽の子（詩）	一	国民的自覚 口語自由詩の鑑賞	
	二〇 弓矢の道	一	武士道の真意、近世文読解	
7	同前	一		
	二一 死して惜しまるる人となれ	二	挙国の悼惜を受くるに至る所以の道	
8	二二 湖畔の少年	二	湖畔少年の質美なる抱負 創作の味読	
	二三 今	一	人生に於ける「今」の意義	
9	同前	一		巻三の一「言葉と心」本巻の一「学者の苦心」
	二四 蘭学事始	二	創始者の苦心	

週	題目	時数	教授要項	備考
10	同　前	一		
	二五　国語の愛護	二	国語の愛護すべき所以、国語愛護の方法	巻二の一「大和言葉」巻三の二五「自国語」本巻の二「郷里の言葉」

第三学年（教科書）当校国語漢文研究会編　新制国語　五・六　修文館発行

第一学期（奇数週二時間、偶数週三時間）

週	題目	時数	教授要項	備考
1	（巻五） 一　道	二	民族的特質としての芸術に於ける道の自覚と学問の真義	巻七の一五「神秘の日本」巻八の五「博雅の三位」巻九の一八「文学道の建設」
2	二　大事を思ひ立たん人	二	達人の境地と学道修行の心構	巻六の二「折節の移り変り」巻七の一一「世に語り伝ふること」巻八の三「家居」巻九の一八「文学道の建設」
	三　吉野の奥	一	吉野史蹟の詩的観照　近代紀行文の表現 徒然草の芸道観	次課　本巻の五「正行の参内」巻七の四「正風興隆」巻七の五「山路」　巻八の九「歌人西行」巻一〇の一「鳴立つ沢」小学巻一〇の一「吉野山」
3	同　前	一		
	四　村上義光	一	村上義光の忠烈の精神　戦記文の意義	前課　次課　巻七の一三「落花の雪」巻八の七「熊野落」小学巻一〇の一「吉野山」小学巻七の一三「錦の御旗」
4	同　前	一		
	五　正行の参内	二	正行の誠忠	本巻の三「吉野の奥」　前課　巻七の一三「落花の雪」巻八の七「熊野落」小学巻一〇の一「吉野山」

5	六　武士道の精神	二	武士道の真義と日本精神	巻二の八「熊王の発心」巻四の二〇「弓矢の道」巻三の二二「スポーツ道」本巻の四「村上義光」前課
6	七　麦（詩）	二	麦の成長力の詩的鑑賞　口語自由詩鑑賞	巻一の五「美しい日本」一六「私の村」巻二の三「日章旗」二一「土の歓喜」巻三の六「大地に立つ」巻四の一九「太陽の子」本巻の一二「傷をなめる獅子」
	八　保津川下り	一	保津川の急湍を下る快味　漱石の描写文	
7	九　非凡なる凡人	二	努力の意義と凡に徹する道	
8	同　前	一		
	一〇　鎮西八郎為朝	二	為朝の剛勇と軍略　戦記文表現の鑑賞	次課　巻七の一八「乙若」
9	一一　男性美	二	男性美の本領　議論文の一形態	前課
10	一二　傷をなめる獅子（詩）	二	獅子に於ける「力」の美の鑑賞　口語自由詩鑑賞	巻一の五「美しい日本」一六「私の村」巻二の三「日章旗」二一「土の歓喜」巻三の六「大地に立つ」巻四の一九「太陽の子」本巻の七「麦」前課
	一三　登山の意義	一	山への憧憬と大自然との融合	巻一の一八「キャンプ」巻三の一五「上高地」次課　小学巻一一の一九「燕岳に登る」
11	一四　峠	二	峠越えの情趣と自然の旅	同前
12	一五　郊外閑居	三	日本的家庭生活の情味	巻一の一七「八月の故郷」巻四の九「我が家の富」

週	題目	時数	教授要項	備考
13	一六　雑木の若葉（和歌）	二	現代和歌の鑑賞	巻二の一八「ふるさと」巻三の一四「泉の水」巻四の四「白露」巻六の七「夕焼空」

第二学期（奇数週二時間、偶数週三時間）

週	題目	時数	教授要項	備考
1	一七　海洋趣味	二	我が国民の海洋趣味と地理歴史上の関係	次課　巻六の一九「高潮」 小学巻一一の一五「我は海の子」 小学巻七の一「海」
2	同　前	一		
	一八　太平洋時代	二	太平洋文明の時代と日本の地位	巻三の一七「聖土」 前課　巻六の一「日本の発見」 巻八の一九「国民の抱負」
3	同　前	一		
	一九　元寇	一	元寇に於ける我が国力の発見とその批判 議論文の構成	次課 小学巻六の一〇「神風」
4	同　前	一		
	二〇　防人の歌	一	防人の歌に現れたる忠勇義烈の精神	前課　次課　巻六の二二「国文学と日本精神」巻九の四「近江の荒都」
	二一　人臣の道	一	臣節の本義　史論の文章	巻一の一〇「杉浦重剛翁」 前課　次課　巻六の九「嵐のもみぢ葉」 二二「国文学と日本精神」
5	同　前	一		
	二二　乃木大将の殉死	一	乃木大将の至忠とその殉死の真精神	前課　巻四の一〇「乃木将軍」 小学巻七の二六「乃木大将の幼年時代」

6	(巻六)同前	一		
	一 日本の発見	二	祖国愛の精神と日本の自然　日本民族の新使命	巻一の四「曙の富士」五「美しい日本」巻五の一八「太平洋時代」巻八の一「東西自然詩観」
7	二 折節の移り変り	二	日本的情趣と自然愛の生活　徒然草の自然観	巻五の二「大事を思ひ立たん人」巻七の一一「世に語り伝ふること」巻八の三「家居」
8	三 野分(俳句)	二	天明調俳句の鑑賞	巻二の九「昼の月」巻四の一五「俳句について」一六「城跡」巻七の四「正風興隆」巻七の五「山路」
	四 霊光	一	自然の荘厳美	巻六の一九「高潮」
9	同前	一		
	五 扇の的	一	那須与一決死の心境と武人の道　戦記物の表現	次課　巻七の七「重盛の教訓」八「平家雑感」巻九の一六「小原御幸」小学巻八の一七「扇の的」
10	同前	一		
	六 故郷の花	二	武人の風流美と永生の精神　戦記物の表現	巻四の三「古名将の嗜」前課　巻七の七「重盛の教訓」八「平家雑感」巻八の五「博雅の三位」巻九の一六「小原御幸」
11	七 夕焼空(和歌)	二	現代アララギ派短歌の鑑賞	巻二の一八「ふるさと」巻三の一四「泉の水」巻四の四「白露」巻五の一六「雑木の若葉」
12	八 夜叉王	一	芸術家的精進の真精神　戯曲の表現	本巻の六「故郷の花」巻七の一六「塔影」巻八の五「博雅の三位」
	九 嵐のもみぢ葉	二	平野国臣の忠君愛国の熱情とその和歌	巻五の二〇「防人の歌」二一「人臣の道」次課

週	題目	時数	教授要項	備考
13	同前 一〇　象山と松陰	一 一	二志士の交情とその経綸	前課　次課
14	同前 一一　妹に与ふ	二 一	松陰の家庭的情愛　候文體書翰文の読解	前課

第三学期（奇数週二時間、偶数週三時間）

週	題目	時数	教授要項	備考
1	一二　富士山頂の新年 一三　建国歌（詩）	一 一	富士山頂の新年の情趣と科学戦士の労苦 建国の精神と国體の尊厳との詩的表現	巻一の二四「科学的日本魂」 巻二の二五「国史に還れ」巻三の一七「聖土」巻四の一〇「乃木将軍」本巻の一九「高潮」巻七の三「晩春の別離」巻七の一六「塔影」巻七の二〇「我が国の神話」巻八の六「出盧」
2	同前 一四　樹の根	一 二	樹の根の営みと力の蓄積	
3	一五　或日の大石蔵之助	二	人間精神の「真実」の反省　心理描写	
4	同前 一六　敬天愛人	一 二	道と敬天愛人の思想	巻三の一一「人物となる工夫」 次課

5	一七 西郷隆盛に与ふ	二	西郷挙兵の心情と山県有朋の西郷に対する友情 文語文的書翰文と勧告文の特質	前課
6	一八 丈夫の襟度	二	大丈夫の心境と信念 日本人的鍛練境 議論文の一體	巻三の一一「人物となる工夫」
	一九 高潮（詩）	一	高潮の壮大・高朗美の詩的表現 文語定型詩の鑑賞	巻三の一七「聖土」巻四の一〇「乃木将軍」巻五の一七「海洋趣味」本巻の四「霊光」一三「建国歌」巻七の三「晩春の別離」一六「塔影」巻八の六「出盧」
7	同前	一		
	二〇 本居翁の遺蹟	一	本居宣長の遺蹟訪問の感懐	次課 巻八の一八「新なる説」巻一〇の一〇「直毘霊」小学巻一一の二七「御民われ」小学巻一一の一三「松阪の一夜」
8	同前	一		
	二一 うひ山ふみ	二	宣長に於ける学問の精神とその方法 人の道と国学	前課 巻八の一八「新なる説」巻一〇の四「文芸復興」一〇「直毘霊」小学巻一一の二七「御民われ」小学巻一一の一三「松阪の一夜」
9	同前	二		
10	二二 国文学と日本精神	三	国文学精神と敬神・忠君・愛国の精神	巻五の二〇「防人の歌」二一「人臣の道」巻七の二〇「我が国の神話」巻一〇の二「我が国民性」

第四学年

（教科書） 当校国語漢文研究会編 修文館発行 新制国語 七・八

第一学期 （奇数週二時間、偶数週三時間）

週	題目	時数	教授要項	備考
1	(巻七) 一　奈良の春	二	奈良の春の情緒 奈良時代の芸術と其の理想	巻四の五「聖徳太子」巻八の一五「日本の文化」小学巻一二の一六「奈良」
2	同前 二　東洋の詩境	一 二	東洋的に観たる芸術の意義	巻一の六「峠の茶屋」巻八の一「東西自然詩観」巻九の一「文学と人生」
3	同前	二		
4	三　晩春の別離(詩)	二	晩春近畿地方の旅行情緒　別離の情 新體詩の鑑賞	巻三の一七「聖土」巻四の一〇「乃木将軍」巻六の一三「建国歌」一九「高潮」
	四　正風興隆	一	正風開眼の動機	巻四の一五「俳句に就いて」巻五の三「吉野の奥」巻六の三「野分」次課本巻の六「奥の細道」巻一〇の四「文芸復興」
5	同前 五　山路(俳句)	一 一	芭蕉の俳句の鑑賞	巻二の九「昼の月」巻四の一五「俳句に就いて」一六「城跡」巻六の三「野分」前課　次課
6	同前 六　奥の細道	一 二	奥州の旅行の情緒　俳文の鑑賞	巻五の三「吉野の奥」巻六の三「野分」本巻の四「正風興隆」前課　巻一〇の四「文芸復興」巻五「百蟲譜」
7	同前 七　重盛の教訓	一 一	重盛の至忠至孝　戦記物としての平家物語の読解鑑賞	巻六の五「扇の的」六「故郷の花」次課 巻九の一六「小原御幸」

週	題目	時数	教授事項	備考
8	同前	三		
9	八 平家雑感	二	平清盛の心理解剖 平家都落の詩的観察	巻六の五「扇の的」六「故郷の花」前課 巻九の一六「小原御幸」
10	九 愚禿親鸞 一〇 勧学の辞	二 一	易行道の聖者としての親鸞の思想と人となり 学問特に精神科学の意義と価値	巻八の一六「日蓮上人」
11	同前 一一 世に語り伝ふること	一 一	1そらごとの弁　2人と物語りするには 3人をたづぬるには　4人の問に答ふるには 徒然草の読解鑑賞	巻五の二「大事を思ひ立たん人」巻六の 二「折節の移り変り」巻八の三「家居」
12	同前 一二 森の木した(和歌)	一 二	徳川時代の和歌の鑑賞	小学巻九の六「てまり」小学巻一二の二 七「山ざくら花」
13	一三 落花の雪	二	戦記物としての太平記　特に道行文の読解と鑑賞	巻五の四「村上義光」五「正行の参内」 巻八の七「能野落」

第二学期 (奇数週二時間、偶数週三時間)

週	題目	時数	教授事項	備考
1	一四 雅文四篇 一五 神秘の日本	一 一	1月見の趣味　2砧の音の趣味 3夜学の趣味　4朝夕の趣味 趣味の擬古文の読解鑑賞 簡素の趣に徹したる東洋趣味	巻四の一四「日本趣味」巻五の一「道」 巻八の一四「日本絵画の特性」

2	同　前 一六　塔影（詩） 一七　忠直卿行状記	一 一 一	芸術の尊さ　文語定型詩の鑑賞 現代心理解剖小説の鑑賞	巻三の一七「聖土」巻四の一〇「乃木将軍」巻六の八「夜叉王」一三「建国の歌」一九「高潮」巻八の五「博雅の三位」
3	同　前	二		
4	一八　乙若	三	武士の子としての乙若のけなげさ 乙若及び其の弟達の伝の精忠 戦記物としての保元物語の読解鑑賞	巻五の一〇「鎮西八郎為朝」
5	一九　俚諺論	二	俚諺の意義　形態　種類	
6	二〇　我が国の神話 （巻八） 一　東西自然詩観	二 一	神話に現れたる我が国民性の特質 東洋と西洋との自然観照の態度の相異	巻三の一六「皇室と国民」巻六の一三「建国の歌」二二「国文学と日本精神」 巻一の八「障子の趣味」巻五の一「道」巻七の二「東洋の詩境」
7	同　前 二　月雪花	一 一	月・雪・花の趣味	巻一の三「国花」
8	同　前 三　家居	一 二	1家居と人柄　2簡古の美 3風流心　4みやびなる状景 徒然草の読解鑑賞	巻五の二「大事を思ひ立たん人」巻六の二「折節の移り変り」巻七の一一「世に語り伝ふること」
9	四　戯作三昧	二	現代心理小説の鑑賞　創作のなやみ	巻一〇の九「芳流閣」

週	題目	時数	教授事項	備考
10	五 博雅の三位	二	芸術家気質 平安末期の物語としての今昔物語の読解鑑賞	巻五の一「道」巻六の六「故郷の花」八「夜叉王」巻七の一六「塔影」
	六 出盧	一	三顧の礼と知己の感 新體詩の鑑賞	巻三の一七「聖土」巻四の一〇「乃木将軍」巻六の一三「建国歌」一九「高潮」
11	同前	一	護良親王の御辛労 戦記物としての太平記の読解鑑賞 道行文の鑑賞	巻五の四「村上義光」同五「正行の参内」巻七の一三「落花の雪」
	七 熊野落	一		
12	同前	一	光頼卿の正義と剛腹 戦記物としての平治物語の読解鑑賞	
	八 光頼卿の参内	二		
13	九 歌人西行	二	平安末期の歌人としての西行の特異性 其の自然観照の態度	巻五の三「吉野の奥」 次課
14	同前	一	平安末期より鎌倉期へかけての和歌の鑑賞	巻五の三「吉野の奥」 前課 小学巻一〇の二七「御民われ」
	一〇 鴫立つ沢（和歌）	二		

第三学期（奇数週二時間、偶数週三時間）

週	題目	時数	教授事項	備考
1	一一 川柳点	二	川柳の鑑賞	
2	一二 鉢の木（謡曲）	三	鎌倉期の武士気質 謡曲の鑑賞	次課 巻一〇の三「羽衣」

3	同前	二		
4	一三 末ひろがり（狂言）	二	狂言の鑑賞	前課 小学巻一二の九「末広がり」
5	一四 日本絵画の特性	二	日本絵画の特殊性	巻四の一四「日本趣味」巻七の一五「神秘の日本」
6	一五 日本の文化 一六 日蓮上人	二 一	日本文化の歴史と特質 日蓮上人の人となり	巻七の一「奈良の春」 巻七の九「愚禿親鸞」
7	同前 一七 自発の工夫	一 一	自立獨創の精神涵養	
8	同前 一八 新なる説	一 二	学説に対する態度の種々相 擬古文の読解鑑賞	巻六の二〇「本居翁の遺蹟」二一「うひ山ふみ」巻一〇の一〇「直毘霊」 小学巻一一の一三「松阪の一夜」
9	同前	二		
10	一九 国民の抱負	三	世界文化の動向と国民の抱負	巻五の一八「太平洋時代」

第五学年

（教科書）当校国語漢文研究会 新制国語 九・十
修文館発行

第一学期（毎週二時間）

週	題目	時数	教授要項	備考
1	一 文学と人生	一	文学及び人生の意義 文学と人生との関係 文学と道徳との関係等	本巻九・一〇が特に我が国文学の変遷・特質の修得を主眼とせるに対する準備的取扱をなす 巻七の二「東洋の詩境」
	二 我が国民性	一	気候風土と国民性 国民性と文学 国民性と風俗・習慣との関係 宣命祝詞寿詞の解説	次課以後に於ける国文学学習にあたりて常に意を用ふべき点の指導と特に上代文学への連絡に注意 巻六の二二「国文学と日本精神」
2	同前	一		
	三 神武天皇の御東遷	一	神武天皇の御経営 古事記の性質と其の価値 古事記の文體と我が国文の體裁 記紀歌謡の性質と其の體様	前課の祝詞・宣命との比較 次課の萬葉集との比較 国史神代巻との連絡 小学巻一一の一二「古事記の話」小学巻六の一「神武天皇」
3	同前	二		
4	四 近江の荒都(和歌)	二	萬葉集の性質と其の価値 萬葉集中の代表的歌人の解説 長歌短歌の解説と鑑賞	巻五の二〇「防人の歌」本巻九「国文学と和歌」一〇「春日野」一五「比良の山風」小学巻一〇の二七「御民われ」小学巻一二の一五「萬葉集」
5	五 情趣文学	二	中古文学の特質 時代と国文学との関係	本巻の六「かぐや姫」以下一四「法成寺の造営」まで連絡
6	六 かぐや姫	二	物語の祖としての竹取物語の性質 伝説の意義と国民性との関係	本巻の四「近江の荒都」の中の山部赤人の歌 巻一〇の三「羽衣」小学巻四の五「かぐやひめ」

7	七　小野の深雪	二	惟喬親王と在原業平の心情と藤原氏歌物語としての伊勢物語の性質	本巻の九「国文学と和歌」
8	八　舟路	二	昔の旅路の労苦 日記文学としての土佐日記の性質と紀貫之の地位　平安朝と国文学	本巻の一〇「春日野」
9	同前 九　国文学と和歌	一 一	国文学と和歌との関係　皇室と和歌	本巻の三「神武天皇御東遷」中の歌　四「萬葉集」六、七、八の平安朝文学の形式
10	一〇　春日野（和歌）	二	古今和歌集の歌の鑑賞　その成立と歌風	本巻の四「近江の荒都」 小学巻一〇の二七「御民われ」 巻一一の二「見渡せば」
11	一一　須磨の秋風	二	源氏物語の性質と地位　紫式部の為人と地位	本巻の六「かぐや姫」 小学巻二の四「源氏物語」
12	一二　春は曙	二	随筆文学としての枕草子の性質と地位 清少納言の為人と地位	巻五の二「大事を思ひ立たん人」巻六の二「折節の移り変り」巻七の一一「世に語り伝ふること」巻八の三「家居」巻一〇の二「日野山の閑居」 小学巻一〇の一七「雪の山」
13	一三　菅公の左遷	二	歴史文学としての大鏡の性質と地位	本巻の一七「新島守」　次課

第二学期（毎週二時間）

週	題目	時数	教授要項	備考
1	一四 法成寺の造営	二	栄華物語の性質　藤原氏特に道長の栄華	前課
2	一五 比良の山風（和歌）	二	新古今和歌集の歌の鑑賞　その成立と歌風	本巻の四「近江の荒都」一〇「春日野」
3	一六 小原御幸	二	鎌倉時代に於ける軍記物としての平家物語の性質とその地位　仏教と国文学	巻五の四「村上義光」五「正行の参内」一〇「鎮西八郎為朝」巻六の五「扇の的」一六「故郷の花」巻七の七「重盛の教訓」一三「落花の雪」一八「乙若」巻八の七「熊野落」八「光頼卿の参内」
4	同前	一		
	一七 新島守	一	歴史文学としての増鏡の性質と地位	本巻の一三「菅公の左遷」
5	同前	二		
6	一八 文学道の建設	一	中世に於ける文学精神	巻五の一「道」二「大事を思ひ立たん人」巻一〇の二「日野の閑居」三「羽衣」
	（巻十）一 読書の意義	一	読書の意義の深究反省	
7	二 日野の閑居	一	室町時代に於ける随筆としての方丈記の性質とその思想	巻九の一二「春は曙」一八「文学道の建設」
8	三 羽衣（謡曲）	二	室町時代の文学に於ける謡曲の性質と其の地位　謡と能　其の流派	巻八の一二「鉢の木」一三「末ひろがり」巻九の六「文学道の建設」小学巻四の二「羽衣」

週	題目	時数	教授要項	備考
9	四　文芸復興	二	徳川時代に於ける文学精神	巻六の二一「うひ山ふみ」巻七の四「正風の興隆」六「奥の細道」巻九の五「情趣文学」一八「文学道の建設」本巻の五「百蟲譜」以下一〇「直毘霊」一四「夜明け前」
10	五　百蟲譜	二	横井也有の作を通して俳文の性質とその地位	巻七の六「奥の細道」
11	六　銀徳	二	日本永代蔵を通して徳川時代の社会相　井原西鶴の地位	本巻の四「文芸復興」
12	七　寺小屋（浄瑠璃）	二	浄瑠璃の性質　武士道的精神	本巻の四「文芸復興」次課
13	八　千里が竹（浄瑠璃）	二	近松の為人とその地位	本巻の四「文芸復興」前課
14	九　芳流閣	二	読本の性質　馬琴の為人と其の地位	巻八の四「戯作三昧」本巻の四「文芸復興」

第三学期（毎週二時間）

週	題目	時数	教授要項	備考
1	一〇　直毘霊	二	国学者の精神と本居宣長の信念	巻六の二〇「本居翁の遺蹟」二一「うひ山ふみ」巻八の一八「新なる説」本巻の四「文芸復興」一四「夜明け前」
2	一一　文芸の進化	二	西欧文芸の変遷と我が国明治以後の文芸の変遷	
3	一二　一分	二	幸田露伴の為人と其の作品	

4	一三 高瀬舟	一	森鷗外の為人と其の作品	
5	一四 夜明け前	一	島崎藤村の為人と其の作品	巻七の三「晩春の別離」
6	一五 世界の四聖	二	世界の四聖の伝記と其の教　高山樗牛の為人と其の地位	巻七の八「平家雑感」巻八の一六「日蓮上人」小学巻一二の五「孔子と顔回」
7	同前	二		

(同上資料、三七〜六八ぺ)

右のように、附属中学校国語漢文科の先生方の手によって編修された、国語読本「新制国語」(一〇巻)によって、各学年各学期ごとにカリキュラム(教授細目)が編成されていたのである。

もっとも、わたくしが教育実習を受けた、昭和一七年(一九四二)には、一年生は、東条操編「新制国語読本」(中等学校教科書株式会社刊)を学習し、二年生・四年生は、岩波「国語」(岩波書店刊)を学習していたから、前掲「新制国語」(修文館刊)をふまえた「教授細目」ではなかった。また、教生としてのわたくしは、前掲「教授細目」を精細に論究していく視点と方法とを、当時まだ持ちあわせていなかった。

つぎに、「資料」では、「国語概説」のことがとりあげられていた。

Ⅲ 国語概説

一 教授要項

国文学の変遷、国語問題に関する概略を系統的に授ける。

二 教授方針

一、文学史を系統的に授けることは、一は国語講読科の総括であり、一は我が文化の進展を知らしめることである。徒に国文書・国文学者を列挙することは無味乾燥なるのみならず、本科の目的でないから、常に国民性と文学、時代と文学、文化と人生との関係について特に意を用ひる。

一、教授はなるべく既習の知識を誘発し、之を基礎として必要な条項を補説する。特に当校編纂「新制国語」の巻九・十は各時代の代表作品を系統的に排列してあるから、この国語講読と緊密な連絡をとって進むことにしている。

一、教科書を使用する場合もあり、要項を筆記せしめる場合もあり、一定していない。

三　教授細目

第五学年　第一学期（隔週一時間）（備考欄中の数字は当会編纂「新制国語」の巻及び課数である）

一、次にあげた細目は時間配当と其の説話の参考となるべき項目書目等をあげたもので、それ等の一々を解説するのではない。

週	題目	要項	備考
1	文学史の意義 国文学の時代区分	上古（奈良朝以前　奈良朝） 中古（平安朝） 近古（鎌倉　室町） 近世（徳川） 現代（明治維新以後）	
	上古概説（まこと）	上代の文学 文字 漢学仏教の伝来と文化 儒仏と我が国民性	
3	歌謡 祝詞	歌謡の性質及び上代国民の心情 祝詞の性質　重なる祝詞につきて（新年祭　大祓詞　大殿祭　等） 寿詞宣命の性質をも併せ教授する	巻九の二
	萬葉集	萬葉集の成立　其の特徴　長歌　短歌等の説明 重なる萬葉歌人（柿本人麿　山部赤人　山上憶良　大伴家持）	巻九の四
5	古事記 日本書紀 風土記	伝説と国民性 古事記と日本書紀の成立　性質並に其の差異 風土記の性質	巻九の三
	当時の漢文	懐風藻　其他	

7	中古概説（物のあはれ）	時代の概念　文事偏重と藤原氏　貴族生活と文学　仮名文字の発達　漢文学　女流文学者輩出	巻九の五
	和歌	勅撰集のこと（三代集　八代集　廿一代集）　古今集　六歌仙　紀貫之　凡河内躬恒　壬生忠岑　紀友則　今様　朗詠	巻九の九・一〇
9	日記紀行	土佐日記　紫式部日記　和泉式部日記　蜻蛉日記　更科日記	巻九の八
	物語	竹取物語　宇津保物語　落窪物語　源氏物語　狭衣物語　伊勢物語　大和物語	巻九の六・七・一一
11	随筆	枕草紙　清少納言と紫式部	巻九の一二
	雑史	大鏡（四鏡）　栄華物語　今昔物語	巻八の五　巻九の一三・一四

第五学年　第二学期（隔週一時間）

週	題目	要項	備考
1	近古概説（幽玄）	武家政治と文学　当時の仏教と文学　文章の変化	巻九の一八
	和歌 連歌	新古今集（藤原定家）　金槐集（源実朝）　新葉集（宗良親王）　西行　伝授　連歌の性質　宗祇　山崎宗鑑	巻九の一五 巻八の九・一〇

学年	分野	内容	参照
3	謡曲狂言	謡曲の種類　其の流派　謡曲と狂言との関係	巻八の一二・一三　巻一〇の二
	紀行	東関紀行　十六夜日記（阿仏尼）	巻五の四・五・一〇　巻六の五・六　巻七の七・一三・一八　巻八の七・八　巻九の一六
	戦記文	保元物語　平治物語　平家物語　源平盛衰記　太平記	
5	雑史	神皇正統記（北畠親房）　増鏡　十訓抄　古今著聞集	巻五の二・二一　巻六の二　巻七の一一　巻八の三　巻九の一七　巻一〇の二
	随筆	方丈記（鴨長明）　徒然草（兼好法師）	
	小説	曽我物語　義経記　お伽草子（鉢かづき　文正草子　物臭太郎）	
7	近世概説（なぐさみ）	徳川家康と文学　儒教主義　平民文学　漢学国学の隆盛	巻一〇の四
9	漢学	朱子学（藤原惺窩　林羅山並に其の裔　木下順庵及其の門下生　雨森芳洲　新井白石　室鳩巣）陽明学（中江藤樹　熊沢蕃山）復古学（伊藤仁斎　同東涯）古文辞学（荻生徂徠）頼山陽（日本外史）	巻二の一九　巻三の八・二〇　巻四の三・一八・二〇　巻一〇の四
	国学	古典の研究　下河辺長流　僧契沖　北村季吟　荷田春満　加茂真淵　本居宣長（古事記伝　玉勝間）平田篤胤	巻一〇の四
11	和歌狂歌俳諧	和歌と狂歌の差異　細川幽斎　木下長嘯子　小沢蘆庵外　香川景樹　良寛　大隈言道　橘曙覧　蜀山人　俳諧の変遷　発句の成立　松永貞徳　西山宗因（檀林）　芭蕉及び其の門下　蕪村及び其の門下　一茶	巻六の三　巻七の五・六・一二

週	題目	要項	備考
11	俳文 川柳 雅文	奥の細道 鶉衣（也有） 柳樽 上田秋成（雨月物語） 加藤千蔭（朮が花） 村田春海（琴後集） 伴蒿蹊（閑田文章） 松平定信（花月草紙） 清水浜臣（泊泊舎文集） 中島広足（橿園文集）	巻六の一四 巻七の六 巻八の一一 巻一〇の一五
13	浄瑠璃	近松門左衛門（国姓爺合戦 曽我会稽山 天の網島等） 竹田出雲（仮名手本忠臣蔵 菅原伝授手習鑑 義経千本桜）	巻一〇の七・八
	小説	仮名草子 浮世草子（西鶴） 赤本黒本青本黄表紙 洒落本（山東京伝） 読本（馬琴—八犬伝 弓張月 種彦—田舎源氏）	巻一〇の九
	滑稽文	式亭三馬 浮世風呂 十返舎一九 道中膝栗毛	

第五学年 第三学期（隔週一時間）

週	題目	要項	備考
1	現代概説 和歌俳句 詩	堂上派 新派（竹柏園 明星 アララギ 生活派） 口語歌 ホトトギス派（子規及び其の門下） 新派 新體詩（藤村 晩翠） 新詩の傾向	巻一の五・一六 巻二の三・九・一八 巻三の六・一四・一七 巻四の四・一〇・一六・一九 巻五の一二・一六 巻六の七・一三・一九 巻七の三・一六 巻八の六
3	小説	政治小説 写実主義 自然主義 新理想主義 感覚主義 新感覚派に至る変遷並に其の代表作家と作品	巻一〇の一一
5	国語問題	国字改良問題 漢字廃止論 常用漢字 当字 カナ文字論 ローマ字論 仮名遣の変遷及び将来 文體の変遷及び将来	

（同上資料、六九～七四ペ）

右の資料は、旧制中学校の第五学年において、毎学期隔週一時間ずつを配して行なわれていた、「国語概説」について、その一　教授要項、二　教授方針、三　教授細目を示したものである。——教育実習においては、最上学年生の授業は担当させられなかったので、この方面の授業は、教生としては経験することができなかった。

以上が、教育実習に臨むにあたって配布された資料の一つ「国語講読科附国語概説科教授の実際概略と教授細目」のあらましである。今にして、当時はこの資料の価値がいくばくもわかっていなかったとおもわずにはいられない。しかし、この「資料」には、当時の中等国語教育の水準の高さないしは到達点がまぎれもなく示されている。教育実習において指導にあたられた国語漢文科の教官のふまえられていたのは、ここにうかがわれる到達点もしくは足場であったにちがいない。

前掲「資料」のうち、Ⅰ「国語講読科教授の実際概略と教授細目」の、「講読指導の一般的過程」・「指導段階の目標」・「文の類型と指導法」は、すでに「中等教育に於ける各科教授法の新研究」(昭和一三年九月二五日、広島高等師範学校附属中学校中等教育研究会編、京極書店刊)に収められた、山根安太郎先生のご論考「国語講読指導の方法」(同上書、三五〜四九ぺ)から採られていた。この論考においては、「資料」に採録された三つの項目のほか、初めに、一国語科全指導体系の確立が説かれ、おしまいに、五講読指導の問題が据えられていた。いま、山根安太郎先生の指摘される、講読指導の問題について、念のため、左に引いておきたい。

「国語講読指導の上の問題として究明すべきものは多々あるが、茲に詳細する余裕はないから、二三の中心となる項目を拾い上げて見るに止める。

一　読みの問題　講読は読みに始って読みに終り、すべてが読みに於て統率されてゆくので、これは講読指導に於ける根本的な問題である。その本質・意義・種類・成立過程等々、心理的な実験的・統計的研究の成果が多く示されているから、それらの基礎の上に講読作業との聯関に於ける意味を見出すべきである。

二　解釈の問題　講読作業に於ける解釈は読みの一進展で、その自覚的・分析的な作用面であるが、指導上の根本的中心をなすもので最も主要なものである。表現・意味・理会等の聯関に於て、解釈学が殆ど残す所なく解決してくれる。

三　精読多読の問題　国語教育の全般的目標に連なる態度上の問題で、それぞれの効果・能率等が比較考察されねばならない。」

(「中等教育に於ける各科教授法の新研究」四九ぺ)

なお、前掲「資料」のうち、やはり、講読教授を論じた中に、附属中学校の開校以来の主義としての「自立学習主義」が説かれていたが、附属中学校が刊行していた、「中等教育の実際　一七号」(昭和一四年一二月二五日刊)には、「自律学習の訓練」が特集され、その中に、広幸亮三教諭が、「国語講 読に於ける自律的学習態度の養成」という論考を執筆していられる。

広幸亮三教諭は、右の論考において、学校における自律学習には、おのずと限界のあることを指摘し、目的・教材・方法の三つの面から、自律学習への基本的な考え方を述べていられる。

中等国語教材としては、基礎的文章のほかに、文学教材が中心であるとし、中等教材としては、「第一に積極的に国民的意気を昂めるやうなものであること、第二に青年の心理によく適合したものであること」（同上誌、三一ぺ）が望ましいと述べ、さらに教授方法の問題として、正科ならびに課程外指導における具体的な方法が説かれている。

講読の問題については、「講読の方法は取りもなほさず解釈の問題である。解釈の基礎学たる『解釈学』は昭和八年頃方法論的基礎学として我が国語教育界に登場し、勝部謙造・垣内松三・石山脩平の諸氏によって指導されながら、昭和十年頃には既に全く決定的な指導的地歩を占め、現在（引用者注、昭和一四年〈一九三九〉末）では一応其の使命を果したかの観がある。私は国語教育実践者として、これ等の諸家によって教へ導かれながら、問題を極めて具体的な方面に求めて考察を進めて見たいと思ふ。」（同上誌、三四ぺ）と述べ、講読学習における「予習」の問題に言及し、精細に論じたのち、「私は解釈に於ける主観否定は理論として敬意を表するものであり、且場合によっては、例へば後に述べる所の課程外指導の場合などには、註釈書の利用もよい場合があると思ってゐるが、すべての予習を註釈書によることには賛成しかねる点があるので、正科の講読の予習だけは、『ことば』の辞書によるを本体としたいと思ふ。何故といふに、註釈書の利用も教室に於ける教授に先立つ学習である点に於ては、一種の予習の形をとるものではあるが、それは辞書による予習とは性質の違ふ所があって、或は厳密な意味に於ける予習ではないともいへる。何となれば、註釈書の利用は註釈者によっていきなり教へられることであって、それは教室に於て教師からいきなり教へられることと実質に於て余り違はないからである。予習の価値は『知る』ことよりも『知らうと努める』ことにある。既に解釈したものを獲得することよりも、解釈の途を求める其の過程に価値があるのである。更に具体的にいへば、解釈の通読段階に於ける語と文との関係を決定する操作を自ら試みることに先づ価値を見出さねばならぬ。」（同上誌、三六〜三七ぺ）と説かれた。「予習」における辞書の与えかた・ひかせかた一つにしても、周到に論及されて、あますところがないほどである。

さらに、自律的学習態度養成の立場から、教師としての心構えが二つ述べられている。

① 「先づ第一に、教師の読取った所を其のまますぐに生徒に押付けるやうな態度に出ないやうに注意せねばならぬ。教室の授業が知識の詰込を目指して行はれたのでは、折角学習態度の練習を目指して行はれた予習が殺されてしまふ。前にもいったやうに『何を知ったか』も大切ではあるが『如何にして知ったか』も更に大切である。『如何にして知るか』は一回や二回の抽象的な説話によって徹底するものではなく、毎時毎課教師がそれを意識し意向して実地の教授を進めることによって、長い年月の間に知らず識らず養はれて行く性質のものである。」（同上誌、四〇ぺ）

② 「第二に考へたいことは、多数の生徒が一室に集って同時

に学習するといふ現在教室の機構の積極利用といふことである。かやうな機構は学習態度の指導を妨げると普通に考へられてゐる。なるほど一学級の生徒は少いほどよいかも知れないけれども、しかし結局それが相当の数に上ることは財政上もやむを得ないことであるし、それにすべての社会機構が集団的様相を帯びて来るのは現代文化の一特色であり、教育上にも種々の点に於て集団的訓練が重んぜられてゐる現状であるから、学習態度の指導上にもむしろ積極的に之を利用する心構が必要である。それには一学級の生徒を幾つかの更に小さい集団に分割して、各集団の生徒に共働的に学習させるといふ方法も実行されたこともあるが、これは各生徒同士は一円形を作る連鎖の中の一環として相互に緊密に連絡されるが、一人の教師が幾つかの円陣を指導せねばならぬので、教師は各円陣の外に立つことになって、各個々の生徒との連繋が緊密でないといふ欠陥がある。実験的作業的な学科と違って、教師が生徒の刻々の心理の推移を捉へて教授を進めねばならぬ講読のやうな学科では、どうも能率の上らない欠点がある為に、現在では殆ど行はれてゐない。そこで全体の生徒を教師が一握りにして居って、しかも生徒同士がお互に妨げ合はないで援け合うやうな指導法が考へられなければならない。私はそれは現在の学級機構を変へないでも、教師と生徒相互の心構によって或程度まで目的が達せられると思ふ。教師と生徒との繋がりばかりを考へて、生徒相互の繋がりを考へない場合には、生徒は人数に比例して指導を受ける機会を分割されるから、生徒相互は妨げ合ふことになるけれども、生徒相互も亦教材を機縁として繋がり合ふものとする立場の下に教授法が按配されれば、生徒同士はお互が邪魔にはならず却って援け合ふことが出来る。教師の一寸した楫の操りやうで生徒がお互に砥石となって切瑳琢磨し合ふことが出来る。こんな心構でゐれば、或程度まで一学級の生徒数の多いことは、それ程指導上の妨にはならないかと思ふ。」（同上誌、四〇～四一ぺ）

二つともに、指導者の心構えを説いてねんごろである。後者の論は、グループ学習について論及されており、当時として注目すべき提言となっている。

――広幸亮三教諭の「国語講読に於ける自律的学習態度の養成」という論の精密さ、周到さは、国語科指導 論の 確立を目ざしていた、当時の附属中学校国漢科のまじめなありかたの一面をよく語っている。

広幸亮三先生は、わたくしどもが教育実習に出向く前、昭和一七年（一九四二）三月、退任され、新設の広島市立中学校長に転出されたため、「教育実 習」でのご指導をうけることはできなかった。

さて、資料「国語講読科 附 国語概説科教授の実際概略と教授細目」は、附属中学校国語漢文科（国語漢文研究会）で、昭和一三年（一九三八）「新制国語」（一〇巻）を編修・刊行され、それを「教授細目」の拠点として、まとめられたものであった。わたくしが教育実習に参加した、昭和一七年（一九四二）六月には、当時、検定教科書としての国語読本の類は、全国で五種類にしぼられてしまい、すでに「新制国語」に拠ることはできなくなっていた。

右の資料を配布され、その中に盛りこまれている、国語教育の原理と実際とを、きっかりと理解することは、当時のわたくしにはできなかった。授業計画をたてて実地に授業をしていくことに心を注いで、広く視野を保つことがじゅうぶんにはできなかったのである。今になって、右の「資料」が附属中学校の当時の国語教育界において、到達していた水準ならびにその高さをわかり、認めることができる。

——教育実習の指導をするには、指導教官は、みずからの理論と実践とをどのように堅固に構築しておくべきか。また、その基盤が確かでなければ、実地指導もその場かぎりの浮わついたものになりやすいことも事実である。当時、配布を受けつつ、その「資料」のほんとうのねうちを理解することができなかった。そういう未熟さにあったことをいま思わないではいられない。

二二　教育実習配布資料　その二

昭和一七年(一九四二)六月、附属中学校における教育実習に際して、国語科から配布を受けた、もう一つの資料は、「日本精神の教育と国語漢文」(昭和14年7月、広島高等師範学校附属中学校国語漢文研究会刊)という菊判四九ページに及ぶ冊子だった。この資料には、

○日本精神の顕揚と国語教育　山根安太郎(一ぺ～三三ぺ)
○日本精神の教育と漢文　清水　治郎(三五～四九ぺ)

の二つの論考が収められていた。

これらの論考は、もと、「日本精神の教育」(「中等教育の実際」第26号、広島高等師範学校附属中学校編・刊、昭和14年7月20日)に発表されたものである。この「中等教育の実際」第26号の特集「日本精神の教育」には、左のような論考が収録されていた。

1 中等教育と日本精神　主事　河野　通匡
2 日本精神の本義　米田　登
3 日本精神と修身教授の立場　池田　計三
4 日本学的公民教授の基礎形態　岡本　恒治
5 日本精神の歴史教育　結城　清一
6 日本精神の顕揚と国語教育　山根安太郎
7 日本精神の教育と漢文　清水　治郎
8 世界的日本を目指す地理教育　尾野作次郎
—日本精神発揚を主眼とする—

これらのうち、山根安太郎・清水治郎両先生の前掲論考を別刷として、教生に配布されたのである。

さて、山根安太郎先生稿「日本精神の顕揚と国語教育」は、つぎのように構成されていた。

一　序語
(1)　日本精神の特質
(2)　日本精神と国語教育
二　国語による日本精神の顕揚
国語と国心
一　国語に対する自覚を与へ之を尊重する念を養ふこと
二　国語の特質諸相を具体的に知らせること

三　国語愛護の感情を養ひこれを愛育発展せしめる熱意を養ふこと
四　国語陶冶の上より教材編成を系統化すること
三　国文学による日本精神の顕揚
(1)　興亜精神の涵養と国文学
(2)　日本精神の具現たる教材とその編制に注意すること
(3)　教材の排列に依る日本精神の体系的把握
(4)　日本精神の顕揚上強調せらるべき教材と精神
一　尽忠報国の精神を振起する教材を重んじたい
二　雄渾・明朗・濶達の精神の現れたる教材を重んじたい
三　努力修行の武士的気魄の養成に資する教材を尊重したい

山根安太郎先生の論考は、右のように、「序語」のほか、「国語による日本精神の顕揚」・「国文学による日本精神の顕揚」という前後二編から成っていた。

山根安太郎先生は、「序語」・「国語による日本精神の顕揚」において、つぎのように述べていられる。

一　序　語

日本精神の特質　日本精神と略々同義の語は、国民精神・民族精神・国民性・民族性、新しくは皇道精神とも言はれて来、更に古くは大和魂・大和心・惟神の道などとも使はれて来て、頗る多様のやうであるが、しかしその指す所の内容実体は凡同一そのものと思はれる。ただその語を用ふる人とその時代によつて、多少観察点が異なつてくるのは当然のことである。性と言へば性格的なもの、長所と共に短所を含み、多少他と共通又は類似な点があることを妨げるものではないが、精神といふ時は主として自覚的理想的方面が中心に考へられ、全体的な指導精神であるが故にそれは余程独自なものであつて、他に類例のない、有つても程度の差の極めて大なるものを意味することになると思はれる。近来頻りに用ひられる「日本精神」の語は、それを特に「世界に於ける」又は「他国に対する」ことを明らかに意識しての使ひ方であるが、これらを学術的に明確に定義づけることが困難でもあり、一般的には厳密な区別的用法が行はれてゐるとは認められない。

その内容の特質に至つても実に千種万態、立論者によつて異なり、区々として帰一するところを見ない。今その二三を掲記しても次の如くである。

一、芳賀矢一博士「国民性十論」
(一) 忠君愛国 (二) 祖先を崇び家名を重んず (三) 現世的実際的 (四) 草木を愛し自然を喜ぶ (五) 楽天洒落 (六) 淡白瀟洒 (七) 繊麗繊巧 (八) 清浄潔白 (九) 礼節作法 (十) 温和寛恕
二、久松潜一博士「国文学と民族精神」
(一) 敬神 (二) 忠君愛国 (三) 家の尊重 (四) 武士道 (五) 義理の精神 (六) 真実と「まこと」 (七) 調和と「もののあはれ」 (八) 象徴と幽玄、さび (九) 型と平淡 (十) 伝統の尊重
三、河野省三博士「日本精神発達史」「国民道徳史論」「国民道徳

要論」

（一）　比較的変化し易い表面的国民性——温順性・潔白性・淡白性・優美性・寛弘性・尚武性・楽天性・鋭敏性・保守性

（二）　比較的変化し難い根本的国民性——統一性・永遠性・純真性

（三）　特　色——一、包容性　二、永遠性・自主性　三、創造的能力

四、高木武博士「日本国民性の特質」

（一）統一性と永遠性（二）包容性と同化性（三）純真性と単純性（四）快濶性と明朗性（五）現実性と実行性（六）積極性と果敢性（七）寛容性と温和性（八）敬虔性と儀礼性（九）鋭敏性と巧緻性（十）優雅性と芸術性

日本精神と国語教育　これらは全一体としての日本精神の現象面についてその諸相を捉へたもので、その観点と立場の相違によつて種々の様相を呈し来るのは当然である。実体としての日本精神は、しかく簡単に外面から要素的に把捉することは困難であつて、むしろこれらの特性を貫穿する根本精神とも目すべきであらう。しかも在来の国民精神論日本精神論の多くが、とかく反動的言説と見られ、単なる復古的語気の高調に堕し勝であつたのは、その余りにも回顧的なる把握の態度から来たものであつた。日本精神が真に不磨の生命体であるかぎり、過去に存しつつ現在にも生動せるものであり又将来に亘つて生きつづけるものでなければならぬ。かかる精神の把握にあたつては、常に全体に目を注ぎつつその中核を捉へることが最も緊要である。特に我が当面せる現前の時局、興亜の国策との聯関に於てその実体を認識すると共に、これを生かす用意が必要であつて、特に国語教育の実際に具現するには十分の考究がなされねばならぬ。

日本精神の涵養発揮といふ課題に対しても各科その担当すべき分野は異なるべきである。修身・公民科に於ては、これを抽象して理論的に分解し構成して、その認識と自覚を与へんことを期する所に教科的特色が見出されるに対し、歴史科が、具体的事実を提示してその精神を究明する所に、やや国語科に近き感銘と情操の陶冶を分担するが如くであるが、尚それは多分に知的方法を主とせざるを得ない。中に於て国語科は多く文学的作品を以て、結晶され成形されたる具体性のまま与へるので、殆ど精神や思想といふが如き自覚なくして受容せしめるところに教科的特徴を持つてゐる。しかしこれも今日に於ては、過去の文学鑑賞の方法による安易な陶酔的気分の醸成のみを以てしては、真実の日本精神の体認も国民的信念の鼓吹も、十全に成し得られるとは思はれない。国語自体によつて国民的思考型を陶冶し、国文学の精神によつて日本的性格の鍛錬と育成に資することを目標として、以下少しく考察の歩を進めて見たい。

二　国語による日本精神の顕揚

国語と国心　言葉は心の形であつて、殊に高度の文化を有する社会にあつては、高尚緻密な学術や思想を運営するには、言葉や文字なくしては成し得ないことである。既成の言語社会に生まれ

出る者にとつて、言葉は一面外部から強制し圧力を加へる強大な社会的拘束力であると共に、また依つてもつてその心を表現する鋳型ともなる。心と言葉との密接なる関係、国民精神と国語との相互関聯の重大性は事新しく論述するまでもない。この問題に関しては粗笨ながら曽て考へたところである。[①] ここには日本精神の顕現発揚といふ立場から少しく具体的に考へて見たい。

日本的考へ方、日本人的性格或は日本精神なるものが、日本歴史の事実や文化の上に見出されるは勿論であるが、その細部の精神構造は、むしろ国語そのものの性格・構造に反映してゐることが多い。英文などでは煩はしいまでに主格を一々示しIといふ一人称代名詞が特別に大文字で現される習慣であるに対し、我が国語は曖昧と思はれるまでに主格、殊に一人称代名詞の省略が多い。これは自己を特に強調するのを好まぬ我が国民の没我的精神の現れとも見ることができる。かくの如く、それぞれの国語の表現形式はそのままその国民の思考の態様であるとも言へる。国語の指導が国民思考の指導にまで至るべき理由は、実にこの国心との不離の聯関を考へることによつて明らかにされる。

国民思想統一の上よりする国語政策の根本として、国語教育強化の方策は、各国とも早くより深き関心を以て試みられてゐるところであり、我が国に於ても外地の国語教育は最近一段と強化され来つた実情にある。殊に最近我が国の朝野に於て国語問題に対する関心は異常に深きものを示して来た。在来多く国文学方面に盛であつた研究論議は、やうやく国語学力方面にも及び、専門学者の論策の発表も相次いで成されつつある。殊に創作家方面より提起されたる国語国字問題の実際対策は世人の国語に対する関心を一段熾烈ならしめてゐる。

かかる際なほ興亜教育の根柢として、日本精神の振作と更張とが新しく考へられようとしてゐる今日、国語教育は果して如何なる方策を以て臨むべきであらうか。日本語は今や在来の一小島国内の言葉だけに終らなくなつてゐる。長期建設は次第に文化建設に進みつつある。外に伸びるものは先づ内に充実するを要する。日本国民の精神はその言葉と一体となつて堅固の地盤を民族の内面にしつかりと築き上げねばならぬ。

国民精神の涵養には、作品の素材的な内容を以て国民の思想に方向を与へると共に、国語の特質と文章の構造心理によつて全体的な国民の考へ方を会得させる一面が根源的であつて、国語そのものの陶冶の体系が、曽ての時代の単なる形式主義に堕せざる方法と組織とで築かれねばならぬ。日本精神の涵養と発揚とを窮極目標としつつ国語教材の選択排列の上に、国語そのものの陶冶を重視する再編成が先づ成され、その根本精神を徹底さすために陶冶方法が考究されねばならぬ。昨年度を以て完成したる新小学国語読本は、日本的なる素材の排列其の他に於て画期的なものとして喜び迎へられてゐるやうであるが、国語陶冶の面より見る時は十分な組織であるか否かは尚疑問である。要するに国語の教育として日本精神の顕現発揚に資せんとせば、日本的思考訓練の立場から国語陶冶の方策を建て、日本精神に真実な形を与へ、之を実現するものとして、国民の言語生活の確立強化に向かつて強く動いて行かねばならぬと思はれる。

日本精神の教養に於ける国語教育の働は、言葉を一つにすることによつて、横に全国民を同心一体たらしめると共に、縦に古今を貫ぬく日本国民の精神に合一せしめることに重要の意義を持つ。それは、国民各個をして国語を通して国家民族の魂を分有せしめることである。国語に流動してゐる日本的考へ方の方向に従つて考へ、日本人的感情の動き方によつて感ずるやうに仕向けるにある。国語を味はひ、体得し、その生命によつて動くのである。生ける日本精神は、過去に成形された特殊の思想体系の中に存するのでなく、言葉として生き動いてゐるものである。かかる意味で国語自体の陶冶が甚だ重要なるものとなつて来る。しかしてこれは国語の真意義の理会よりして尊重愛護の念の喚起に進み、その体得実現に向かはしむべきである。今これらについて更に叙説を試みる。

一　国語に対する自覚を与へ尊重する念を養ふこと

わが国民の国語に対する尊重の態度は未だ必ずしも十分とは思はれない。国語の軽視は自国の精神文化一般に対しての尊信を薄くするの傾向をも惹起し易く、無意味な自国卑下の風潮は進んで拝外に傾き、終に国体の尊厳と日本国民生活の真意義を忘失する愚に陥らぬとも限らぬ。されば自国語を尊重し愛護する念を養ひ、殊に幾多の長所を有する我が国語に対して十分の信頼と自信とを持たしめることは国語教育の重要なる任務とせられねばならぬ。

わが国民の国語に対する信念の喪失は、指導者の態度に一半の責任がある。即ち国語国字の改良論が、とかく既成の国語国字の短所欠点を指摘するに急で、その長所特色を顕揚する態度を欠いたために、教育の実際家も知らず識らずこれに感染して、自ら先づこれに対する信念の動揺を来したことが、少くも相当の原因となつてゐると思はれる。英語の書取に於ては一綴字の誤も重大視されながら、漢字や仮名遣の誤は頗る寛大に扱はれ、それを以て逆に国語国字の難点として攻撃さへも加へようとする。国民能率の上よりする改良策は甚だ重要ではあるが、理想論と実際教育とは明らかに区別するを要する。改革論の多くが、能率化をただ平易化といふことに置換へ、国語の質を低下させることのみに多くの目標を置くことも危険な一面を持つ。平易簡明で便利であることの外に、文化的言語としては、高度の文化の表現たるにふさはしい芸術性科学性を保有し、高級なる内容を含むものでなくてはならぬ。学習と運用の上にその不便が頻りに訴へられてゐる漢字漢語も、我が国語の重要な一方面となつて存続し来つたものである以上、今更これを全廃するわけには行かぬ。これを一挙にして改変し得るが如く思ふは理想に馳せ過ぎた妄想に過ぎぬ。かかる誤解よりして一般国民の国語に対する信念を、仮にも動揺させるやうなことは最も警戒を要するところである。

即今の国語教育の急務としては、先づ以てこの国語に対する信念を回復することであらう。それには先づ一国の国語の真に尊ぶべき所以を知らせ、国語と国民精神の密接不離なる関聯を自覚させることを以て第一とする。即ち要目の「国語ガ国民性ノ具現タルコトヲ知ラ」しめるのである。小学読本に於て「国語の力」を強調せるに対して、中等学校に於ては、これを今一層学的な立論と豊富な実例により、国語の重要性に関する知識を拡充させる教材を取り、これが自覚に資すべきである。そして「思想表現の文章として日本語」の価値や、「哲学的言語として英語以上」[2]とも考へられる日本語に対して十分の信念を持たせなければならない。

かかる国語の特質を知らしめるためには、現在の文法科を更に拡充強化させることが有効と思はれる。特に中等学校に於ける国語科としては、文法科の分科的独立に捉はれず講読作業を更に文法的に扱ひ、語学的特質として文章を見しめることも重要で、これは小学校教育と異なる独自の任務でもある。これがためには、文法科としても、現在の編成は更に全体的に建直す必要があるではあるまいか。昭和十二年の改正を以て、一年に於て現代語即ち口語法より入り、三年に於て文語法・文章法に至り、五年の増課教材に於て国語史的知識を与へる組織となつたのは在来よりも整ひ来つたが、尚細部に亘つては不備を感ずる点多く、文法・講読を通して中学五箇年の「国語の教育」が、果して幾許の成果を収めつつあるかは、かなり疑問のものがある。中等学校の国語教育を若し語学的側面に於て見るならば、その時間数の割には、国語自体についての綜合的な知識や、言語といふ実体についての観念は大して養はれてゐないやうに思はれる。これを補ふには、文法科ももつと国語学的に綜合したる体系をもたせ、即ち文法以前の国語学的諸分野、たとへば国語の音韻方面として連濁・連声・音通・略音・約音現象や文字論等をも加へ、単語論に注いだ過重の労力を文章論方面に割き与へる等も一策ではあるまいか。即ち理論的方面と歴史的方面とを手際よく合体させて、国語の特質、特に日本的思考形式との聯関に於て把握させるやうに努める。かくすることによつて国語発達の方向をも知り、発展的国語への信頼・尊重の念をも養ひ得るであらう。

二　国語の特質諸相を具体的に知らせること

最も進化した最も理想的な言語は、最小の労力を用ひて最大の効果即ち表現力を発揮するもの、別言すれば、最も簡単な構造を以て最も大量の意義を表現し得るものであるべきである。我が国語の進化もまたやはりかかる整頓化・明瞭化・単純化・規則化の道を辿りつつあるものと言はれる。発音上に於ては、五十音（実は四十八音）より四十七音、四十四音となり、語の中または終に於けるハ行音のワ行音化は、遂に三十九音に減じて、発音に要する努力の減少、労力の経済化に進み、また文法上に於ては、活用語尾の音便を生じ、形容詞活用の単一化、動詞二段活用の消失、係結の消失等、錯雑より整頓へ、複雑より単純へ、不規則より規則へと進む傾向が見られるのである。

一般に我が国語の特質は、含蓄に富む象徴的な特性をもち、省略法の発達著しきところに見出されるとも言はれ、[3]安藤正次は、[4]特に国語音韻の優美性、単語の意味の抽象性、表現の含蓄性其の他を指摘され、山田孝雄博士も[5]同様に優美性・抽象性・合理性を強調されてゐる。更にまた、国語表現の心理的研究により融通性・活用性・類化性が説かれ、[6]早く「国語と国民性」の考察よりその特殊性として、音韻組織、単語の排列と文の組織、敬語、枕詞等を挙げ、漢字と国語、漢語と国語、国語の造語法、国語の意義等について、芳賀博士は詳細なる研究を発表されたところであつた。

特に我が国語の特性としての敬語法の発達については、日本精神との関聯に於て重要視せらるべきものがある。敬語は我が国のみに見られるものではないにしても、少くも、敬語文体として特異な発達を遂げてゐることは、確に諸外国にその比を見ないところであらう。

その敬語的特性は接頭辞「お」の一辞に於てさへも明らかにし得る。これは単に西洋人の解するやうに、たとへば英語の your の意味だけでは現し得ない。その敬意のこめられてゐる点が最も重要であつて、「お宅」の言葉の真の意味も your house だけでは足りない。日本の商人が自分の商品にも「お菓子」「お扇子」といふ意味は外人の了解し得ぬところであらう。それは「尊敬すべきあなたの召上る菓子」の意で、自分がそれを作つても、それを食ふ人、買手を尊敬してかく言つてゐるのである。文法上世界に比なき敬語法を発達させたところに、我が国民の敬譲の精神に富むこと、また建国以来万世一系の皇室を上に仰ぎ来れる国民精神の根本特色を明らかに表明してゐるものである。しかも、それが今日にて平安朝期にも増して益々複雑化して行きつつあるのは、単に敬語的表現を封建性に由来するとだけで片附け得ない国民の根本性格に根ざす所以を思はしめられるのである。

山田博士は[7]文法上品詞分類を富士谷成章の説を拠るべきものとなし、体言（名詞・代名詞・数詞）用言（形容詞・動詞）副詞（副詞・接続詞・感動詞）助詞に四大別して、これらの品詞が、その性質と文法上の職能と排列上の位置と相並行して悖るところなき点に一つの重要な特質ありと説いてゐる。体言は観念的骨子として主格となり、用言は説明陳述の力によつて述格となつて文の主要成分を成し、副詞は「挿頭《かざし》」の名の如く上に来り、助詞はその観念語の下について、関係語たる職能を果し、正にその「脚結《あゆひ》」の名の如くである。この規制は多少の自由はあつても、用言を中心に上方に積重ねられる観念部と、下方に重ね進まれる陳述部とが、さながら樹木が根幹を中心に向日性と背日性とを現すごとく、言葉の排列が一延長性を有することは国語独特の構造であつて、正に我が国家体制を反映する思考形式とも見られるのである。

この他、国語そのものの特質を分析すれば、巧なる摂取同化の態度が見られる。文字としての仮名と漢字漢語の関係に於ては余りにも明瞭である。我が国語の音韻方面に於ても、古く国語音は正雅明朗で直音の多かつたことは、宣長の「漢字三音考」以来説かれるところで、これに拗音・促音・撥音の現れ来つたのは漢語の声音組織の摂取によるものであらうと言はれてゐる。濁音も本来は語頭に来ることなく、語の中尾に於ても古くは稀であつたであらうと思はれるが、かかる国語音複雑化は、その足らざるもの必要なものを積極的に吸収同化することによつて得たものと思はれる。この積極的同化性は我が日本の生成発展の根本動力となつたもので、日本精神の中核は殆どこれに帰一せしめて考へ得る程のものと思はれる。

更に軍記物の武家言葉に多い「打たせける」や「射させたり」など受身を使役表現にするのも、すべてを積極化せんとする精神の現れであり、其の他「押並べてむんずと組む」「馬よりどうと落つ」等の擬声語の力強さも、やはりこの文章の特徴となつてゐる。

尚この外に古語に於て、かかる国民精神の表現たる重要な語は甚だ多く、これらは適時取上げてその語の奥に潜む日本的考へ方の本義を理会せしめることも、古語解釈の肝要な点であらう。たとへばおほやけ・すめらみこと・しらす・うしはく・むすび等の語の概念内容は、この意味で吟味せらるべきものを多分に持ち、日本精神の中核は、かんながら・まこと・はらへ・おもひやり・さび・わたくし・ありがたい・勿体ない・風流・恩・縁等の語の研究によつて明らかにし得るとさへ言はれてゐる。⑧ 文法・語法が単に形式の知解に止つてゐる間は、真に日本精神の教養には交渉を持ち得ない。国語に流れ表れてゐる国心を会得せしめることが「国語の教育」の究境であらう。

三　国語愛護の感情を養ひこれを愛育発展せしめる熱意を養ふこと

以上に述べたる所により国語尊重の理を弁へ、国語の特性を知的に理会し得たりとしても、それで十分とは言ひ難い。真に国語に親しみ、国語を以て自己の精神・魂の形相として愛重する感情の養成にまで進まねばならぬ。考へ、語り、書く言葉の生活を深く顧みて、これことごとく自らの生命の実現進展の姿として、なつかしさと愛着を抱くまでに、国語生活を自覚させねばならぬ。このためには、直接国語作品に浸らせ体得させるべきで、かかる国語の体認には、説明や理論を抜いて、魂のこもれる作品を選び、これを深く読み味はせ、その教材に親しますに限る。そして行として国語の中に生活させるのである。かかる意味からすれば、文を作らせ、詩歌を創作させることも、言葉の味をしみじみと体験させるところに一面の意義を持つてゐる。特に歌を詠み俳句を作ることが、文学趣味の養成としてでなく、言葉の味解の方法として重視されねばならない。詩文の暗誦はこの意味に於て特に有効で、暗誦によつて蓄へられた詞句は、その人の生長と共に何時までも生長をつづけてゆく。特に国語愛は語感の体認によつて生まれる。一つ一つの言葉を真に生きて働かせる力はこの語感の体認から発する。かかる語感は語の意味の周囲に漂ふ雰囲気であつて、語の意味を躍動させる力となるもので、こは文の調子の中で自づと感得せしむべきものである。

四　国語陶冶の上より教材編成を系統化すること

在来の教科書は、多く学年的に教材の難易順を考慮するくらゐが主で、全体的に国語陶冶としての立場より体系化された編纂は少かつた。その難易順といふのも、季節を追ひ、文体と作者との変化を与へる用意位が山々であつた。内容的に国民的自覚に資する教材を多く採つてゐる新小学読本も、国語陶冶の用意は必ずしも理想的になされてゐない状態である。

中等教育は、内容的にも形式的にも小学教育の基盤に立つ発展態でなければならぬ。国語陶冶の側より言へば、小学校に於ける教材は標準語の訓練が主であつて、中等教育に於ては更に高等なる国民教育の立場から、標準日用語より数歩を進めて国語の歴史性の把握を目ざし、古語とこれを通しての古き時代の精神に触れ、時代的な奥行をこめた言葉として馴れさせたい。従つてその教材は国語の全体の姿に触れさせるのを目標としつつ小学校教材と密に聯絡し、常にこれが発展と確認の意図を有すべきである。しかしながら語法的統制と、現代文等の標準語的統一は閑却されてはならぬ。余りに文芸主義に捉はれて、国語による国民一体化の大きな国語教育本来の立場から逸脱してはならぬ。

かくて与へられた国語的全体知識と国語愛護の精神は、狭隘な国粋主義に偏して国語の生命を窒息せしめる事なく、よく東西文化融合の上に新しき高度の文化を築くに役立つ基礎構造体としての優秀なる言語として大成させるべく、これを保護し、愛重し、鍛へ上げる心掛を持たねばならぬ。而も国語は国心の全体を最もよく包有するものであり、虚心にこれが全貌に接し、真実の日本精神に生きる国民たらしむべきである。

〔註〕

① 当校発行「中等教育の実際」第十八号「ことばの教育」所載拙稿「言葉による心の陶冶」

② 阿部次郎氏稿「日本の詩歌」(短歌研究、昭和八年一月号所載)

③ 久松潜一博士「日本文学の特質」(日本文化小輯の中)

④ 安藤正次氏「言語上より見た日本国民性」(佐野学氏編「日本国民性の研究」)

⑤ 山田孝雄博士「国語と国民性」(「国語尊重の根本義」の中)

⑥ 城戸幡太郎氏「国語の表現と神話の解釈」(「古代日本人の世界観」の中)

⑦ 山田孝雄博士の上記論文

⑧ 高橋龍雄氏「国語学原論」

(同上冊子、一〜一二ペ)

山根安太郎先生は、「生ける日本精神は、過去に形成された特殊の思想体系の中に存するのでなく、言葉として生き動いてゐるものである。かかる意味で国語自体の陶冶が甚だ重要なるものとなつて来る。」(同上冊子、五ペ)と考えられ、国語自覚・国語尊重、国語の特質の具体的な認識、国語愛護の問題に論及していられる。

また、国語の特質を知らしめるためには、国語科の中の文法科を拡充強化すべきだとしていられる。当時の文法科のありかたについての山根先生の批判的考察は鋭く、示唆にとむ。(当時、教生であつたわたくしは、まだこのような教科認識を持つところまではいかなかつた。)

山根安太郎先生は、「国語に流れ表れてゐる国心を会得せしめることが『国語の教育』の究境であらう。」(同上冊子、一〇ペ)と道破される。山根先生は、さらに、国語陶冶の上から国語教材の編成を系統化していくべきことを指摘され、中等教育における国語科のありかたを、つぎのように述べられた。

「中等教育は、内容的にも形式的にも小学教育の基礎に立つ発展態でなければならぬ。国語陶冶の側より言へば、小学校に於ける教材は標準語の訓練が主であつて、中等教育に於ては更に高等なる国民教育の立場から、標準日用語より数歩を進めて国語の歴史性の把握を目ざし、古語とこれを通しての古き時代の精神に触れ、時代的な奥行をこめた言葉として馴れさせたい。従つてその教材は国語の全体の姿に触れさせるのを目標としつつ小学校教材と密に聯絡し、常にこれが発展と確認の意図を有すべきである。しかしながら語法的統制と、現代文等の標準語的統一は閑却されてはならぬ。余りに文芸主義に捉はれて、国語による国民一体化の大きな国語教育本来の立場から逸脱してはならぬ。」（同上冊子、一一ぺ）

穏当な、傾聴すべき見解が述べられている。中等国語科教育のありかたがたしかに見据えられているのである。

山根安太郎先生は、前半の論考を、左のように結んでいられる。

「かくて与へられた国語的全体知識と国語愛護の精神は、狭隘な国粋主義に偏して国語の生命を窒息せしめる事なく、よく東西文化融合の上に新しき高度の文化を築くに役立つ基礎構造体としての優秀なる言語として大成させるべく、これを保護し、愛重し、鍛へ上げる心掛を持たせねばならぬ。而も国語は国心の全体を最もよく包有するものであり、虚心にこれが全貌に接し、真実の日本精神に生きる国民たらしむべきである。」（同上冊子、一一ぺ）

ゆるぎのない論が堂々と述べられている。

さて、山根安太郎先生は、後半の論述を、左のように展開していられる。

三　国文学による日本精神の顕揚

興亜精神の涵養と国文学　今次事変の意義が、興亜の聖戦即ち東亜秩序の再建といふ大目標となつて、わが国民の間に強く自覚せられて来た。これは内面的に言へば、わが日本国民の世界史的大使命の自覚であり、八紘一宇の建国精神の実現として意識せられたものである。従つて支那事変は、単なる偶然的突発事象ではない。わが国家民族の使命の上より見れば、必然に展開し来るべきものであつた。八紘一宇の大精神は、実はわが国家民族の世界史の上に存立する所以の本質的意義であり、而して国民的信念として万古一貫せるものである。この精神は畏くも皇祖の神勅に発源し、炳乎たる歴世の国史の成績として進展し、明治の大御代に至つて五箇条の御誓文として煥発せられ、生々たる開国進取の機運を形成する一面、教育に関する勅語にして「之ヲ古今ニ通シテ謬ラス之ヲ中外ニ施シテ悖ラス」と仰せ出された御精神となり、更に昭和の大御代に入つて、茲に聖業建現の段階に進展して来たのである。これは真に古今一貫の道である。而もこの大精神の如実なる姿は日本文化の歴史的発展の中に見出される。印度文明に始源する仏教文化を巧に摂取同化して日本仏教として展開させ、支那精神の骨髄としての儒教道徳は、わが国家的精神の照射によつて渾然たる国民道徳に溶けこみ、近世以来は更に従来文明と格段に異なる組織を有する西洋の科学文明を輸入し、これが消化に異常なる努力をなし来つたのである。印度に滅び、支那にその生命を失ひたる東洋独自の宗教と道徳とは、日本精神の照射を受くることによつて、ここに独特の日本的なる姿をとつて一段の生長を遂げ溌剌たる生命を持続してゐる。東洋的なるものの精髄は、今や日本にのみ真に保有されてゐる。而して日本に於ける西洋文明の吸収同化は急速なる進行を示したが、その今日までに費したる年月は、前二者の異邦文明の輸入消化に費したるものに比すると余りに短期間であるためと、且はまた、本来の日本的なるものとは甚だしく異質的であつたことを以て、すべてを完全に咀嚼し同化し終へて、それの止揚としての高次なる文化の創造にまでは、未だ十分到達されてゐるとは認められぬ。未だ多くはその進行の過程にある。しかし今事変を契機として、かかる新文化の建設は恐しく急速に展開してゆくであらう。

かくの如きは、わが皇国が神勅の御精神、八紘一宇の大理想の実現態であることを確信する日本国民にとつて、当然の自覚である。皇国を一つの発展態として思惟する態度が日本精神の根源的認識である。

日本精神をその発現形態による捉へ方については、各人各様の見方があること第一章に既述したる如くである。しかしこれを今少しく総合的に立体的に考察して見ることも可能であらう。思ふに日本精神は単なる諸要素の集合体でもなければ、諸性質の混合体でもない。諸性諸相として顕現する一全一体である。この一実体としての日本精神の中核的性格を一応「発展性」として措定することができる。発展性は更に真実性と意志性との聯関態とも見られる。真実性は、所謂「まことの精神」であり、真事・真言・真心の相互関聯によつて現れる所の精神活動であつて、敬神・忠君・孝行・崇祖・敬虔・滅私・帰一・自然愛・慈愛・誠実等の諸方面に現れ、具体的には、言葉としての敬語現象、外来の真実なるものに対する我を忘れての傾倒摂取の態度等となつて顕現する一面である。意志性は所謂「むすびの精神」で、真事の生産に向かつて更に強く現れる精神活動であつて、融合・同化・積極・進取・雄大・総合・統一・発展・実行・生成・持続・和・武・秩序等の形を以て現れ、具体的には過去のわが民族の組成、一般文化の特質として著しく認められるものである。前者は比較的に静的受動的傾向を帯びたるに対して、後者は更に動的発動的なる姿相であるが、この両者の発現形態は多様であつて、実は厳密にこの二範疇に分け得るものでもないであらう。たとへば、和の精神と武の精神は相反する如くにも思はれ、殊に和の発動は「まこと」の精神が強い。むしろこの両性は相互関聯が密接なるものであるし、また日本精神の発現を必ず只二つの範疇に入れねばならぬとも思へぬ。むしろ、その発現は千種万態で、而も相互に様々な関聯を持つものと見るべきであらう。しかし一応かくの如き体系の下にわが日本精神の態様を観察することも可能であると思ふ。而して「まこと」と「むすび」の精神は、現在のわが日本生命の発現に見られるのみならず、古典文学に現れたる二つの大いなる精神形態であつた。真に恒常的なるものは、現在に存し、且古代にもその蹤跡を認め得るものである。現代の科学精神としての合理性は、かかる日本精神の形態を凝視することによつて、その根柢に潜流してゐる態度であることが分り、それが会々近世に至つて西洋の科学文明に触接することによつて、明らかな形となつて顕現し来つたものと考へ得られる。而もかかる精神が皆平等の姿態をとつて現れ来つてゐると言ふのではなく、わが国民の最もすぐれたる国家生活の経営によつて現れ且つ練られたる「忠君尊皇」の精神は、むしろ、他の文化生活に現れたるものとは比較にならぬ強烈且高度なるものに進んでゐるのである。

かくの如く日本歴史を日本精神の顕現史、国民理想の実現史として見る時、現在の日本国家国民に課せられたる意義と使命が明確に自覚せられる。かかる歴史的自覚の下に、興亜の聖業完成を現前の目標として国家体制の整へられつつある時、教育も亦この興亜国策の体制下に内容及び方法が改編せらるべきは当然である。しかしながら、それを当面の問題処理に役立たせる狭小な視野にのみ限定することは警戒すべきである。顕正のための破邪であり、大建設のための破壊である。目前の問題処理のためにも、それを押しゆく背後の、根本のものの育成が忘れられてはならぬ。まづ根本たる日本精神の把握により、当面せる使命遂行の大自信を持たしむることが大切である。

かくの如き立場に於て国語教育に課せられたる所は如何なるものであるか。以上の叙説は多く倫理的立場が強調されたが、国語教育は、その教科教材の本質よりして、日本精神の教養と言つても、より全体的立場に立つ、国語教育が国文学の作品に基づいて行はれる以上、文学による方法として規制せられる。文学は人間性を、より全体的に表現する。国民文学に国民精神が表現せられてゐるとすれば、それは倫理や道徳の徳目などのやうに抽象されたる姿に於てでなく、思想感情の全体的な姿に於て、情意の全面的なものとして表現されてゐる。故にそこには他教科の如く理性的な教説で与へられるのでなく、全面的感得を以てする。ここに、国民精神の陶冶と言つても他教科と異なる教材的組織と教授方法が措定されるのである。しかしながら、過去の弊は、この独自の立場に執して余りに文芸の偏重に堕し、鑑賞主義の跳梁に委ねられたことであつた。文学上の趣味を養ひ、文芸によつて情操を陶冶することは、大国民の教養としては必須である。しかし、それはあくまで「日本の文芸」によるものであつて、日本的な感情を練り国民的情操を陶冶するものでなくてはならぬ。曩の弊は一部文芸者の影響であり、実際家の中でも文学愛好者の自己の好みによる歪曲であつて、真に「国民の教養」としての立場からの厳正なる批判と内省とによるものではなかつた。文芸は人間性の表現を主とする上より時に反道徳の行為、社会の矛盾罪悪もさながらに表現する。これは時に国民としての実際道徳を破壊する場合もある。かくの如き文芸も之を正しく批判せしむるやうに導けば却つて有効なりとの論議もあるが、それは成年者のみの能く成し得ることである。而もそれは屢々単なる文学者・作家を養成するやうな偏した趣味的な教育に陥り、作者の個人的性格や、作品の文学的価値のみを強調するやうな傾向にのみ堕してゐた。

国語教育に於ては、国民精神涵養に参与する重要な一科であることを自覚し、而も、他科と異なる独自の立場を持しつつ、厳正な教材の選択と編制、並びにその取扱方法の吟味がなされねばならない。かくして、そこに全面的な情意を以て、国民として生きる道、民族として直面せる大使命を感得し、之を達成するの実力を錬磨する正しき指導がなされることが必要である。

日本精神の具現たる教材とその編制に注意すること　このやうに日本精神は原態として、発展的な一全一体として考へられる限り、その実体を簡単に定義づけて示し得るものではない。かくかくのものと限定する時は既に他の面を遺棄してしまふことになる。「伝統尊重の精神」と言ひきつてしまへば、「融合同化の精神」とは一見矛盾するが如き観を与へる。さればとて、「日本精神は汝自身の胸に問へ」とのみ言つてしまつても、明確になる所以でもない。日本精神は日本国民に内在する精神であり、傾向として存する素質ではあらうが、これは或形態に於て規制し発現させるのでなくては実有とはならない。日本精神に関する帰一し難い多くの学説も、所詮はその発現形態や一形象面を捉へてゐるに過ぎず、それらの特性は最深層に於ては相互に密なる聯関をもてるものである。これらは単なる構成要素ではないが故に、ただこれを積重ね集合し組織立てて見ても、日本精神の原態が構成されるとは思はれぬ。しかしながら、それらを可及的に組織だて系統づけて一つの体系に組立てることは全然無意義ではない。従来、国語教科書の編纂に於て日本精神を高調するものも、多くは各教材がばらばらに編成されて、かかる立場からの各教材の有機的聯関と全体的体制の緊密化が欠けてゐたやうに思はれる。僅に教材の難易順の排列や、変化を与へ、または季節に即応するだけの用意に留つたかの観がある。日本精神の把握を密にするためにはかかる点を顧慮したる体系的編纂が要求される。

教材の編制には、先づその根本たる全体的指導精神の確立が緊要である。いふまでもなく、国語教育に於てはその教材がすべての基底である。生徒心意の形成母胎となるものであり、指導方法の体制を規定する。従つて高邁健実なる日本精神の把握よりして、これが具現として細密なる編纂がなされねばならぬ。興亜の聖業達成の歴史的大使命を自覚せしめ、皇道実践の熱意に輝く大国民の訓練と鍛成に意を用ひ、明朗博大なる気宇と持久剛健の精神を涵養する高き国民教養の理想の具現が意図されねばならぬ。

教材選定の基準としては、文部省要目の「(一)国体ノ精華、国民ノ美風、偉人ノ言行等ヲ叙シテ国民精神ヲ涵養スルニ足ルモノ　(二) 世界ノ情勢ヲ知ラシメテ円満ナル国民的常識ヲ養成スルニ足ルモノ　(三) 文学趣味ニ富ミテ心情ヲ高雅ナラシムルモノ」に依られてゐるのであるが、具体的には如何なるところに国体の精華を見、何を以て国民の美風と見るか、如何なる偉人の言行を採録するか、世界の如何なる情勢を知らしめることが日本人の国民的常識たり得るか、如何なる内容の文学趣味に富める作品を選ぶかが、上述の指導精神と編者の識見によつて分れる所である。これが、現在の如く検定制度の下に百を以て数へる程の多種多様の中等教科書の輩出してゐる所以である。更にそれらの分量の按配により、或は文学読本化し、或は解説教材の重視、又は内容主義等の特色を以て各々存在の権利を主張してゐるわけである。更に要目には一般的規定として、「総テ醇正ナル国語ニ採ル」ことが要求されてゐる。これは国語的陶冶の面から重大な規定であるが、同時にまた国語作品として感銘に満ちたる醇正重厚なる作品を要求してゐるものである。真に日本精神の涵養に資するには、その教材が、強き国家的国民的自覚を喚起するもので、熱と力とを以て強力な示唆を与へるものたるを要する。

かかる意味より重視すべき教材を、普通の教科書より若干拾ひ上げて其の意義を考へて見よう。先づ国民として歴代天皇の御聖旨を奉体することは国民的自覚の始りであつて、その御聖徳を仰ぎまつることは臣子の分を尽くさしむるに至る第一課である。畏き極みながら、最近の教科書に明治天皇の御製を多く拝載し奉る傾向をもつてきたことは至当のことである。殊に歌聖にましまし、御文徳高かりし明治天皇の御製を拝誦しまつることは、国語読本全巻を貫穿する大精神として最も重要であり、我が国に於て常に皇室が文化の魁をなし給うた御聖旨をも知らしめることが出来る。而もそれは帝王の御製として、御心境の各方面に触れまつるやう謹選し奉るべきであつて一方に偏すべきでない。

尚、「今上天皇の御幼時」（石井国次）「皇室と国民」（芳賀矢一）「北白河の月影」（西村天囚）「君恩」（石黒忠悳）等、かかる意味で必須なるものである。次に皇室に対し、臣節の本義を明らかにするための教材もまた重視せられねばならぬ。「人臣の道」（神皇正統記）「乃木大将の殉死」（徳富蘇峯）「防人の歌」（金子薫峯）「正行の参内」（太平記）「光頼卿の参内」（平治物語）「重盛の教訓」（平家物語）「杉浦重剛翁」（小笠原長生）等によつて大義を明らかにし、一死皇恩に報ゆるの精神と万民輔翼の道とを明確に自覚せしめねばならぬ。以上の他に、「我が国の神話」（松村武雄）「わが国民性」（国体の本義）「皇室と国民」（芳賀矢一）等に於て、国体の精華とその本義を明徴にすべく努むべきである。

更に日本精神の体現者としての偉人賢哲の言行を示すものとして、個人の如何なる点がとり上げられるかが問題となるであらう。しかし修身科的に代表的偉人傑士の悉くを網羅することは、むしろ国語教材としては無意味である。ただ特徴ある人物として、乃木大将・東郷大将に、象山・松陰・国臣・南州等の維新の志士功臣、楠公父子・村上義光等の義臣、人間としての源義家・源為朝・那須与一・豊臣秀吉・大石内蔵之助、文人としての本居宣長・平田篤胤・中江藤樹・二宮尊徳・西行・芭蕉・良寛・曙覧・実朝・杉田玄白・福沢諭吉・野口英世等を中心とし、要するに文武両面に亘つて、日本的賢哲の日本的生き方に、直接間接に触れしめる機会を与へることに意義を持つべきである。なほ国民性に示唆を与へる人物として広く世界的人物にも及び、世界の四聖としての釈迦・孔子・ソクラテス・キリストより近代人としてのエヂソン等を加へて普くその感化に与らしむることも必要である。

これらの具体作品に盛られたる素材や形象により、全体的に日本精神の把握に至るのであるが、更にこれを一層日本精神そのものとして具象的に論述し、精神史的批判のある「わが国民性」（国体の本義）「日本の文化」（笹川臨風）「武士道の精神」（清原貞雄）「国文学と日本精神」（久松潜一）等によつて日本精神の種種相が綜合されることもなされねばならぬ。

最も文芸的なる教材としての詩・和歌・俳句の類に於ても、何人の、如何なる作の、如何なる点に、着目して選定され且教へらるべきかは、相当考慮に値する事柄である。単に最も著名なる作家の最も特異なる個的な代表作であるといふことのみを以て直ちに国民教育の資材となすに足るか否かは問題である。国民を健全に育成する資料としては、名作と雖も余りに繊弱なる感傷的なものは斥けられ、次代国民の感情を醇雅高朗にし、且志気を振作鼓舞するに足るものであるべきである。従つて従来閑却され来つた維新志士の和歌や、宣長の玉鉾百首の如きものも、真に人心の内奥に触れる響を有するものは、従来の単なる月花の風流歌に替へて取上げらるべき価値を有し、詩に於ても余りに詩風の繊細なるものよりは、山村暮鳥の「美しい日本」、中西悟堂の「日章旗」、西条八十の「聖土」、千家元麿の「麦」、高村光太郎の「傷をなめる獅子」等の国民的理想を歌へるもの、若しくは高朗雄健なる調のものを重んずべきである。

総じて日本精神発揚の立場よりして、国語教育に於ては、特に次のやうな教材並びにその精神が重視せられねばならぬ。従つて、その教材や方法が単なる文学史的乃至国文学精神史的編述や取扱に終始することなく、国民的気魄感情の鍛錬に向かつて中心を統率することが緊要である。

一、国体の本義を体得し、国家的国民的自覚信念を鍛成すべき教材に依り、国民的思考と感情を訓練すること。

二、現下の時局の真義を自覚し、興亜政策遂行の大理想達成の気魄と熱意を涵養するに努めること。

三、日本的生活・日本的文化の特質を語る教材に依り、日本的態度性格の育成助長に留意すること。

四、文学的教材に於ても、繊弱・浮華なる感傷を斥け、雄健・明朗・高雅・重厚の精神の表現せられたる作に依り、濶達雄偉なる青年の心情に培ふこと。

五、海洋的教材大陸的教材により大国民たるの眼界視野を高大広濶にし、国運を無窮に伸展すべき担当者たるの高邁なる識見と自覚を喚起するに努めること。

教材の排列による日本精神の体系的把握　これらの作品の排列に当つては、学年を追うて発展的に布置按排せられることが最も重要であり、これは更に小学校教材をも見通したる体系に立たねばならぬ。中等教育に於ける教材は、所謂「小学校教育ノ基礎ニ拠ル」深化と拡充に意義を持つ限り、語句文章の形式上の聯絡といふことのみでなく、題材及び組織に於てもこれが発展生長として定位せられてくる。従つて、作品の素材としての人物事象も無意味な重複に終らず、把握面の相違によつて、一段の深化と全体的発展とが意図されることが必要である。

たとへば同じ源義家の人物を知らせるにも、宗任との逸話を語る「八幡太郎」(小学、巻九、第四)は、風流の逸事の面に於て「勿来関」(熊田葦城)に展開さすべく、「東郷元帥」(小学、巻六、第二十)の晩年の逸話を「東郷大将」(赤堀又次郎)によつて日本海海戦の聖将の面影に思を返させ、「乃木大将の幼年時代」(小学、巻七、第二十六)及び「水師営の会見」(小学、巻十、第十五)を、更に将軍の旅順攻囲戦に於ける他の一層深き一面と、その長期の精神を明らかにするものとして、各々「乃木将軍」(森鷗外)「乃木大将の殉死」（徳富蘇峰）として相応ぜしめる。「木下藤吉郎」（小学、巻七、第十六）が、「豊太閤の文事「（三上参次）で補はれる。また国語問題上より「国語の力」（小学、巻九、第二十八）は「言葉と心」（金田一京助）、「文字」（佐々政一）「自国語」（上田万年）「郷里の言葉」（窪田空穂）「国語の愛護」（五十嵐力）へ、「吉野山」（小学、巻十一、第一）が、「吉野の奥」（吉田絃二郎）に転じ、「村上義光」（太平記）「正行の参内」（太平記）の歴史的豊富さに進む。「サイタサイタサクラガサイタ」（小学、巻一、第一）から「御民われ」（小学、巻十、第二十七）の「敷島の」の歌への移りは、「国花」（芳賀矢一）として綜合され、「我は海の子」（小学、巻十一、第十五）は「海洋趣味」（幸田露伴）「太平洋時代」（鶴見祐輔）「高潮」（蒲原有明）にまで止揚されてその意義を発揚する。「扇の的」（小学、巻八、第十七）「末広がり」（小学、巻十二、第九）「日本海海戦」（小学、巻十一、第十）が、それぞれ「扇の的」（平家物語）「末ひろがり」（狂言記）「日本海海戦」（東郷聯合艦隊司令長官戦闘詳報）の原作にふれる事によつて、更に抄訳的な小学校教材を徹底深化せしめる働をなすのでなければならぬ。

以上主として、素材の上より小学教材との聯関を考へたのであるが、かかる見地より内容的には小学教材の補足として、また徹底強化としてその精神を豊かに大きく生長させる事が主眼である。殊に新小学読本が日本精神の具現に於て、未だ見ざりし体系を持ちその徹底を企図した用意をば、中等学校に於ても十分に生かして、教材の編成もまたその運用も考へられねばならない。

更に中等教育の教材の排列編成上、或は学年的に、或は各課別に、その配当次序が、日本精神の涵養を顧慮したる体系下に前後の脈絡を貫通し、而も連歌の附句的気味にも似たる変化と統一を以て層々進展してゐなければならぬ。この排列は実に教科書全巻の特質を構成するもので、各教材の措定されたる位置を自覚し、これに応じた取扱をすることにより、その教材的価値を生かし、全体的の教授効果を発揮することが出来るのである。これは一種の教材観の転回を必要とするので、在来の主知的態度を以て、各時代の文学作品及び文学思潮を知らしめるに留らんとする立場よりすれば、一種の異端と目されるであらうが、国民的教養訓練を一層高次なる規制とし、日本精神の涵養を目ざす上からは正当の転回と思はれる。従つて、単に一個の作品自体として鑑賞享受するに満足せず、日本精神の一形象としての教材的価値を見出して、之を生かすことが重要である。かかる立場より曽て実施したる教材編成の一方針[1]を次に示す。もとより一試案たるを免れぬものである。

先づ全巻を日本精神史的展開相としての体系下に彙類し、心理的論理的に考量の上、各学年の中核目標を次の如く考定する。

第一学年　主として風土・人物・行事の上に日本的態度と日本的性格を発見せしめること。

これは、入学当初の最低学年として最も親しみ易く興味を惹き易き事象に教材を選び、考察の方向を与へるのである。

第二学年　国語及び国語的表現の性格構造の考察によつて、日本的特性を把握させること。

これは、一学年に於て口語文法を一応習得したる知識を応用する上より、国語国文を日本精神の具現として、表現の性格に、その考へ方の傾向を実証し感得せしめんとする意図に立つ。

第三学年　主として賢哲の言行及び日本的生活に見られる日本精神の特質を知らしめること。

ここでは、「文」を通したる「武」の発露と、「武」の背後にあつて「武」を価値づける「文」の精神に於て、所謂荒魂的和魂的発現の状態を見、日本精神の核心に近づかんとするのである。随つて、本学年より軍記物を始め古典が多く原典として取上げられる。

第四学年　我が国文化の諸相を展開して、国民性情の基づく所を知らしめること。

これは、前学年の精神を更に深く検討するために、一般日本文化の性格を考覈し、そこに流れる一層基本的なる部面を、より広き分野に拡げて考察せんとし、文化日本の全体的姿態に思を馳せしめんことを期する。

第五学年　国文学の各分野を史的に展開し、国文学精神の進展を辿らしめること。

国文学を以て日本精神の具体相を、より精しく立体的全体的に把握するに便なるものとして、その代表的作品につき日本精神の展開相と深化過程を明らかにせんことを期する。これは一面、国語史文学史的認識に資する意味もあるが、しかし単なる文学思潮史の補材資料としてのみでなく、より日本精神史的観点の考察批判に適する面を以て教材を選定する。

以上の如く中心態度を定め、これに向かつて何等かの素材的聯関をもたせてそれぞれの教材を配当し、以て五箇年間に国民精神生活の渾然たる内容を与へんと意図するのである。かかる意図よりすれば、文芸性はやや第二義的となる。純一なる文学精神の理解のみを以てしては、全面的な日本精神を了得することは困難と思はれるからであり、一は国民教育としての立場上、単なる文学研究の範囲に止らず、之を超えて、国民精神の教養と鍛錬を目標とするが故である。

日本精神の顕揚上強調せらるべき教材と精神　実体としての日本精神は不変な一貫せるものではあるが、顕現相としては時・処・位による変化があり、時代を追うて無限の分化と発展の流をなす。それらが形をなして今日まで残つてゐるものが、時代の歴史であり、文化であり、典籍である。これらは要素でなく、全一的な日本精神の顕現する方向であり、その象面に過ぎぬのであるから、その悉くを網羅してもその全一な姿に復原することは出来ない。むしろ、その生命の著しき表現の若干を捉へてその真諦に触れる外はない。殊に限られた教材として選定するには、前述したやうな態度にたつて之を編制するのが妥当である。

国民教育の根幹は万古不易の道であるとしても、尚時代の要求によつて変るべきものである。勿論目前の事象に眩惑されて大局の把握を逸するが如きことは避けられねばならぬが、現在の時局は、我が日本として決して外的な偶然の運命と見るべきものではない。むしろ日本精神の顕現に於て必然の過程である。この時局を克服することは、日本的生命の実現乃至発展の一段階である。

われわれは強き国民的信念を以て、本事変の意義を思ひ、国家国民の嚮ふべき大目標を見出さねばならない。

かかる使命の自覚に於て、日本精神の涵養乃至発揚の上に特に重視せらるべき教材の若干につき、その意義を考察したい。当面の時局を克服すべき強大なる国民的気魄とその実力の涵養と、更に次の文化建設に於て、真に世界に光被すべき「大日本文化」の創造とは、肝要喫緊の問題である。かかる態度と実力の養成はいかなる教養によつてなさるべきか。

一　尽忠報国の精神を振起する教材を重んじたい

いふまでもなく、尽忠報国は日本臣民として生きる根本の態度であり、最高の道徳である。一死君国に奉ずるの精神は、日本国民の安心立命の地であり、それは殆ど理論を絶したる境地である。日本人の信仰は、終に天皇信仰に於て最後の帰結を得るのであり、日本人の生活行動の一切が、すべてこの根本態度に統率せらるることによつて、始めて明確な生命的生活の体系として確立されてくる。仏教に於て四恩の第一に数へる天地の恩も、日本人にありては、天皇の御光を受けることによつて実なるものとして感じられる。日本にありては君恩が最高である。かかる立場を最も明徴ならしむるものは、神皇正統記の「人臣の道」として説くところである。忠君の精神と臣節の本義を、これほど明確に説けるものは少からう。本教材は、かかる国民的信念を養ふ上に於て根本の資料たるべき地位のもので、取扱の上に於ては単なる解釈に終らず、十分国民としての自覚を確立せしむる資たらしむべきである。而してその中心は、実に「凡そ王土に生まれて、忠をいたし命を捨つるは、人臣の道なり。必ずこれを身の高名と思ふべきにあらず。」といふこの精神の結晶的詞句に見るべきであつて、これをその最も深き意味に於て了得せしめるために、理論的推究と翫味によつて、思想的にこの千古不動の立言を納得せしめねばならぬ。この詞句を表面的に軽易に看過しては、殆どこの一章の教科的意義は滅却され終るであらう。西洋風な「祖国愛」といふが如き語と、わが「忠君」の語に表現される真精神の差異が、実に国体に基づく所以を明瞭にし得る教材である。これと関聯して考へられるのは、「乃木大将の殉死」（徳富蘇峰）の文である。本教材の思想は、余程日本的態度の堅持なくしては、明確に理会せしめ難いものがある。功利的な考へ方に於て批判せんとする傾向の生徒に対しては十分の指導をなす必要がある。

忠君思想を歌つた詩歌としては万葉集の防人の歌に真情の流露せるものが多い。それは徳目の講説とは異なつた人間味ある情懐が托せられてゐるために、惻々人を撲つ力に富んでゐる。「今日よりはかへりみなくて」の今奉部与曽布の歌、防人の歌ではないが、「海行かば水づくかばね」の大伴家持の歌等、国民的自覚に資する詩歌を躊躇なく採録せる小学国語読本に比し、在来の中等国語読本が、歌と云へば月花の詠嘆に堕する、繊細なる作の採択に傾いてゐたのは、余りに文学主義に捉はれた偏狭な態度といふべきであつた。倫理的な題材でも、その詠出に迫力あるものは、むしろ美の一方面としてその位置を与へて然るべきである。かかる意味で、維新殉難志士の遺詠なども教材として新しく生かさるべきものが多々あるやうである。「防人の歌」（金子薫園）「平野国臣の歌」（堀江秀雄）等は各歌を引用した解説文ではあるが、かかる意味に於て取扱はるべき教材である。

次にこの項目の中に彙類せらるべき軍記物の教材はかなり多い。太平記の「村上義光」に於ては、その壮烈なる最後の様によつて一段強調されたる精神を見ることに、主眼を置いて読ましむべきである。同じく、「正行の参内」に於ても、余りに膾炙せる内容であるために、自明の事として皮相の取扱に終つては何等の精神的意義をも与へ得ぬであらう。而もその取扱に於ては特にその精神を捉ふべきで、語句・表現を機縁として忠孝の真義を感得せしむべき用意を必要とする。平家物語の「重盛の教訓」もまたその批判には慎重なる態度を必要とする。

かかる忠君思想の涵養は、同時にまた、国体の本義を自覚せしめ、列聖の御聖徳を偲びまつらせることによつて遂げ得る。「皇室と国民」（芳賀矢一）は、義と情とにて結合されたる君民一体の趣を明確ならしめるものである。修身・公民科以外に国語科の立場に於ても、国体の本義を自覚せしめる上から天祖の御神勅が取扱はれねばならない。「我が国の神話」（松村武雄）は御神勅を引用し我が建国神話を説明したものであるが、これによつて、天皇の御即位を永遠霊の新生として、天皇の現人神の真義を闡明し、我が国体の本義を明徴にし得る。而してこの御神勅の顕現の過程として、書紀の神武天皇の八紘一宇の大理想宣明の御勅語に及び、更に明治天皇の五箇条の御誓文への進展を以て、わが大日本の発展過程を明らかにしたる教材の編成がありたいと思ふ。書紀が国文材料として適正を欠くといふならば、記の「神武天皇の御東遷」の項によるもよいが、これでは御勅語に触れしめる事の出来ない欠点がある。これらの御詔勅の類は、他科に於て扱はれる可能性はあるが、国家精神の中核たるべきかかる文章は、国語講読としても一度は扱ふべきであり、取材の範囲を必ずしも文学的創作のみに限るべきでもないと思ふ。

列聖の御聖徳については「今上天皇の御幼時」（石井国次）「明治天皇の御遺物を拝す」（笠井信次）等の記事もあり、最近各教科書に「明治天皇御製」を拝載する傾向は喜ぶべきである。

更にこれらを「国文学と日本精神」（久松潜一）等によつて綜合統括する。これは、わが国文学精神と、敬神・忠君・愛国の精神との関係を述べたるもので、国体の本義と忠君の大義の関係を明確に説く教材として最も適してゐる。敬神と忠君と愛国が完全に合一せる国としては世界に比類なく、真にわが国独自の姿である。そして日本精神の諸相は、神話に明示された建国の精神から進展し来つたものであつて、忠君の至誠と愛国の感情を叙べたる文学が、国語教育上更に重要視せられる必要があると思はれる。

二　雄渾・明朗・濶達の精神の現れたる教材を重んじたい

今事変の戦果に於てのみならず、近来わが国運の驚異すべき発展と飛躍とは、雄渾博大なる日本精神の如実なる発現の姿に他ならぬ。かかる方面の強調啓培は尚益々重要である。

論をなす者は我が文芸の趣致と規模との小なるを説き、到底西欧近代の作品の雄大なる構想に比ぶべきもののないことを歎ずる。

一応さう考へられる節はある。しかしその故を以て、直ちに本来の日本精神の狭小なるを論定するは早計であらう。和歌・俳句の詩形の小なるは勿論であるが、象徴される詩想そのものまで常に微小なるものとは断ぜられない。むしろ短小なる俳句の十七字詩形に象徴せんとするものは、常に全体的な大自然の生命そのものではなかつたか。其の他の文芸の構想に於て、多少博大雄偉の精神を欠くとしても、それは後世の社会情勢に基づく特殊形態であつたと見るべきであらう。小島国内に民族が鎖国籠居をつづけてゐた時代に、而も文学が、壷中の楽地に優游してゐた一部特殊の階級に壟断せられてゐた関係上、多少その弊を現してゐたとは言つても、それで以て日本精神が本来的に雄大性を欠いてゐたとは言へない。日本民族に脈動してゐた鬱勃たる膨脹発展を求める雄大なる気魄は、一時の抑圧された文学にはその表現を見なかつたが、大陸の沿岸に向かつて扁舟に棹さして頻りに侵攻を行ひ、徳川の封鎖政策の中にあつて、尚頻りに海外に渡航した当年の活躍者に於て見れば足るであらう。かかる国民の抑へきれぬ伸張性・飛躍性は、文化的に、より高次なるものを求めて、驚くべき食慾を以て次々の異邦文化を吸収摂取した態度に於ても十分に見出されるものである。

　況や一度眼を古代にやつてその神話・文学を見る時は、わが民族の雄渾なる気魄、博大なるその精神内界に驚異を感ぜずには居れぬ筈である。博大なる建国の理想の具現である記紀の神話体系は、世界に稀なるものと言はれる。天祖の御神勅の雄偉博大なる精神を仰ぐ時、それは最も大いなる文章としての響を伝へる。かくまで悠久なる生命の発展に対する確信を、かくまで崇高にしたる文字があるだらうか。御神勅の精神は実は全宇宙を貫通する生命の気魄である。殊に祝詞の文字を見よ。[2]

> 生国足国と御名はまをして辞竟へ奉らば、皇神の敷きます島の八十島は、谷ぐくのさわたる極み、塩沫の留る限り、狭き国は広く、峻しき国は平けく、島の八十島の堕つることなく、皇神たちの依さし奉る故に、皇御孫命のうづの幣帛を称辞竟へ奉らくと宣る。辞別きて伊勢に坐す天照大神の大前にまをさく、皇神の見はるかします四方国は、天の壁立つ極み、国の退き立つ限り、青雲のたなびく極み、白雲のおりゐ向伏す限り、青海原は棹柁ほさず、舟の艫の至り留る極み、大海原に舟満ちつづけて、陸より往く道は荷の緒ゆひかためて、磐根木根ふみさくみて、馬の爪の至り留る限り、長道間なく立ち続けて、狭き国は広く、峻しき国は平けく、遠き国は八十綱打掛けて引寄する事の如く……

とある一聯の詞句の如何に宏壮雄大なる。また出雲風土記の[3]

> 八雲立つ出雲の国は狭布の稚国なるかも、初国小さく作らせり。かれ、作り縫はんと詔りたまひて、たくぶすま新羅の岬を、国の余ありやと見れば、国の余ありと詔りたまひて、童女の胸鉏とらして、大魚のきだ衝きわけて、はたすすき穂ふりわけて三よりの綱うち掛けて、しもつづらくるやくるやに、河船のもそろもそろに国来国来と引来縫へる国……

といふ国引の伝説の精神のいかに濶達なる。実に胸の拡る如き思のするものではないか。後者の如きは既に改作して小学読本に採択せるところ、前者の如きも、中等程度の国語教材として逸し得ざる秀抜のものといふべく、これらによつて、我が古代人の有した広潤なる気象に触れしめたいものである。

更に上代文学の雄大性は、その海洋的要素の多量なることである。神話の初に於ける「くらげなす漂へる国の修理固成」よりして、海原国を治め給ふ月読神、少名毘古那の神や、因幡の白兎、山幸海幸等、いかに多く海洋生活の反映が見られることか。前の祝詞の詞句にも海洋に関するもの多く、万葉の和歌にも、「海ゆかば水づく屍」を理想とし、「大君のみことかしこみ磯に触り海原わたる」防人など、戦場さへも海の上に拡げられ、古代人の生活範囲の広大さを現してゐる。これらの記紀の海洋神話を始め、「神風」「弟橘姫」「潮干狩」「漁村」「潜水艦」「軍艦生活の朝」「久田船長」「南極海に鯨を追ふ」「瀬戸内海」「欧州航路」等の近代的海洋生活の有様や、更に、「海」「我は海の子」等の海洋詩をもとり入れて、国民の眼を広く海の上に注がしめんとする小学読本の組織に、実に周到なる配慮を見得ると共に、これにつづくものとしての中等国語読本に於けるかかる用意の欠如は、かなり惨憺たる姿である。現代詩、現代短歌等に於て、盛り上る波の響をきかしめるやうな作の一つでも採られてゐるだらうか。

かかる方面の教材は現代に於て相当の関心を振はるべきである。時代は日本の運命をして更にその南進策をも示唆しつつある。国民の気宇を天空海濶の広大さ、着眼の遠大秀抜に致さしめんとするならば、更にかかる海洋教材の挿入が企図せられねばならぬ。それらの海洋を素材の少き中にやうやく「日本海海戦」（東郷大将）「海洋趣味」（幸田露伴）「太平洋時代」（鶴見祐輔）「日本の発見」（鶴見祐輔）「元寇」（三宅雪嶺）「防人の歌」（金子薫園）外若干の詩歌を見出されればまだよい方であらう。幸田博士の文は「謳言」によるものでやや古いけれども、これによりわが海洋文学の変遷と日本歴史の歩みを考へさせ、次代の海洋文学興起が、更に日本文学の再生誕であることを説き、日本精神の隆替を示すは、示唆に富むものといふべきであらう。鶴見氏の文はまた氏一流の華麗なる筆を以て、日本と新使命の理想を述べたところ、青年の意気を鼓舞するに足るものである。今日最も痛切なるは、日本人の魂を真に奮ひ立たせるやうな大目標を与へ、最も高貴なる理想を示し、発展的国民たるの自覚を興起せしめることだ。三千年養ひ来つた日本精神は今や焔を挙げて燃上らんとしてゐる。これに火を点ずるものは何であらう。昭和の偉大なる神話が生まれねばならぬとはこれらの謂である。これが最も緊切なる問題である。

日本精神の濶達性・明朗性は、わが神話の漂はしてゐる気分でも分ると共に、更に現実を尊ぶ国民生活の中にその性格が見られ、仏教の日本的展開に於ける現実化的傾向や、文学形態として俳諧・狂歌・狂文・川柳・狂言・滑稽文等の派生を見たこと等、文学史的に見て日本の民のいかにユーモアに富めるかを示してゐる。かかる明快な生活態度は、国民の特性として今後も大いに涵養生長せしむべき一面でなければならぬ。

三　努力修行の武士的気魄の養成に資する教材を尊重したい

日本は実行主義の国である。言あげせぬと謂はれる性格の国柄である。天行の健なる如くただ着々と実現し、生み出し、つくり固めて行く国民が、わが日本国民である。言霊のさきはふと信ずるが故に、言は最も慎んで、実現せざる単なる言説を饒舌することは決してなさぬ。故に文学形態として、出来る限り小なる形に無限大なる精神を盛らんとする。我が国詩歌の象徴性はこの精神に胚胎し、無駄な塗抹を避けて生地をも生かす日本絵画の性格、簡素の美を示す庭園及び建築の形式等皆この精神に根ざすものである。そしてこれは最も大いなる、最も効果的なるを期する実行精神である。積極・努力・修行・進取・同化・生成・創造・発展あらゆる行的なる精神は皆脈絡を以てここに集る。所謂「むすび」の精神である。それはまた最も真実ならんとする強烈なる「まこと」の精神である。最も生成潑剌の気に富む生命体が日本的なるものの本体である。その国家の構成と無限への発展、文化の融合同化の過程は最もよくこれを物語る。日本人の誠実さは真に世界に稀なるものと思はれる。「明き浄き直き」心と言ひなしたのも理あることである。従つて若し、日本の理想がこの誠実と高貴を欠くことになれば、その世界史の上に存立する意気と価値は滅却せられるであらう。単に事変に有利なる捷を得ることが、結局の理想でなくて、皇道を宣布し、八紘一宇の精神を顕揚すべき段階を次々に押出し来るのは、実にこの精神の現れである。

而も、過去のわが国家と文化の発展は、一面祖先の血の滲む努力と苦闘の継続である。堅忍不撓と勤勉努力の累積がわが歴史であつた。建国神話の悉くはこの事の忠実な証明書である。日本文化史は祖先の一途なる努力史である。この勇猛精神の武士的な気力は日本文化の根柢的推進力であつた。日本精神は、ただこれ卑俗なる「何くそ」の精神の中にこもるといふ学者もある。④この意気と気魄によつてのみ日本文化は、偉大なる創造と生成を成しゆくであらう。従つてこの精神の涵養のために、もつと迫力に満ちたる教材を以て教育がなされねばならぬ。

かかる旺盛なる国民意力の作興には、武士文学・戦記物教材の価値が新しく見直されなければならない。これは事変に直接関聯ある戦争文学であるからといふのではない。積極的で素朴な意的文学たるところに重点があるのである。かかる叙事詩的精神とも称すべき動的素朴性は、民族が勃興の機運に向かひ、過去の停滞した文化の上に新しき躍進の方向を見出さんとする時代に於て、必然に文学精神として流露してくる。古事記等にも既に見えて居り、特に神武天皇や日本武尊の御事蹟にこれが見られる。後の戦記物語中の人物は多くこの精神の権化で、その英雄的創造的な意慾が、因襲を破つて本来の生命の泉を導き出してくるものとなるのである。戦記物の章節が、中等国語科の教材中にかなり多数を占めてゐるのは、かかる着眼よりして妥当でもあり、且はこの時期の青年の心性にも合するものである。日本精神顕現の一方面として重視すべきものと思はれる。殊に小学読本に於て甚だ多くのこの方面の素材をもつ文章を掲げてゐる。これは国民教養上正しい行き方であらうが、しかし真の意味に於けるかかる精神の涵養は、書直された文章によつては甚だ困難であつて、「扇の的」が教材的重複の如く見えつつ、中等学校に於て再び平家物語の原典による文に触れさせなければならぬ理由ともなる。茲に小学教育の発展としての中学教育の立場が確立される所以がある。而も小学児童の理会し得る文にする事によつて、原文の真の生命は消失せしめられ、単に素材的関係を保つだけで、結果としては余程隔つたものを与へることになる。従つて小学教育の側が、かかる方法によつて余りに複雑なる古典の内容にまで進むことは、屡々冒険に終る。最近の「小学読本の源氏物語」の問題の如きことも起るのである。この例として「扇の的」の一部分を原文と対比して見よう。

余一目を閉ぢ、一心に神に祈りて、再び目を開けば、風やや静まり、扇も少しく落着きて、射よげに見ゆ。直ちに弓に矢をつがへ、ねらひを定めてひようと放つ。（小学、巻八、第十七）

与一目を塞いで、「南無八幡大菩薩、別しては我が国の神明、日光権現・宇都宮・那須温泉大明神願はくはあの扇の真中射させてたばせ給へ。これを射損ずるものならば、弓切折り自害して、人に再び面を向くべからず。今一度本国へ帰さんと思し召さば此の矢はづさせ給ふな。」と心の中に祈念して、目を見開いたれば、風も少し吹弱つて、扇も射よげにこそなつたりけれ。与一鏑を取つて番ひ、よつ引いてひようと放つ。（平家物語）

から比較して見ると、簡単と詳細との差のみではなく、相当に文の趣に変化を生じ、この場合の精神的意義はむしろ与一の祈念した内容に生かされてくる。この相違は同時に原典取扱の方法をも示唆するものである。大意と称して、前者に類する梗概を頭に入れさせるだけでは、全文の生命は消失することが多い。内容精神を重んずる行き方が、多く内容思想を抽象させる傾向に堕し勝なのは注意を要することで、それは思想として抽象化して把握させるに終る。むしろ微細な個々の表現を確実に踏まへることによつて、始めて全一的な「精神」に触れ得るものであることが牢記されねばならぬ。語感や文勢を味得するでなければ文の全一の生命には接せられぬ。作品具象に触れさせることが国語科の重要な仕事である。所謂口訳に於ても注意を要することである。

戦記物に多く伝へられる人物は、我が国民の敬慕と崇拝の対象として、純化せられ、理想化せられ、伝記化された「国民的英雄」として示される。これは国民の理想と好尚の趣く所を語つて居るもので、日本精神の最もよく昇華したるものである。かかる人物に親しませ、伝統的日本精神を味得させることが国民的感情を陶冶する上に極めて有効であつて、かかる教材は益々重視せらるべきである。保元物語の為朝、平治物語の光頼卿など、勇壮剛腹の気魄を養ふに十分である。従来、よく桜花に比してその潔白優美なる性情を日本的性格の中枢とされて来たが、かかる武士的豪毅不屈の意志力もまた我が国民性格の重要な一面であつて、而も今後益々助長すべき必要ある部面である。

これらの近代化された意力は、独歩の「非凡なる凡人」や、冬彦の「科学的日本魂」に現された不屈不撓の力となつて表現される。この鍛錬的修道の精神は徒然草の一面に高調され、芸術道となつて芭蕉の精神にも接続してゆくのである。これらの教材を真に現代に生かすにはその日本精神としての面に於てすべきであらう。

日本文学の内容には、自然と人生、理想と現実、意志と感情、剛健と優美、武と文の一見相反する要素の巧なる抱合が行はれてゐるのが特徴であるが、特に在来は、これらの感情や優美や文の方面の尊重に傾き過ぎてゐたかの感あるに対して、意志・剛健・武等の精神が更に重視せられる必要を感ずる。殊に日本の「武」の精神は、世界に稀な高貴なる精神の表明されたるものとして、その真義が徹底されなければならないであらう。

而も、かかる一切の高貴なる理想的精神が結晶して、「道」の文学精神を形造り、「道」の趣く所は「まこと」の宇宙自然の本姿であつて、純真公正、中心帰一の原理に基づく、天皇中心の国家主義が、日本文学の根柢に流れてゐることまで看取されるのである。

以上日本精神の顕著なる様相の二三を拾ひ上げて考察したのであるが、これらは悉く古典にこもり、祖先以来伝へ来つた伝統的精神で、正に古今一筋の道である。これを体得させ、「素質として有した日本人の心」を、顕現せしめ具象化せしめて、「実体としての日本人の心」にまで高めることが国民教育の任務でなければならぬ。

日本精神は考へられるやうな偏狭な島国根性ではない。古今に通じて謬らず、また中外に施して悖らざる大精神であり、天地の大道である。これを拡充し顕揚し、実にすることが日本国民の不断の大使命である。時局は正にその顕現の第一段階に上つたのである。この神秘を体現し、新しき東亜を再建して、その繁栄平和と輝かしき新生文化の光華を放たしむる「大日本人の養成」に師弟共々に一路邁進しなければならぬ。

〔註〕

① 昭和十三年当校国語漢文研究会編纂「新制国語」全十巻
② 引用文は祈年祭の祝詞。わが祝詞の辞句構想の雄大なることは世の定評である。
③ 出雲風土記「意宇都」の条
④ 紀平正美文学博士「日本精神」

（同上冊子、一二～三三ぺ）

右の論考において、山根安太郎先生は、日本精神の具現たる教材について論じ、その編制の問題に論及された。これは日本精神を中核とする、当時の中等国語科カリキュラム論として、もっとも整ったすぐれたものとなっている。

ついで、清水治郎先生の「日本精神の教育と漢文」は、全体を六つにわかって、日本精神とのかかわりをおさえつつ、漢文教育のありかたに論及されていた。

以上、山根・清水両先生の論考の収められた資料「日本精神の教育と国語漢文」は、教育実習に際して、教生のわれわれに渡されたのであったが、その当時、これらの論考のすぐれた内容・価値を、読んで十分に消化していくことは、わたくしにはまだできなかった。国語科授業の準備をしていくのが精一杯のことであって、中等国語科教育論について開眼することは、望むべくもなかったのである。

山根安太郎先生は、すでに、昭和八年(一九三三)に、「国民性の涵養と国語教育」(「中等教育の実際」第6号、昭和8年10月7日、中等教育研究会刊)という論考を発表していられた。それは、左のように構成されていた。

一　国民精神の涵養と国民教育
二　国語国文学の教科的立場
三　古典文学の教科的価値
四　国語愛

当時、山根安太郎先生は、附属中学校の新鋭の国語科教諭として中等国語科教育のありようを探究しようとされたのであった。

二三　教育実習配布資料　その三

おしまいに、昭和一七年(一九四二)六月の実習に際して、配布されたのは、雑誌「国語愛」(第一巻第一号、昭和16年5月号、昭和16年5月1日、修文館刊)一冊であった。

雑誌「国語愛」(五月号)には、

笛(童詩)与田準一/実況放送の言葉　石森延男/万葉人の言語愛　森本治吉/ナチスドイツの文学振興　高橋健二/俳壇時評　中村草田男/語法の教養　飛田　隆/をさな子の言葉　飛田しげ子/国語改善について(短信)　石黒　修/「日本語の問題」(書評)土屋　寛/制作(詩)阪本越郎/四万温泉(詩)佐伯郁郎/紙漉の村(和歌)伊藤嘉夫/天つ陽(和歌)織本良子/こどもの山(童詩二篇)巽　聖歌/峠みち(童詩二篇)富原義徳/影絵(創作)長谷健　などが収められていた。

当時、修文館から、附属中学国語漢文研究会編にかかる、国語読本なども刊行されていたということもあって、この雑誌「国語愛」一冊がわたくしどもにくばられることになったかと思われる。――むろん、教育実習に即しての正規の資料としてというのではなかった。――今にして、この一冊の雑誌が、昭和一六年(一九四一)という年代を、よく写し出しているのに驚かされる。

二四　おわりに

わたくしが附属中学校(旧制)で経験した、教育実習(昭和17年6月18日～7月4日)のあらましは、以上記述してきたとおりである。

すでに太平洋戦争下であったが、実習そのものにきびしい制約を受けるといったことはまったくなかった。むしろ、気持ちよく実習そのものにうちこむことができた。

述べてきたように、すぐれたりっぱな指導教官につくことができて、的確であたたかい指導を受けえたことは、なにものにもかえがたいしあわせであった。

国語漢文科の先生方が、附属中学校国語漢文科として、どれほどすぐれた研究・実践をしていられたかは、まだ理解しえなかった。日々の目の前の授業のことに追われてしまい、理論的にあるいは根本的に深く掘り下げていくことは、ほとんどといっていいほどできなかった。当時配布された諸資料を、今日読みかえし、その水準の高いこと、周到で充実していることに、深い感銘を受けるのである。

ひとりの国語科教師が誕生するのに、太平洋戦争下、どういう教育実習を受け、経験してきたかの、ありのままの記録である。高等師範学校に入学するときから、あこがれていた、国語科教育へ、一歩をたしかに踏みだした、教育実習の一日一日は、充実していて、いきいきとしていた。梅雨の季節であったが、すぐに汗ばみながらがんばっていこうとした。

独創の授業をというのが、教生わたくしのひそかなねがいであった。その初心は今に生きつづけているといってよい。実習での多くの経験は、今もなお再現させることができる。すでに三九年を経過しようとしているが、わたくしにとって、それは決して遠い日のことではない。

Ⅱ　国語科授業成立の過程と淵源
——「平家の都落」を中心に——

一　「平家の都落」の教材研究及び指導計画

わたくしは、昭和一七年(一九四二)六月二九日(月)、教育実習において、「平家物語」を扱った。初め、四年南組は、同級だった難波義昌兄（初め、一年上級で、病気休学のため、同級になった。）が授業することになっていたが、急に休むことになり、わたくしが四南も担当して当日第一時限は四年南組に、第二時限は四年北組に扱った。指導教官は、満窪鉄夫先生であった。教材は、「平家の都落」(岩波「国語」巻七、昭和一二年七月四日刊、昭和一六年一〇月一九日新訂刊、岩波書店刊）で、つぎのような文章であった。

九　平家の都落

平家は小松三位中将維盛卿の外は、大臣殿以下《いげ》妻子を具せられけれども、次様の人々はさのみ引きしろふにも及ばねば後会其の期を知らず、皆打捨ててぞ落ち行きける。人は何れの日、何れの時、必ず立帰るべしと其の期を定め置くだにも、別れは悲しきならひぞかし。況や是は今日を最後、只今限りの事なれば、行くも留るも、互に袖をぞ湿しける。相伝譜代の好、年比日比の重恩、いかでか忘るべきなれば、老いたるも若きも、後のみ顧みて、前へは進みもやらざりけり。

或は磯辺の波枕、八重の潮路に日を暮し、或は遠きを分け、嶮しきを凌ぎつつ、駒に鞭打つ人もあり、舟に棹さす者もあり、思ひ思ひ心々にぞ落ち行きける。

福原の旧都に著いて、大臣殿然るべき侍共老少数百人召して仰せられけるは、「積善の餘慶家に尽き、積悪の餘殃身に及ぶ故に、神明にも放たれ奉り、君にも捨てられ参らせて、帝都を出でて旅泊に漂ふ上は、何の憑みかあるべきなれども、一樹の蔭に宿るも、前世の契浅からず、同じ流れを掬ぶも、他生の縁猶深し。如何に況や、汝等は一旦随ひ附く門客にあらず、累祖相伝の家人なり。或は近親の好、他に異なるもあり、或は重代芳恩、これ深きもあり。家門繁昌の古へは、恩波に依つて私を顧みき。今何ぞ芳恩を酬いざらんや。且は十善帝王、三種神器を帯して渡らせ給へば、如何ならん野の末山の奥までも、行幸の御供仕らんとは思はずや」と仰せられければ、老少皆涙を流して申しけるは、「あやしの鳥獣も、恩を報じ徳を酬ゆる心は候なり。況や人倫の身として、いかゞ其の理を存知仕らでは候べき。此の二十餘年の間、妻子を育み、所従を顧み候事も、併しながら君の御恩ならずといふ事なし。就中、弓箭・馬上にたづさはる習、二心あるを以て恥とす。然らば、則ち日本の外、新羅・百済・高麗・契丹、雲の果、海の果までも行幸の御供仕つて、如何にもなり候はん」と、異口同音に申しければ、大臣殿も頼もしげにぞ見えられける。

福原の旧里に一夜をこそ明かされけれ。折節秋の初の月は下の弦なり。深更空夜閑かにして、旅寝の床の草枕、露も涙も争ひて、たゞ物のみぞ悲しき。いつ帰るべしとも覚えねば、故入道相国の造り置き給へる所々を見給ふに、春は花見の岡の御所、秋は月見の浜の御所、泉殿・松陰殿・馬場殿・二階棧敷殿・雪見御所・萱御所、人々の館ども、五条の大納言国綱卿の承つて造進せられし里内裏、三年が程に荒れ果てて、旧苔径を塞ぎ、秋の草門を閉づ。瓦に松生ひ、垣に蔦茂れり。台傾いて苔むせり、松風のみや通ふらん。簾絶え、閨露はなり、月影のみぞ差し入りける。

明けぬれば、福原の内裏に火を懸けて、主上を始め奉つて、人々皆御船に召す。都を立ちし程こそなけれども、是も名残は惜しかりけり。海士の焼く藻の夕煙、尾上の鹿の暁の声、渚々に寄する浪の音、袖に宿かる月の影、千草にすだく蟋蟀のきりぎりす、すべて目に見、耳に触るゝ事、一として哀を催し、心を傷ましめずといふ事なし。昨日は東関の麓に轡を並べて十萬餘騎、今日は西海の浪の上に纜を解いて七千餘人、雲海沈々として、青天既に暮れなんとす。孤島に夕霧隔てて、月海上に浮かべり。極浦の浪を分け、潮に引かれて行く船は、半天の雲に溯る。日数歴れば、都は既に山川程を隔てて、雲井の餘所にぞなりにける。はるばる来ぬと思ふにも、たゞ尽きせぬものは涙なり。浪の上に白き鳥のむれゐるを見給ひては、彼ならん、在原のなにがしの隅田川にて言問ひけん、名も睦まじき都鳥にやと哀れなり。寿永二年七月二十五日に平家都を落ち果てぬ。

(平家物語)

右の教材のうち、当日扱ったのは、後半の「福原の旧里に一夜をこそ明かされけれ。折節秋の初の月は下の弦なり。」からであった。「平家物語」のうち、とくに「都落」のこの部分を担当することになった時、わたくしはやりがいのあるところだと思った。かつて旧制中学校で、国史を学んだころ、それは中村孝也氏の編修された国史教科書であったが、「昨日は東関の麓に轡を並べて十萬余騎、」から末尾までの一節がケイ囲みで掲げられていて、愛誦したおぼえがあった。わたくしは、この一節には、かねて心魅かれるものがあり、附属中学校での教育実習において、この教材との偶然の出あいをひそかによろこんだ。

「平家の都落」を指導するにあたって、わたくしの用意した教案は、つぎのようであった。

題目　国語　巻七　九　平家物語　p. 58.9　p. 60.9

教材観　落寞たる寿永の秋を背景にして、空しく都を落ち漂泊滅亡の一路を辿つた平家一門の哀史は、この一文にその一面を躍如たらしめてゐる。一大叙事詩としての平家物語に親しませ、更にその時代精神に触れさせるには恰好の教材である。

目　的　読みの習熟によつて、流麗遒勁の文章表現に親しませ、この都落の叙事の中に流れる漂泊流離感に浸らせ、併せて作者の用意深さに触れさせたい。

時間配当　二時間　本時　第二次

教授過程

(1)　一、指名読　全文一回、四名。本時分一回、二名。範読一回。誤読訂正、難語句、慣用語句指導

二、指導的発問により構想の吟味。

三、各節通釈並びに深究。

四、作者の用意深さについて研究。

五、整理読　一回。

(2)　板書機構（その一）

平家の都落

㈠　福原の一夜

- 深　更──下の弦
- 空　夜──荒れ果てて
  - 松風のみ
  - 月影のみ
- 閑かにして──たゞ物のみぞ悲しき。

㈡　西海への漂泊

1　哀傷の景観

2　漂泊流離

3　都への思慕

㈢　結　び

落寞たり寿永の秋

板書機構（その二）

(1)　主上　海士　蟋蟀のきりぎりす　夕霧　海上　半天　餘所

(2)　里内裏　すだく　極浦　言問ひけん　にや　ぬ

(3)　作者の用意

右の教案のうち、板書機構（その一）は、正面黒板に記す予定のものであり、同じく板書機構（その二）は、側面黒板に記し、主として「平家物語」特有の読みかたをしたり、むずかしいと予想される語句を扱っていく予定であった。

教材「平家の都落」を扱うにあたって、右のような教案を作成するまでに、いわゆる教材研究をした。教材研究に際しては、たとえば、つぎのような文献を参考にした。

○「平家物語講説」佐々木八郎著　昭和一三・五・二〇、昭和一七・六・一〇改訂版、三省堂刊

○「現代語訳平家物語」菊池　寛著　昭和一二・七・一一　非凡閣刊

これらのうち、佐々木八郎教授の「平家物語講説」からは、つぎのようにノートに抄出している。

落寞たり寿永の秋
○下の弦　陰暦廿二三夜の月。
○深更空夜　人気《ひとげ》の少《ママ》い寂しい夜更。
○旅寝の床の草枕　旅寝の床も涙で濡れたこと。草枕は旅人が野宿をする時、草を結んで枕とするところから、転じて旅寝の意。「露も涙に争ふ」といったのは、「草枕」と「露」とに関係をもたせたのであつて、草を結んで枕としたその枕べに、夜露が涙と量を争ふ程に置いたといふ意。つまりは、悲みの涙の露けさを、草の葉に宿る夜露に託したいひざま。
○里内裏　宮城以外に、一時仮に造つた皇居。
○瓦に松生ひ　仮の皇居の荒廃したこと。
○都を出でし程こそ　都落の時程のさし迫つた感慨はなかつたこと。
○海士の焼く藻の夕煙　漁夫が塩を採るために焼く海藻の煙の夕空に立昇るさま。
○尾上の鹿の暁の声　暁に山の嶺を渡る鹿の鳴声。
○袖に宿かる月の影　涙で濡れそぼつた袖に映る月の光。
○千草にすだく蟋蟀のきりぐ\す　千草に集つて鳴くこほろぎ。
「蟋蟀」と「きりぐ\す」とは重複する。
○昨日は東関の麓に　昨日は東関の麓に馬を竝べて十万餘騎の軍勢が威風堂々として頼朝追討に向つたが、その勢に引きかへて、今日は僅に七千餘人の一族郎党が西海の浪の上に船の纜を解いて漂泊の旅に上るといふ惨めさ。平家の盛衰が掌を反すが如く速かなることを叙した対句。「東関」は東路の関にて、駿河国清見が関を指す。鑣——「口食《くちばみ》」の義にて、轡のこと。
○雲海　雲が水平線近くに横たはる海原の静寂さ。
○極浦　海岸から遠く離れた絶海。
○半天の雲に遡る　水平線のあなたに漕ぎ隠れて行く船が、あたかも中空の雲の中に上つてゆくやうにみえること。
○雲居の餘所にぞなりにける　雲煙萬里の向ふに隔《ママ》つてしまつたこと。
○在原のなにがしの　「伊勢物語」に出づ。昔在原業平が都に住み侘びて東に下つた時、隅田川原で都鳥を見て別れて来た都の人の人の恋しさに堪へず、「名にし負はばいざこと問はん都鳥わが思ふ人はありやなしやと《ママ》。」と詠んだといふ話。
○名も睦まじき都鳥　都ときくさへなつかしく親はしいその名を持つた都鳥よ、といふ意。

●右の佐々木八郎氏の「講説」においては、「平家物語」の本文に訳註をつけるにあたり、つぎのように一四にわけて、それぞれ見だしがくふうされていた。

一　わが世の春（祇園精舎〜殿下の乗合）
二　鹿の谷の陰謀（鹿谷〜有王が島下）
三　宇治の朝露（信連合戦〜鵼）
四　旧都の月に偲ぶ（月見）
五　文覚と頼朝（文覚の荒行〜伊豆院宣）
六　嵯峨野の月に泣く（小督）

七　悶絶躄地の浄海入道（入道逝去）
八　落寞たり寿永の秋（実盛最後～太宰府落）
九　薄命なりし木曽の鬼武者（猫間～木曽の最後）
一〇　須磨の嵐（坂落～敦盛）
一一　春に背く人々——重衡と維盛——（海道下～維盛の入水）
一二　源平最後の国争（嗣信の最後——一門の最後）
一三　遺孽絶たる（六代～六代被斬）
一四　寂光浄土の光——灌頂巻——（女院御出家～御往生）

これらは、いずれも「平家物語」の構成・展開にしたがって、物語展開の性格・特性に応じ、その内容をよく表わしうる、章名となっている。いくらか感傷的な匂いのつよいものもまじってはいるのであるが。とりわけ、「落寞たり寿永の秋」という見だしは、わたくしの心をとらえた。指導計画をたてたとき、わたくしは、初め、板書にも、

平家物語
——落寞たり寿永の秋——

としていたが、最終的には、

㈢　結　び
落寞たり寿永の秋

としたのであった。これは明らかに「講説」からの借用であって、みずから案出したものではなかった。

つぎに、菊池　寛著「現代語訳平家物語」には、左のように口語訳がなされていた。

福原の旧里に、一夜を明かすことになつた。ちやうど折節、秋の初の月は下の弦《ゆみはり》なのである。深更空夜しづかにして、旅寝の床の草枕、露も涙も争うて、たゞ物のみぞ悲しい。また何時の日に帰れるか解らないから、故入道相国の造つておいた所々を見まはると、春は花見の岡の御所、秋は月見の浜の御所、泉殿、松蔭殿、馬場殿、二階の桟敷殿、雪見の御所、萱の御所などを初め、臣下の人々の居館、またさらに五条大納言国綱卿が造進した里内裏、鴛鴦の瓦も、玉の甃《いしだたみ》も、どれもこれも三年の間に荒れ果てゝ《ママ》、蒸したる苔が道を塞ぎ、茂れる秋草が門を閉ぢるといふ有様で、瓦には松が生え、垣には蔦が絡まつてゐるし、台《うてな》は傾いて松風ばかり通ふと思はれ、簾《すだれ》は絶えて閨さへが露はに隠れ、月影のみが差入るのだつた。

さて明けたので、福原の内裏に火を懸けて、主上を始め奉つて人々は皆、船に乗つた。都を立つた折ほどでは無いが、やはり名残は惜しかつた。海士の焼藻の夕煙、尾上の鹿の暁の声、渚々に寄せる浪の音、袖に宿かる月の影、千草にすだく蟋蟀《まりぐす》、目に見え、耳に触れるものゝすべてが、一つとして、哀れを催し、心を痛ませないといふ事がない。昨日は東関の麓に十万餘騎で轡をならべたのに、今日は西海の浪に纜を解くのは七千人に過ぎない。しかも雲海沈々として、青天すでに暮れなんとしてゐるし、孤島は夕霧に隔たり、月は海上に浮かんでゐる。極浦《（こ）》の浪を押分けて、潮に引かれて行く船は、半天の雲に泝《さかのぼ》るのである。しだいに日数が重なれば、都はすでに山川《さんせん》を遠く遠く隔てゝ《ママ》、雲井の余所《よそ》と成

つた。あゝ遙々と来たものだと、思ふにつけても、唯尽きせぬものは涙だ。浪の上に白い鳥の群れてゐるのが見えたので、おゝあれであらう、在原の朝臣が隅田の川で言問うた、名もなつかしい都鳥かと、哀れふかく感じられた。寿永二年七月二十五日に、平家は都を落ち果てたのであつた。

註《ママ》（極浦　遠い絶海の浜をいふ。（二）半天の雲に泝る　水と天とが髣髴として相接する方へ向つて行く。（同上書、三六一〜三六三ペ）

教室に臨んで、「平家の都落」を扱うとなると、どうしても口語訳・現代語訳の問題が出てくる。それに対しても、万全を期したくて、右の現代語訳を参照したのであった。菊池寛氏は、訳述に際して、つぎのように述べている。

「いろいろ考へた揚句、ある章は完訳し、ある章は全然捨てる、といふことにした。で、採択した章は、あくまで原文に忠実に、一字一句もゆるがせにしないといふ態度で、全訳した。」「どの章を採つて、どの章を捨てるか、その選択に、自分は、ずゐぶん骨を折つた。取捨の基準は、結局、『平家物語』の価値に対する、自分自身の評価に、これを求めるほか無かつた。」（同上書、二〜三ペ）

さて、前掲の口語訳のうち、わたくしは以下のようにノートに抜き書きをしている。

○館　居館
○旧苔　蒸したる苔
○台　うてな
○主上を始め奉つて人々は皆、船に乗つた。
○孤島は夕霧に隔たり、月は海上に浮かんでゐる。
○水と天とが髣髴として相接する方へ向つて行く。
○山川を遠く遠くへだてて、くもゐのよそとなつた。

なお、下調べのノートには、念のため、つぎのような語にもあたっている。

○御所　禁裏　内裏　後にはおかして将軍大臣家以上にも云ふ。上皇又は三后の御住所。後には親王将軍又は大臣家以上の住所にも云ふ。
○泉殿　納涼などのために、泉水などにつくりかけたる四方壁なき殿。泉の屋。
○ばばどの　ばばのや　馬術を観覧又は点検するため、馬場の埒の外に設けたる屋舎。
○桟敷　見物するために一段高く構へたる床。さんじき。
○館　たち　①やかた　かりにやどる住家。②　城に似て小さいよりどころ。
○台　たかどののやねなくして、四方をのぞみうるもの。
○雲居　くものゐるところ　そら
○さかのぼる

語句にしても、口語訳にしても、一つ一つ精密にあたって、たしかめておかなくては、安心ができなかった。当時としては、準備過程の一切を、自力で主体的にやりとおすというのでなく、まずしかるべき拠りどころをえて、それによりつつ、確実に準備をしていくことを考えていた。

教材研究においては、前掲二つの文献のほか、すでに高等師範一年のとき、「平家物語」講読（担当、林実教授）のテキストとして用いた「昭和校訂平家物語」（流布本、昭和一一年三月二五日初版、昭和一三年四月二五日訂正再版、武蔵野書院刊）を出して、巻七「福原落」の条を、くりかえし読んだ。頭注などをも参考にした。これをくりかえし読みつつ、教材の扱いにおいては、原文にそうて口語訳をしていくという、在来の平板ないきかたをとらないで、本文の構想を、㈠福原の一夜　㈡西海への漂泊　㈢結び　の三つにわけてとらえていくことを考えた。さらに、㈡西海への漂泊については、これを、1哀傷の景観、2漂泊流離、3都への思慕、の三つにわけた。

おしまいの一文――「寿永二年七月二十五日に平家都を落ち果てぬ。」は、「平家物語」の原文の構成が、主上・維盛・忠度・経正・一門・福原と、それぞれ都落を取り上げているところから、一文ではあっても、独立した一つの段落（結びの段落）としての機能を持っていることに注目した。教科書には、すぐ前の文につづけて、段落として分立してはいないけれども、意味上は、構想上は、一文一段落をなすものと考えたのである。主上のいますところがすなわち「都」であってみれば、主上を含む一群の人たちの行為については、まともに都を「落つる」ということばは用いていない。本文にも、「都を立ちし程こそなけれども、」とあって、「都を落ちし」とはない。――そこに、末尾の文「寿永二年七月二十五日に平家都を落ち果てぬ。」という表わしかたの異質性（したがって、独立性）が認められる。わたくしは、これをみずからの発見の一つとして、そこに「平家物語」の作者の用意を見ようとしたのであった。前掲教案の「目的」の条や、「板書機構」（その二）の条に、「作者の用意深さ」または「作者の用意」とあるのは、このことを指しているのである。

なお、前掲の教案の「教材観」の中に、「一大叙事詩としての平家物語に親しませ、」と記しているが、「平家物語」を一つの叙事詩と見るのは、高師一年生の折に読んだ、高木市之助教授の論文（「国語と国文学」誌掲載）に、軍記物語の本質を叙事詩として考察されており、それに啓発されたことにもとづいている。

教材研究の段階では、「平家物語評釈」（内海弘蔵著、大正四年九月五日初版、昭和一二年五月一日第四八版、明治書院刊）をも参照した。この書物は、すでに高師一年のときもとめて所持しており、昭和一四年八月二二日に、郷里に帰省し、アルバイト（家庭教師）先の西宇和郡九町で、読了していた。

二　「平家の都落」の授業のあらましと批評

さて、右のような教材研究・教授計画（教案）にしたがって、六月二九日、教室に臨んだ。第一時限、四南に、第二時限、四北にほぼ同様のことを扱ったのであるが、どういうものか、第二時限の四北への授業が印象につよく刻まれている。

教案（指導案）にあるように、「平家の都落」の本文を指名して読ませ、語句（読みくせ、あるいは、読みがたいもの）の扱いをし、本時分の教材の冒頭「福原の旧里に一夜をこそ明かされけれ。」のうち、「一夜をこそ」の「こそ」は、なぜ用いてあるのかと発問し、教卓から向かって、左から二列目の後から三番目の生徒に指名した。その生徒は起ちあがって、しばらく黙っていたが、「強める必要があったからです。」と、ややぶっきらぼうに言ってすわってしまった。瞬間、わたくしはとまどったが、すぐに、それではなぜ強める必要があったのだろうかと問い、「すぐそのうしろ助太刀！」と言った。この「助太刀！」ということばが気にいったのか、みんなはどっと笑って、それから学習の雰囲気はやわらぎはじめ、わたくしの指導に協力的になった。

それからは、ほぼ教案のとおりに進めて、構想の吟味の面でも、おしまいの一文「寿永二年七月二十五日に平家都を落ち果てぬ。」を一つの段落と認めることを説いた。（もっとも、指名読みの段階においても、この一文は特立させて、一人の生徒に読ませ、あとの深究作業の伏線ともした。）おしまいの段階では、「都を落ち果てぬ。」の述べ方に関し、主上といっしょの行為の場合には、都を落つるとはしていない点にも言及して、作者の用意深さにも触れた。

このおしまいのあたりを扱っているとき、附属中学校の教室と並んで建っていた、高等師範の建物の階上の教室（主として、国語漢文科の授業に使用されていた。）の窓から、二級下だった（当時二年）学年の人たち（現附小属学校教諭小川利雄氏を初め、数名）が、教壇の上に立って授業を進めているわたくしを見つけ、がんばれと、帽子を振って声援してくれた。わたくしには思いがけないことだったが、授業も終わりに近く、その声援を受けつつ、胸底でそれにこたえていく心のゆとりのようなものがあった。

その日の批評会では、指導教官の満窪鉄夫先生が、きょうの授業について、こちらから批評をする前に、どのようにして、あのような授業をするようになったか、授業計画までの過程をくわしく述べるように指示された。いつもは、まず教生相互の批評が出され、のち指導教官がまとめられるのに、その日に限って、満窪先生は、まず経過・過程の説明を授業者であるわたくしに求められた。わたくしは、実習期間中で、特別の準備ができたわけではないけれど、図書館に行ったり、手もとのテキストにあたったりして、ともかく教案のようなところまで漕ぎつけたことを話した。

当日、満窪鉄夫先生から、批評していただいたことの断片的メモは、つぎのとおりである。

○板書の利用の点
　ば。
　舊里
○よみの指導　よみぐせとしていふところ。
　理由のあるところ。
　態度の問題。
○誤読訂正　相国
来ぬ――こぬ　なぜこぬかと、すかさず意味を考へさせる。よみにも文法を応用する。気をつける。批正　何故さうさせねばならぬか、自覚する指導が必要である。（引用者注、これは、読みの段階で、生徒が、「はる〲来ぬと思ふにも、」を、「来《こ》ぬ」と誤読したときの、誤読訂正の扱いが不充分であったことを指摘し、指導されたのである。）

○構想

㈠　福原の一。夜。＝上弦　㊨

空夜──荒れ果てて、（無理）
　　　　一段上

（引用者注、「荒れ果てて」を、「空夜の下位に据えて指導したのは、あれは無理だ。「荒れ果てて」のほうが一段上なのだから。という指導である。）

松生ひ──生徒との間に溝がある。

草枕──㊈序

ば──注意する。念を押す。

○抽象の可能

「都を立ちし程こそなけれども、是も名残は惜しかりけり。」

前のところを回想させる。念のおしかたたらぬ。

○音と景色とを言つてやる。

○言問ひけん　言問うたであらう　したといふ　けん　けん＋

名詞──と云ふ

○「寿永二年七月二十五日に平家都を落ち果てぬ。」

日本外史──かゝる叙述がよく出てくる。実に淡々たる叙述をもつて、感動をふくませる。重大の事件があつたとき、最後に年代が来る。──日本外史。

番号のうちかた　作者の用意。

（引用者注、前掲「松生ひ」は、本文「瓦に松生ひ、垣に蔦茂れり。」の受けとめかたについて、わたくしと生徒との間に溝のあったことを指摘されているのである。）

○読究《ママ》の反省→教授過程の確立。

学年の程度←教　授　法←
　　　　読みの深究

○をしへる→よむ深さ──喜び

○教材研究の無限性

批評会において、満窪鉄夫先生は、前半、わたくしに授業成立への過程・経過を報告させられ、後半、おおよそ右のように批評された。

1板書を利用して、さらに指導をこまかくしていくべきこと。2読みの指導、とりわけ誤読の訂正のしかたについて、立ち入った的確な指導をしていくべきこと。3構想面の指導において、無理な面のあったこと、さらに適切に扱うべき点のあったこと。4深究において、いっそう留意して扱うべきこと。5読み方教授においては、教材研究の無限であること、学年の程度に応じて扱っていくべきこと、教授過程の確立の必要であること、深く読み得て、教授していくとき、喜びを感ずること、など、ねんごろにご指導をいただいた。

わたくし自身は、「平家の都落」の授業に夢中になって取り組んでいったが、満窪先生は指導教官として、熱心にかつ冷静に、授業過程を見据えておられ、不備かつ未熟な面を鋭くかつていねいに指摘し、教導されたのであった。

当日、ノートに、わたくしは、みずからの反省として、「しゃべりすぎた。発問用意の不充分。」を、書きつけている。授業者が予定していた計画のとおりに運ぼうとした――それは結果としてではあっても、そうなったのであった。

この日（昭和17年6月29日〈月〉）、わたくしは、「日記」に、「第一時限・第二時限、四年南組・北組と、平家物語の都落のところを教へた。快心である。四〇号だいから、小川さん達が応援してくれた。元気一杯にやつたのだ。」と記している。みずから、「快心」と述べているのは、いかにも思いあがっているかのようで、非公開の日記から引用するのは、気のひけることであるが、当日の授業についての、ある種の満足感を述べているのである。授業をしたクラスには、わたくしが「平家物語」の講読の指導を受けた、林実教授の令息もいて、その林君に指名し、こたえてもらった。わたくしは、「平家物語」をめぐって、そこに運命的なものを感じていた。

――授業をした昭和一七年の前年、すでに林実先生は病気のため逝去されて、そのことがとくに胸中にあったのである。

――わたくしの高師四年生のときの教育実習における「平家の都落」の附属中学四年生への授業のあらましは、およそ以上のとおりであって、自分では限られた準備期間の中で、ともかく精一杯にやったつもりであるが、不備な一回限りのものであった。たしかに不備で、一回かぎりのものであったが、その授業も、忽然と発現したものではなかった。機が熟して、「授業」として成り立つまでに、「授業」として成り立たせるものの多くあることに気づくのである。

三　林　実教授の「平家物語」講読と試問

わたくしは、昭和一四年（一九三九）四月、広島高等師範学校文科第一部（国語漢文科）に入学し、一年生の一年間、林実教授から、「平家物語」の講読をしていただいた。テキストは、「昭和校訂平家物語　流布本」（野村宗朔校訂、昭和13年4月25日改正再版、武蔵野書院刊）で、その年の講読は、巻三の「赦文」からであった。林先生のご教授は、静穏で精密をきわめたものであった。初め、生徒が指名されて、読み、かつ解釈をすると、それをうけて、先生が初めからくわしく説いていかれた。当時は、三学期制であったが、この「平家物語」講読は、一年間に、1赦文、2足摺、3御産の巻、4公卿揃へ、5大塔建立、6頼豪、7少将都還り、8有王が島下り、9颱、10医師問答、11無文の沙汰、12燈籠、13金渡し、まで進んだ。

これらのうち、わたくしが担当したのは、〇8有王が島下り　のうち、つぎの一節である。

薩摩より彼の島へ渡る船津にて、有王を人恠しめ、著たるものを剝取りなどしけれども、少しも後悔せず、姫御前の御文ばかりぞ、人に見せじと、髻結の中には隠しける。さて商人船に乗つて、件の島へ渡つて見るに、都にて幽かに伝へ聞きしは事の数ならず、田もなし、畠もなし、村もなし。自ら人はあれども、云ふ詞をも聞き知らず。有王、島の者に行き向つて、物申さうと云へば、何事と答ふ。これに、都より流されさせ給ひたる法勝寺の執行俊寛僧都と申す人の、御行末や知つたると問ふに、法勝寺とも、執行とも、知つたらばこそ返事はせめ、只頭を掉つて知らぬと云ふ。其の中に或者が心得て、いさとよ、さ様の人は三人これにありしが、二人は召し返されて都へ上りぬ。今一人残されて、あそここよと迷ひ歩きしが、其の後は行方をも知らずとぞ云ひける。山の方の覚束なさに、遙に分き入り、嶺に攀ぢ、谷に下れども、白雲跡を埋んで、往来《ゆきき》の道も定かならず。晴嵐夢を破つては、其の面影も見えざりけり。山にては遂に尋ねも逢はず、海の辺《ほとり》に著いて尋ぬるに、沙頭に印を刻む鷗、沖の白洲にすだく浜千鳥の外は、跡問ふ者もなかりけり。（一三八〜一三九ぺ、傍線は引用者。）

右の文章を担当して、訳しおわったとき、林実先生は、「名訳だね。」と言ってくださった。まったく思いがけないことだった。準備の段階で、念を入れ、滞ることのないように心がけはしたが、一年生ではあり、みずからに得心のいく解釈作業をすることなど、考えられなかった。前掲の文章中、傍線部の「白雲跡を埋んで」のところは、わたくしが勘ちがいをしていたらしく、林先生から念をおされた。

林実先生の注解および解釈の作業は、精密そのものであって、いささかも粗漏な点がなかった。どのようなことも、誠実につきとめ、丹念に説述された。テキストへの書きこみを周密にしているが、それを見るたびに、「平家物語」の時間の、もの静かでねんごろに説かれた、林先生の俤が浮かんでくる。このような講読における示範と指導とによって、わたくしは、古典解釈の方法を、そして態度をすこしずつ身につけていった。

これよりさき、広島高師へ入学する際、わたくしどもは、学科の口述試験を受けた。それは第一・二室、国語関係、第三・四室、漢文関係、第五室、人物試問だった。そのとき、林実教授は、第二室の口述試験を担当され、「平家物語」の一節を読ませて、いろいろおたずねになった。

その一節は、今にして思うと、「平家物語」巻二、「大納言の死去」のうち、つぎのような文章であった。

さる程に、大納言の北《の》方は、都の北山雲林院の辺に忍うでおはしけるが、さらぬだに、住み馴れぬ処は物憂きに、いとゞ忍ばれければ、過ぎ行く月日を明しかね、暮し煩ふ様なりけり。宿所には女房・侍多かりけれども、或は世を恐れ、或は人目を裹《つつ》む程に、問ひ訪ふ者一人もなし。されども、其の中に、源左衛門《の》尉信俊と云ふ侍一人、情ある者にて、常は訪ひ奉る。或時北《の》方、信俊を召して、まことや、これには備前の児島におはしけるが、此の程聞けば、有木の別所とかやにおはすなり。哀れ、如何にもして、はかなき筆の跡をも奉り、御返事をも今一度見ばやと思ふは如何にと宣へば、信俊、涙をはらはらと流して、われ幼少の時より、御憐れみを蒙つて召使はれ、片時も離れ参らせ候はず。召され参らせし御声の耳に留り、諫められ参らせし御詞の肝に銘じて、忘るゝ事も候はず。西国へ御下り候ひし時も、御供仕るべう候ひしかども、六波羅より被許《ゆるされ》なければ、力及び候はず。たとひ、今度は如何なる憂き目にもあひ候へ、御文賜はつて参り候はんと申しければ、北《の》方、斜ならずに悦び、やがて書いてぞ賜《た》うでげる。若君・姫君も面々に御文あり。

信俊、此の御文ども賜つて、遙々と備前《の》国有木の別所へ尋ね下り、先づ、預りの武士難波《の》次郎経遠に、案内を云ひ入れたりければ、経遠、志の程を感じて、やがて御見参に入れてげり。大納言入道殿は、唯今しも都の事をのみ宣ひ出して、歎き沈んでおはしける所に、京より信俊が参つて候と申しければ、大納言起きあがつて、如何にや如何に、夢かや現か、これへ〳〵とぞ宣ひける。信俊、御傍《そば》近う参つて、御有様を見奉るに、先づ御栖ひ所の物憂さはさる事なり、墨染の御袖を見奉るに、目もくれ心も消えはて、涙も更に留らず。やゝあつて涙を抑へて、北《の》方の仰せ蒙つし次第、細々と語り申す。その後御文《ふみ》取出でて奉る。これをあけて見給ふに、水茎の跡は、涙にかきくれて、そこはかとは見えねども、少《をさな》き人々の余りに恋ひ悲しみ給ふ有様、我が身も尽きせぬ物思に堪へ忍ぶべうもなしなど書かれたれば、日来の恋しさは事の数ならずとぞ、悲しみ給ひける。（「昭和校訂平家物語流布本」、九七〜九八ぺ、傍線は引用者。）

入室して、初め、林先生の机前に置かれた、右の文章を読むように言われ、まず黙読をしていたところ、すぐに声を出して読むように求められた。通読がすむと、傍線部の解釈についてきかれたように記憶している。ともかく、第一室で岡本明教授に、「おくのほそ道」についてたずねられたのに比べ、こちらはうまく答えられなかった。語法上の説明も、うまく明快にはできかねた。この文章が「平家物語」の一節であるとは、当時はむろん知るよしもなかった。

林実先生の質問に、的確に完璧に答えることはできなかったが、一対一で、古典の本文の解釈について試問を受けたという体験は、やはり当時のわたくしには普通のことではなかった。この試問を受けたのは、昭和一四年（一九三九）一月二九日（日）のことであった。学科筆答試験は、すでに前年十二月下旬にすませていたのであった。

四　林　実教授への夏期休暇レポート

―「平家物語の文学的性格と其の文学精神」―

さて、林実教授からは、昭和一四年夏休み中の作業として、「平家物語」についてのレポートを提出するように指示された。わたくしには、初めてのレポート体験であったが、「平家物語の文学的性格と其の文学精神」という題下に、七七枚を、昭和一四年八月二六日の午後まとめえた。今から見れば、未熟稚拙で読むにたえないのであるが、それは次のように構成され、記述されていた。

序　説

㈠　叙事詩的性格と叙事詩的精神

㈡　流動文学（語り物）的性格と劇的精神

序　説

我が国近古時代に於ける文学作品中最も汪目すべきものゝ一つは、軍記物語と称せられてゐる作品群落である。其等は彼の中古文学から一脉の伝統的文学精神を受胎してゐたとしても、優美典麗な作品から雄健素樸な作品へと、又繊麗婉美な仮名文から迫真力の籠つた諧調的和漢混淆文へと展開した文学史上に於て、全く新しい日本文学の出発であつたと云ひ得るのである。夢幻と神秘と陶酔との旧時代的浪漫主義を主潮とする貴族的精神が、新興の現実的創造的英雄的武家精神に依つて衰滅せしめられる過程に於ける其等二大精神闘争の具現とも言ふべき、保元の乱、平治の乱、平家滅亡哀史等々は、当時の飛鳥川の淵瀬にも劣らぬ栄枯盛衰変転興亡の世相に直面して、この過渡期的時代の蕩揺から看取把握された仏教的無常観に彩られて、新興文学の香も高く、保元物語、平治物語、平家物語、源平盛衰記となつて出現し、更に近古後期に至つては、太平記となり義経記、曽我物語等の分岐的展開を示したのである。

しかもかゝる作品群落の一大中心高峰たるべきものは、実にこゝに研究せんとする平家物語に外ならないのである。其の文学的性格の多面的であることに於て、結構統整の絶妙さに於て、素材の劇的豊富さと取材の巧妙さに於て、表現手法の簡潔明快勇健素樸な点に於て、しかも諸文学精神の素晴らしい渾熟に於て、平家物語の卓越性は一度この物語を繙いたものゝ、誰しもうけがふ所であらう。世人軍記物語と云へば、直に平家物語を聯想する所以もまたこゝに存すると云はねばならぬ。

私はこの平家物語の諸卓越性中、其の文学的性格の多面的なると諸文学精神の渾熟とに着眼立脚して、同時に他の諸卓越性にも考察を払ひつゝ小論を試みようとするものである。尤もこゝに言ふ文学的性格とは、文学的様式形態表現までをも包含した性質・特質を意味するものである。而してこゝに解明された諸性格中に中核される文学そのものゝ精神究明にまで及ぼうと意図するものである。

㈠　叙事詩的性格と叙事詩的精神

古来我が平家物語は、戦闘を中心とする一大叙事詩であり、最も純粋な意味に於て叙事詩的精神の横溢一貫せるものであると称せられてゐる。或はこれを一大叙事詩であると言ふには反対意向を有する人々も、これを叙事文学の尤なるものと称することには敢へて反対しないであらう。兎も角この平家物語が、或点に於て叙事詩に優秀な性格と精神とを包蔵してゐる事は動かす事の出来ない事実であらねばならないと思ふ。否、寧ろこの叙事詩的性格と叙事詩的精神こそ、平家物語の中核たる中心生命であると思はれるのである。

由来平家物語の作者については、或は信濃前司行長と言ひ、或は葉室時長と言ひ、或は吉田大弐資経と言ひ、或は源光行と言ひ、或は菅原好長と言ひ、或は願教法師と言ひ、或は憲耀法師と称せられて、未だ誰の作だと断定する事は不可能の状態にある。而してかゝる状態であるが故に、原作者の個性は時代を経過し改作者の手を経るに従つて磨滅に近づくことは否めない。少くとも斯く時間的人的交渉の結果生成展開して行つたものであるために、原作者の個性上に純粋性は求むべくもないのである。にも拘らず、この物語にすつきりした的確な統一的一貫性のある所以は、こゝに言ふ叙事詩的性格と叙事詩的精神によつてなされてゐると認めらるべきものであらねばならない。彼の山岸徳平氏は、次の様に言はれてゐる。即ち、「一體日本にはギリシヤなどに見る様な古い叙事詩（筆者註、ミンストレスの叙事詩等）が残つて居ない。これは非常に残念な事であるが、漂泊文学時代には恐らく存在したものに相違ないと思ふ。只悲しい事には支那の文字を借用して固定文学時代になると、漢字及び漢文の苛酷な束縛によつて、叙事詩は破壊されてしまつたものではなからうか。又、文字の使用に伴うて語部も不要になりつゝ次第に忘れられ顧みられなくなる。さうして美しい叙事詩は無残な最期を遂げたものではあるまいかと思ふ。勿論これが全部の原因とは考へないが、かゝる理由も確かに日本の叙事詩破壊――叙事詩の存在しない一因であらう。かくして中世に平家物語の様なもの〻みが纔に存するのであらう。」（国語と国文学第三十六号）（圏点筆者）と。

こゝに言はれる叙事詩の存在については、中世に平家物語の出現を待つまでもなく、既に上代に於て古事記の存在を見逃す事は出来ぬであらう。あの豊富な叙事詩的精神の横溢せる古事記の存在を黙殺する事は危険であるが、併しながら古事記なるものは本来歴史として叙述されたものであることは極めて明白なる点である。其の意味に於て、比較的純粋性を持してゐる点では、今、山岸氏の言はれる平家物語に若くはないであらう。かゝる意味に於て平家物語は、大衆文学国民文学の淵叢として価値づけられる以外に、本質的に叙事文学として価値づけられなければならないと思はれるのである。

扨、それならば、こゝに言ふ叙事詩的性格――特にその中核をなす叙事詩的精神とは、抑〻如何なるものであらうか。これについては既に「軍記物の本質」（国語と国文学第三十六号）として高木市之助氏が解明されてゐる所である。以下、氏の説に従つて、叙事詩的精神の本質を考察してみよう。即ち氏は、「軍記物の動力となつてこの活動を支持してゐるもの」に対して、これを「叙事詩的精神」と呼び、それについて、「要するに、各民族がその文化の出発点或は之に近い時代に於てよく作り出すところの所謂民族的叙事詩、ある種の文学を導く精神といふ意味に外ならない。それは単なる思想や情緒でなく謂はゞまだその程度にまで分化してゐない意欲的な創造的な渾然たる一の精神である。教養によつて弱められてゐない素樸な精神である。そこには卑俗な因習とか理知的な臆病とかいふものに煩はされない厳粛さがあり真実がある。此精神は直接に生活そのものを導いて行くのであるが、（或は観方によつては生活そのものだとも云へよう）、これが文芸創作の衝動となつた場合に彼の Illias とか Beowvef とかいふ所謂民族的叙事詩篇が生れて来るのであつて、かうした作用の側から見て仮に叙事詩的と冠したまでである。」と説明されてゐる。而して、この叙事詩的精神が「勿論我が上代に於ても澎湃として流れてゐた」ことは、充分認められる事実であるが、「此精神を直接の創作衝動とする純然たる民族的叙事詩篇が、少くとも今日に残されてゐない事も亦事実」であつて、そこに「或る物足りなさを」氏は感ずるのである。而して、この物足りなさが幾分満たされたのが、彼の中世に於ける軍記物であるとみ、而してかゝる精神は、平安朝時代の宮廷本位都城本位の生活を描いた文学とは相違して、一に古代生活に近い素朴簡易さと英雄的創造性を有する地方生活武家生活の中に流動してゐたと見るのである。更に氏は、文学上に見える叙事詩的精神に対する関心について、其の最初のものを、「吾人は将門記に於てすでに叙事詩精神の呼吸を感ずる。」と指摘されてゐるが、爾来この精神が、漸次隆起生成して、鎌倉時代に入り武家の抬頭支配と時を同じうして、異常な発展を示したことは明らかである。而して、この異常な発展を示した叙事詩的精神が、平家物語創作の――否、軍記物語創作の――重要な根本的動機となつてゐることは見逃し得ない所である。

高木氏は、更に作者の戦闘合戦に対する興奮熱中を指摘し、其れが何処から湧出してゐるかを次の様に述べて居られる。即ち、「寧ろ頗る生のまゝの、さうして紀記の歌謡、伝説さながらの叙事詩的精神の揺蕩から涌き上つてゐるのを誰が感じないであらうか。唯一の零細な例を挙げるなら、あの『押しならべてむづと組みどうと落つ』といふ一騎打の動作である。あゝした句には平安朝文化によつて育ぐくまれた批判も反省もない。又史記文選等の粉本から獲得した形容も叙述もない。たゞあるものは、精神であつて同時に肉体であり、思想であつて同時に生活であるところの頗る英雄的意欲的な素朴極まる或るものである。即ち叙事詩的精神である。」と。

かくして、氏は最後に叙事詩的精神の価値について、かう結論して居られる。「叙事詩的精神はその素樸な点に於て、その英雄的な点に於て、又その創造的な点に於て、動もすれば因習の堅殻中に枯死しようとする社会を、人生をその本然の活動に、即ち生命に引戻す原動力として誠にふさはしいものである。この意味に於てそれは恐く何等かの形で永遠に求められるべきものであらう。従てこの精神を根本の衝動とする文学も亦或る新興意識の旺んな時代なり社会なりに於ては常に求めらるべきものでなければならぬ。」と。

以上、大體叙事詩的精神について、その本質、特質、起源、価値等を考察したが、以下平家物語の実際について研究していかう。

巻一「殿下の乗合の事」に於て「雪ははだれに降つたりけり。枯野のけしき、まことにおもしろかりければ、若き侍ども三十騎ばかり召し具して、蓮台野や紫野、右近の馬場にうち出でて、鷹どもあまたすゑさせ、鶉、雲雀を追ひ立てひねもすに狩り暮し、薄暮に及んで、六波羅へこそ帰られけれ。」とあり、又同じ巻「鵜川合戦の事」に「今日は日暮れぬ。明日の軍と定めて、その日は寄手こらへたり。露吹きむすぶ秋風は、射向の袖をひるがへし、雲居を照らす稲妻は、兜の星を輝す。目代かなはじとや思ひけむ、夜にげにして京へ上る。明くる卯の刻におしよせて、関をどうとぞつくりける。城の中には音もせず。人を入れて見せければ『みな落ちて候』と申す。大衆力及ばで引き退く。」とある。この風景この合戦の叙事の巧妙さは、王朝の諸作品にも、同類の軍記物にも亦見出し得ぬ所である。

巻一「内裏炎上の事」に見る「上卿を取つてひつぱり、しや冠を打ち落し、その身を搦めて湖に沈めよ。」の言葉は、当時までこの物語をのぞいては、みえない所であらう。

巻一「内裏炎上の事」に於て「同じき二十八日の夜の戌の刻ばか

り、樋口富の小路より火出で来つて京中多く焼けにけり。折ふし巽の風はげしく吹きければ、大きなる車輪の如くなる炎が、三町五町を隔てゝ乾の方へすぢかひに、飛び越え飛び越え焼けゆけば恐しなどもおろかなり。」これなど、最後の「恐しなどもおろかなり」は類型的表現ではあるが、よく躍動的に描かれてゐて、こゝに叙事詩的筆法の本領があると思ふ。

巻二「西光が切られの事」に於ける、「しや馬より取つて引き落し、中に縛つて西八条殿へさげて参る。」といふ一句は、内海弘蔵氏も既に指摘されてゐる通りこの作者の得意な躍動的な筆致である。

又巻二「新大納言の流されの事」の最後「島のならひ、後は山、前は海、磯の松風、浪の音、いづれもあはれはつきせず」などは、内海弘蔵氏も既に指摘されてゐる如く、叙事の簡潔明快な部分である。

同じ巻「卒都婆ながしの事」に於ける「沖の白浪の寄せては返す度ごとに、卒都婆を海へぞ浮かべける。卒都婆は作り出すに従ひて海に入れければ、日数つもれば、卒都婆の数もつもりけり。」と如何にも簡潔巧妙な叙事詩的筆づかひである。

更に巻三「少将都がへりの事」等随所に叙事の筆の冴えを見る事が出来る。同じく巻三「有王が島下りの事」では、俊寛と有王との邂逅の劇的シーンが情景相俟つて、冴々と浮彫されてゐるのである。

巻三「城南の離宮の事」の最後の段「法皇は城南の離宮にして、冬も半ば過させ給へば、射山の嵐の音のみはげしくて、寒庭の月ぞさやけき。庭には雪降り積れども、跡踏みつくる人もなく、池には氷とぢ重ねてむれゐし鳥も見えざりけり。……年去り年来つて、治承も四年になりにけり。」もりもりと熱血する叙事に走るかと思へば、よく沈潜して閑寂悲痛の風趣を叙して絶妙なるこの作者の叙事の優れたる一段と云へよう。

又次の如きものもある。

巻四「橋合戦の事」に於て「『たゞ射取れや、射取れ』とて、さしつめ引きつめ、さんざんに射けれども、但馬少しも騒がず、上る矢をばつついくゞり、下る矢をば躍り越え、向つて来るをば長刀にて切つて落す。敵も御方も見物す。」とあり、また、「目貫のもとよりちやうと折れ、ぐつと抜けて、川へざつぶとぞ入りにける。頼む所は腰刀、死なむとのみぞ狂ひける。」とある如く、この乱戦を眼前に髣髴せしめうるものは、実にこの叙事詩的手法の特徴とする所である。

次の巻、巻五「もつけの事」に於て「死人のしやれ頭どもが、いくらといふ数を知らず、坪の内に充ち満ちて、上なるは下になり、下なるは上になり、中なるは端へころび出で、端なるは中へころび入り、ころびあひ、ころびのき、からめきあへり。」とある。この叙事の絶妙なること驚嘆すべきである。

巻五「文覚の荒行」に於て文覚上人の荒行の試みを「六月の日の草もゆるがず照つたるに、ある片山里の藪の中へはひり、はだかになり、仰のけに伏す。虻ぞ、蚊ぞ、蜂、蟻などいふ毒虫どもが、身にひしと取りついて、刺し喰ひなどしけれども、ちつとも身をも働かず。」と真に迫つて描写し切つてゐる。実に非凡の極みであるではないか。

同じく巻五「文覚流されの事」に於て、安芸武者右宗と文覚上人との一騎打を叙する中に、「打たれてちつとひるむ所に、えたりやをうと、太刀を棄ててぞ組んだりける。」とある。叙事の躍動見るべきである。

それから巻七「倶利伽羅おとしの事」は、全段些のたるみもない、簡潔にして素朴而も枯れた筆致の冴々しさは、その真情真景を遺憾なく髣髴再現せしめて実にその技神に入ると言ふも過言ではあるまい。文中出色の一二を拾へば、「さる程に源平両方陣をあはす。陣のあはひ、わづか三町ばかりに寄せあはせたり。源氏も進まず、平家も進まず。」の冒頭や、「先に落したる者の見えねば、この谷の底にも道のあるにこそとて、親落せば子も落し、兄が落せば弟も落し、主落せば家の子、郎等も続きけり。馬には人、人には馬、落ち重なり、さばかり深き谷一つを平家の勢七萬騎でぞ埋めたりける。」や、短句ではあるが、「新手の源氏二萬餘騎、平家三萬餘騎が中へかけ入り、もみにもうで、火出づる程にぞ攻めたりける。」やであらう。

巻七「一門の都落の事」「福原落の事」に漲る秋風星落の悲愁悲情の叙事また非凡である。

以上は主として、叙事詩的表現に重きを置き、其等の諸例に関して考察したのであるが、平家物語には、此等の外に全段を通じて叙事的性格を有するもの——叙事詩的精神の横溢せるもの——が少くない。これらの諸巻中特に其の合戦闘争を叙事したものに至つては、読む者をして直に忘我せしめ文中の人とならしめるであらう。実に軍記物としての平家物語の本領は、以上の諸例、次に挙示する諸巻諸段に存するものである事を疑はないのである。

即ち、

巻四では
「厳島御幸の事」「信連合戦の事」「競が事」「宮の御最後の事」
巻五では
「富士川の事」
巻六では
「紅葉の事」「洲の股合戦の事」「しはがれ声の事」「横田河原合戦の事」
巻七では
「北国下向の事」「燧合戦」「木曽の願書」「篠原合戦の事」「実盛最後の事」
巻八では
「水島合戦の事」「瀬尾最後の事」「室山合戦の事」
巻九では
「宇治川の事」「河原合戦の事」「木曽の最後の事」「樋口の斬られ」「六個度合戦の事」「三草勢ぞろへの事」「三草合戦の事」「老馬の事」「一二のかけの事」「二度のかけの事」「坂おとしの事」「盛俊最後の事」「忠度の最後の事」「重衡いけどりの事」「敦盛最後の事」「浜軍の事」「落足の事」
巻十では
「藤戸の事」
巻十一では
「逆櫓の事」「勝浦合戦の事」「大阪越の事」「嗣信最後の事」「那須の与一の事」「弓流しの事」「志度合戦の事」「壇の浦合戦の事」「遠矢の事」「先帝御入水の事」「能登殿最後の事」

巻十二では

「土佐坊斬られの事」「六代の事」

等々である。

之を要するに、以上、平家物語の本質本領の実に叙事詩的精神の躍動横溢にある事が大略解明されたことゝ思ふのである。

(二) 流動文学（語り物）的性格と劇的精神

——口唱文学的性格と劇的性格と——

軍記物群落の一大中心高峰たる平家物語の特異性は、種々の方面に於て認められるであらうが、其の中で最も注目すべきものゝ一つは、この物語が語り物的性格を有つた流動文学であると言ふ事である。流動文学の故に、この物語には他の固定文学に見られぬ生成発展があり、かくの如き円熟せる作品に完成されたのだとも言ひ得るのである。尤もこゝに言ふ流動文学は更に口唱文学と言つても差支へない。

それならば、口唱文学的語り物的性格を有つたこの物語が、その故に如何なる特異性を示してゐるのであらうか。それには先づ口唱的形態の残存と言ふ事を挙げねばなるまい。

例へば、巻一「祇園精舎の事」に於て、冒頭をば、「祇園精舎の鐘の声、諸行無常の響あり、沙羅双樹の花の色、盛者必衰の理をあらはす。驕れるもの久しからず、たゞ春の夜の夢の如し。猛き人も遂には亡びぬ。ひとへに風の前の塵に同じ。」と全篇に底流する深奥の原理を巧妙なる比喩で説き起し、更に、「その先祖を尋ぬれば………」と清盛入道の家系を叙述してあるのは、語り物的形態の残存を指示するものである。

又、少々漠然とはしてくるものゝ、「しかるに」「又」「案の如く」「陳じ申されけるは」「かくて(忠盛)」「そもそも(平家)」「むかし」「されども」「折ふし」「さればにや」「かゝりし程に」「然るを」等等も、其の残存と見る事も出来るであらう。

併し乍ら、これ等は、独り平家物語に限定さるべき特異性を有するものではない。其の点から考へて、軍記物特有の口唱的形態の残存として挙げるべきものは、「さる程に」であらう。我々が平家物語を読み返して、中世当時の慣用語であつた「ごさんなれ」等云ふ語と共に、懐かしく脳裡に残る語はと言へば、この「さる程に」に違ひない。それほど、この語は、或物懐かしさの耳に残る語である。今、全篇を通じて、この語を拾つてみれば、次の如くである。

巻一

1さる程に（妓王の事）／2さる程に（額打論の事冒頭）／3さる程に（額打論の事）／4さる程に（清水炎上の事）／5さる程に（殿下の乗合の事）／6さる程に（鹿の谷の事）／7さる程に（鵜川合戦の事）／8さる程に（願主の事）／9さる程に（御輿ぶりの事）

巻二

1さる程に（座主流しの事）／2さる程に（西光が切られの事冒頭）／3さる程に（西光が切られの事）／4さる程に（西光が切られの事）／5さる程に（小松教訓の事）／6さる程に（少将請ひ受けの事）／7さる程に（新大納言の流されの事）／8さる程に（阿古屋の松の事）／9さる程に（新大納言の死去の事冒頭）／10さる程に（新大納言の死去の事）／11さる程に（新大納言の死去の事）／

12さる程に（山門滅亡の事）／13さる程に（康頼のつとの事）／14さる程に（卒都婆ながしの事）

巻　三

1さる程に（赦文の事）／2さる程に（足ずりの事）／3さる程に（足ずりの事）／4さる程に（足ずりの事）／5さる程に（御産の巻の事冒頭）／6さる程に（御産の巻の事）／7さる程に（頼豪の事）／8さる程に（頼豪の事）／9さる程に（有王が島下りの事冒頭）／10さる程に（颰風の事冒頭）／11さる程に（行隆の沙汰の事）

巻　四

1さる程に（鼬の沙汰の事）／2さる程に（信連合戦の事冒頭）／3さる程に（高倉の宮園城寺の入御の事）／4さる程に（競が事）／5さる程に（山門への牒状の事）／6さる程に（大衆そろへの事）／7さる程に（大衆そろへの事）／8さる程に（橋合戦の事冒頭）／9さる程に（橋合戦の事）／10さる程に（宮の御最後の事）

巻　五

1さる程に（月見の事）／2さる程に（大座が早馬の事）／3さる程に（咸陽宮の事）／4さる程に（文覚流されの事）／5さる程に（伊豆院宣の事）／6るさ程に（富士川の事冒頭）／7さる程に（富士川の事）／8さる程に（富士川の事）／9さる程に（富士川の事）／10さる程に（五節の沙汰の事）

巻　六

1さる程に（廻文の事）／2さる程に（しはがれ声の事冒頭）／3さる程に（横田河原合戦の事）／4さる程に（横田河原合戦の事）／5さる程に（横田河原合戦の事）／6さる程に（横田河原合戦の事）

巻　七

1さる程に（北国下向の事）／2さる程に（北国下向の事）／3さる程に（燧合戦冒頭）／4さる程に（倶利伽羅おとしの事冒頭）／5さる程に（倶利伽羅おとしの事）／6さる程に（倶利伽羅おとしの事）／7さる程に（倶利伽羅おとしの事）／8さる程に（木曽山門牒状冒頭）／9さる程に（主上の都落の事）／10さる程に（主上の都落の事）／11さる程に（一門の都落の事）／12さる程に（福原落の事）

巻　八

1さる程に（山門御幸）／2さる程に（那都羅の事）／3さる程に（那都羅の事）／4さる程に（宇佐行幸の事）／5さる程に（太宰府落の事冒頭）／6さる程に（征夷将軍の院宣の事）／7さる程に（水島合戦の事冒頭）／8さる程に（室山合戦の事冒頭）／9さる程に（法住寺合戦の事）／10さる程に（法住寺合戦の事）／11さる程に（法住寺合戦の事）

巻　九

1さる程に（宇治川の事）／2さる程に（宇治川の事）／3さる程に（樋口の斬られ）／4さる程に（六個度合戦の事冒頭）／5さる程に（三草勢ぞろへの事）／6さる程に（一二のかけの事）／7さる程に（二度のかけの事冒頭）／8さる程に（坂おとしの事）／9さる程に（坂おとしの事）／10さる程に（盛俊最後の事）／11さる程に（敦盛最後の事冒頭）／12さる程に（小宰相

巻　十

1さる程に（海道くだり冒頭）／2さる程に（千手冒頭）3さる程に（千手）／4さる程に（横笛の事冒頭）／5さる程に（三日平氏の事）／6さる程に（藤戸の事冒頭）／7さる程に（藤戸の事）／8さる程に（藤戸の事）／9さる程に（藤戸の事）／10さる程に（藤戸の事）／11さる程に（大嘗会の沙汰の事）

巻十一

1さる程に（逆櫓の事）／3さる程に（逆櫓の事）／3さる程に（逆櫓の事）／4さる程に（大阪越の事）／5さる程に（那須の与一の事冒頭）／6さる程に（志度合戦の事）／7さる程に（志度合戦の事）／8さる程に（志度合戦の事）／9さる程に（壇の浦合戦の事冒頭）／10さる程に（壇の浦合戦の事）／11さる程に（壇の浦合戦の事）／12さる程に（遠矢の事冒頭）／13さる程に（遠矢の事）／14さる程に（先帝御入水の事）／15さる程に（能登殿最後の事）／16さる程に（内侍所の都入りの事）／17さる程に（一門大路わたされの事冒頭）／18さる程に（大臣殿誅罰の事冒頭）

巻十二

1さる程に（重衡の斬られの事冒頭）／2さる程に（重衡の斬られの事）／3さる程に（大地震冒頭）／4さる程に（土佐坊斬られの事冒頭）5さる程に（土佐坊斬られの事）／6さる程に（吉田大納言の沙汰冒頭）／7さる程に（六代の事冒頭）／8さる程に（六代の事）／9さる程に（六代の事）／10さる程に（長谷六代の事冒頭）／11さる程に（長谷六代の事）／12さる程に（六代斬られの事冒頭）／13さる程に（六代斬られの事）

灌頂巻

1さる程に（女院御往生の事冒頭）

以上、巻十一の十八を筆頭にして、灌頂巻の一に至るまで、凡そ一三八である。

次に劇的性格と劇的精神についての考察であるが、この物語が語り物的様式を有つた以上、それだけの用意と考慮が払はれた事は自然であらう。

凡そ文学形態論の教へる所によれば、抒情文学は「われ」の文学であり、叙事文学は「かれ」の文学であり、劇文学は「われ」と「かれ」との融合の文学であると言ふ。

それならば、我が平家物語は、如何なる点に於て、「われ」と「かれ」との融合を見出してゐるであらうか。これは容易な問題ではない。併しながら、取材に於て劇的であり、様式に於て、語り物的物語的文学形態即ち劇文学的形態を有してゐる事は、極めて明白なる点である。かゝる意味に於て、この物語に、一脈の劇的精神が底流してゐることは疑ひない所である。しかも、こゝに最も注意すべきは、「われ」を主とした王朝的抒情的主観的批判的物語的要素と、「かれ」を中心とした「叙事詩的」要素との、融合とまでは言ひ得なくても、混合配置に於て極めて渾熟した手腕を見せてゐる事である。平家物語が、保元平治両物語の史論的であるに比して、より叙事的であり、より抒情的であると言はれる所以の一つは、この作者がこゝに言ふ劇的精神に触れんとし、而して劇的効果を考慮した故とも考へられるのである。

かくて全篇の劇的起伏展開を辿つて見れば、凡そ次の如くならう。

巻一「祇園精舎の事」は、全篇の序幕であると同時に、全篇への暗示的役割を持ち、この序から、清盛を主人公として事件は漸次高調を示し展開の度を高めて行き、其の栄華の極みを一つの頂点とし、更に巻四「源氏そろへの事」に於て、急迫の度を加へ、事件の続出は加速度的に興味を増加して行く。しかも巻六「廻文の事」に於ける木曽の次郎義仲の蜂起。巻六「飛脚到来の事」に至つて、「およそ東国、北国の叛くだにあるに、南海、西海かくの如し。逆乱の先表頻に奏す。」と、世は愈〻騒乱交響楽の前奏曲を奏しはじめたのであり、舞台は巻六「入道逝去の事」を経て、愈〻展開飛躍の一途を辿るのである。かくて第一の展開の終局では、源平両氏の葛藤となつて示現され、巻七「主上の都落の事」に至るや、こゝより舞台は一転して、平家一門は栄華の絶頂から、其の滅亡の一途を漂泊するのである。げに平家一門滅亡哀史の序幕をなすものと言ふべく、しかも素材を哀れに悲しい都落にとり、これを六通りに書きわけてゐるのである。紅葉黄葉将に散り果てんとし、秋風切々と身に沁む思ひを誰が禁じ得ようか。

かくて、「都落」より一転した舞台は、更に源平両氏の合戦に依つて、こゝに大いなる展開を示し、「壇の浦」に於て平氏一門滅亡するや、こゝにその終局は暗示されるが、更に巻十一「腰越の事」等に於ける源氏内訌によつて、既に終局に近い間ながら、多少の起伏波瀾を感じさせる。かくして、灌頂巻に至つて、静かに「祇園精舎の事」と照応せしめて、幕は閉ざされるのである。

以上で大體この物語の劇的性格・劇的精神の特異性が解明されたことゝ思ふ。

㈢　固定文学（物語）的性格と浪漫精神

併し乍ら、平家物語もまた、中古時代文学の伝統的文学性格と精神とを受胎してゐた作品であることは否めない。叙事詩的精神に則り、語り物的様式とその劇的表出に作者は充分の熱情を傾けながらも、やはり王朝の絢爛たる浪漫主義的爛熟に憧憬を抱かずには居られなかつたその態度が随所ににじみでてゐるのである。武家精神を全く脱殻したかに見えた平家一門が、こゝに貴族的精神に就いて、春夏秋冬に花に月に宴に其の栄華を極めた秋には、又己が魂の原郷とも言ふべき武家的精神によつて皮肉にも滅亡せしめられねばならなかつた。こゝに痛ましい悲劇が生じて来る。餘りに悲惨と言へば悲惨な悲痛そのものゝ運命の嵐が吹きまくつたのである。かくて、こゝに新旧両時代闘争の即ち過渡期的蕩揺を見る。此の時代的蕩揺の嵐の中に於て、最も悲痛な犠牲の落花となつたものは、何れの過渡期にもよく見られるやうに、常に可憐な女性であつた。この悲痛可憐を描いては、かの浪漫主義的精神の横溢するのも又自然の数であつた。

以下、実際に此の物語に就いて、其の例を拾ひつゝ考察を進めて行かう。

巻一「鱸の事」に於て、忠盛が仙洞に「最愛の女房を持つて、夜な夜な通」うた風情を叙する段など、如何にも平安朝時代の物語に見る、ものゝあはれの満ち溢れてゐるものである。

又、かの巻一「妓王の事」に於て描かれた女性を観察して見れば、其処には、仏教的色彩の浸潤した女性群が、簡潔優美な筆致で、過渡時代の悲劇悲痛を主点として浮彫されてゐる。しかし、仏教的色彩の浸潤を見、王朝的仮名文の持つ優雅典麗の香はなくとも、やはり其処に流れてゐる美は、ものゝあはれの美であり、王朝式美趣の延長そのものであると思はれるのであつて、こゝに作者の平安朝宮廷生活への淡い憧憬の情が含まれてゐる事を見逃すわけには行かない。凡そ東洋文化の特色として、常に何等かの角度傾斜角度を以て物象を観察することは既知の事であるが、それが此処にも現れて来てゐると見なければならない。新旧両女性の葛藤を扱つて、其の悲劇を重く且つあはれならしめたその底に、この態度を忘れてはならないと思ふのである。

巻一「二代の后の事」に見る「思ひきや憂き身ながらにめぐり来ておなじくもゐの月を見むとは。その間の御なからひ、いひ知らず、あはれにやさしき御事なり」の大宮の悲痛な御運命のながれも、また過渡時代に於ける旧套的女性に必然的につながるものであり、此の点で一脈の聯関を王朝時代に持つものであらう。

更に巻一「願立の事」に於て『後二条の関白殿に、鏑矢一つ放ちあて給へ、大八王子権現』と、高らかに」祈誓すると、「その夜やがて不思議の事ありけり。」と述べ、「人の夢に」「八王子の御殿より鏑矢の声出でて、王城をさして鳴り行くとぞ、」見えたと云ひ、「そのあした関白殿の御所の御格子を上げるに、たゞ今山より取りて来たるやうに、露にぬれたる樒一枝立ちたりけるこそ不思議なれ。」と述べてゐるのを見れば、仏教的色彩の浸潤に依つて此の物語に超現実的幽玄的風趣の加味されて来てゐることは否めない。こゝに、物語的性格の一面があると思ふのである。しかもこの関白の御母の祈願に依つて、三年間関白の生命が生き伸びたと言ふが如きは、全く右述の典型的一例であると思ふ。

同じく巻一「内裏炎上の事」に於ては、内裏の炎上を「これたゞごとにあらず、山王の御咎めとて、叡山より大きなる猿どもが二三千おり下り、手ん手に松火をともいて京中を焼くとぞ、人の夢には見えたりける。」と言つて、暗示的夢幻的である。

又次の如きものもある。巻二「座主流しの事」に於て、戒浄坊の阿闍梨祐慶を「それよりしてこそ祐慶をば、いかめ坊とはいはれけれ。」と述べ、「その弟子慧慶律師をば、時の人、小いかめ坊とぞ申しける。」と述べてゐる如き、王朝時代、竹取物語等に見る一小説話の「オチ」にも似た俤を、微かながらも伝統してゐるものと見たい。猶この例は篇中折々見出し得るものである。巻二「少将請ひ受けの事」に於て、清盛入道の弟、教盛を「宿所は六波羅の総門の脇におはしければ、門脇の宰相とぞ申しける。」とあるのもまた此の例である。

或は巻五「月見の事」に於て「或は源氏の大将の昔の跡をしのびつゝ、須磨より明石の浦づたひ、淡路の迫門をおし渡り、絵島が磯の月を見る。」とある如く、当時の人々に平安朝時代への憧憬があつたことは否定出来ない。しかも此の段は全篇風趣と言ひ情緒と言ひ王朝的物語そのまゝである。

彼の巻六「葵の前の事」に於ける、葵の前の悲愁を帯びた生涯も、更に同じ巻「小督の事」に於ける、小督の殿のそゞろに涙をそゝる悲劇的生涯も共に王朝的雰囲気に浸つてゐるものとしなくて何としよう。又、巻七「維盛都落の事」の夫婦の別離のあはれも、同じく巻七「忠度の都落の事」に於ける風流風雅にたくするあはれも、さては巻七「経正の都落の事」も、同じ種の例であらう。

更に巻八「緒環の事」に於ける伝奇的説話は、矢張王朝時代のロマンスの系統から流れ出たものに外ならない。

或は巻九「小宰相」に於ける、越前三位通盛卿の北の方小宰相については、王朝的ものゝあはれを漂泊させて、合戦合戦で塗りつぶされてゐるこの巻に、一異彩を放たしめてゐる。この憐むべき女性もまた平家哀史になくてはならぬ人物であり、必然に齎さるべき宿命の具現者でなければならなかつたのである。巻十「首わたしの事」に於て嘆き切なる維盛卿の北の方も、巻十「内裏女房の事」に見られるものも、又この種のあはれであらう。

又巻十「千手」に見る、千手の前の三位の中将にひかされて「やがて様をかへ、濃き墨染にやつれはてゝ」しまつたと言ふが如きもまた此の物語に見る「あはれな女性」の一人であらう。同じく巻十「藤戸の事」に於ける綱盛卿の北の方の「さだめ」も同様にこの「ものゝあはれ」につながる悲劇であらねばならない。

彼の巻十「横笛の事」に於ける、横笛の悲痛悲愁の恋物語――。やはり、このロマンスの女主人公も、例の一女性にあてはまるべき佳人であらう。巻十二「重衡の斬られの事」に見る、重衡の北の方の涙多き濃き墨染の生涯も、又過渡期的女性の必然的に辿るべきものであつたのであらう。

最後に、灌頂巻「女院御出家の事」「小原へ入御の事」「小原御幸」「六道の沙汰の事」「女院御往生の事」に見る、建礼門院の其の御幽愁もまた、此の物語に見る例の女性の宿命を背負はせられたものと見るべきであらう。唯、其の文章表現から言つて、餘りに艶麗に走りすぎた傾きがあつて、却てしつとりとした終曲の澄んだ趣を見得ないのは如何にも口惜しい次第である。

之を要するに、此の物語の物語的性格と浪漫的精神とは常に一二のものを除いては、過渡時代的蕩揺の嵐の中に漂泊する女性について、それを主として発現されてゐるのである。しかも、この発現に際して、常に仏教的色彩を帯び、或は無常観に裏打ちされてゐることが、此の物語の此の項の大いなる特異性であると思はれるのである。而して、此等の底に或傾斜角度を以て王朝憧憬の念の流れてゐる事は前述の如くである。更に物語的性格の一面として超現実的傾向の存する事も既述せる通りである。

四　宗教文学的性格と抒情的精神

由来平家物語は、一大宗教文学であり、全篇が一つの偉大なる説教であるとすら観る人々もある。尤も、この作者が、仏教的に造詣の深い人々であつたであらう事は、毫も疑ひない所である。それは、彼の篇中随所に見る、牒状等に現れた仏教語の自由自在な駆使に於ても充分伺へる所であらう。

併し乍ら、この物語の本質本領が既述の如く、叙事詩的性格と叙事詩的精神に存在すると観る以上、私にはこの宗教的色彩そのものによつて、また仏教的無常観の一貫横溢によつてのみ、この物語の本質を宗教文学であり、一大説教であるとするには、遽かに与し難い感じを抱くものである。併しこの物語が一面に宗教文学的性格を見せてゐる事は否めない。

兎に角、公家や武家生活と宗教界との交渉接触が、この物語に於て最も荘重な色彩を見せて其の相当な部分を占めてはゐるが、しかし、それは飽くまで副であつて正ではなく、何処までも従であつて主ではない。

たゞ此処に注意すべき事は、この物語に沈潜する抒情精神が、仏教的悲哀的精神の形をとつてゐる事である。これは曽我物語や義経記が英雄崇拝的精神の抒情であるに対し、平家物語の一特色であらねばならない。この仏教的悲哀的精神が、強い抒情を以て、無常観を迫力あらしめてゐる事は忘れられない点であると思ふ。

(五) 平家物語の歴史的精神

―― 抒情的主観的批判的精神をこめて ――

中古の末期から近古にかけて、軍記物と同じく新興文学として出発したものに、歴史物語の一群がある。而して、この歴史物語の記事に比して、「軍記物語の記事は、全篇の興味を多からしめんとして、故意に事実を変更した所多く、虚実相半ばするもので、（史実に益なし）とまで、極言せられてゐる所である」（国語と国文学第三十六号）と沼沢龍雄氏は指摘されてゐる。こゝに言ふ平家物語とても、またこの例に洩れぬものであらう。併し同じ軍記物群落の中でも、保元平治両物語のより史論的であるに対して、この物語は、より叙事的抒情的であるとされてゐる。

かくて平家物語の史実的価値の問題は暫く措くも、この物語特有の歴史的批判的精神の底流する事は否めない。以下、実際にこの物語について研究考察して行かう。

例へば、巻一「祇園精舎の事」に於て、「遠く異朝をとぶらふに、秦の趙高、漢の王莽、梁の周伊、唐の祿山、これらは皆、旧主先皇の政にも従はず、楽を極め、諫をも思ひ入れず、天下の乱れむ事を悟らずして、民間の憂ふる所を知らざりしかば、久しからずして亡じにしものどもなり。近く本朝を窺ふに、承平の将門、天慶の純友、康和の義頼、これらは驕れる事も、猛き心も、皆とりどりなりしかども、まぢかくは六波羅の入道前の太政大臣平の朝臣清盛公と申しゝ人の有様、伝へ承るこそ、心もことばも及ばれね。」と、先づ諸行無常、盛者必衰の理を史的展開の事象中に求めて、其の類例を挙示し、かくて清盛への史論的態度を閃めかせてゐるのである。

同じく巻一「殿上の闇討の事」に於て、「内の昇殿を許さ」れた忠盛が、「雲の上人の猜み憤りにあひ、闇討をはかられ、「『伊勢へいじはすがみなりけり』とぞはやされ」た条などは、過渡期的宮廷の事件を描いて適切である。而して、こゝにも先例を引き、上古と末代との比較をなし、ひそかなる上代への憧憬がひそめられてゐる事を忘れてはならない。

又、巻一「わが身の栄花の事」に於て、重盛宗盛兄弟の「左右に相ならぶこと」については、三四の事例を挙げて説明し、「末代とはいひながら、不思議なりし事どもなり。」と、極めて淡々とはしてゐるが、作者の主観的批判を籠めてゐる。

同じ段に、「そもそもこの重教の卿を、桜町の中納言と申しけることは」と、事物名称人名等の由来沿革について、相当的確な興趣深い探求考証がなされてゐる事をも注目しなければならぬ。巻一「妓王が事」に於て、白拍子の起源を叙してゐるのも亦此の一例であらう。又巻一「妓王が事」に於ける「さればかの後白河の法皇の、長講堂の過去帳にも、妓王、妓女、仏、刀自等が尊霊と、四人一所に入れられたり。ありがたかりし事どもなり。」とあるのにも、類型的概念的ではあるが、作者特有の批判を含めてゐるものであると思ふ。

或は次の如く、巻一「二代の后の事」に於て、「主上、上皇、父子の御間に、何事の御隔かあるなれども、思の外の事ども多かりけり。これも世澆季に及んで、人梟悪を先とする故なり。」と、婉曲に主観的な批判を下して、仏教的観念から見たその理由にまで及んでゐるものもある。

巻一「二代の后の事」に於て、后御入内に関する公卿僉議に、「まづ異朝の先蹤をとぶらふに、震旦の則天皇后は唐の太宗の后、高宗皇帝の継母なり。太宗崩御の後、高宗の后に立ち給ふ事あり。それは異朝の先規たる上、別段の事なり。しかれどもわが朝には、神武天皇よりこの方、人皇七十餘代に至るまで、未だ二代の后に立たせ給ふ例を聞かず。」と述べてゐる如く、当時の善悪是非の批判的規範は、先づ先蹤を尊重し、これに依拠したものである事は、これに依つて明らかであり、而も注目すべき事は、対外対内の別が明確に識別されて、我が国體観念について相当程度明かるかつたと言ふ事である。同じく、巻一「二代の后の事」に、二代の后にたゝれる事を仄聞せし世人の態度を、「世にはいかにして洩れけるやらむ、あはれにやさしき例にぞ、人々申しあはれける。」とそのまゝとりあげてをり、「あはれにやさしき例」と、申し合ふ人々の口を借りて、作者も亦無限の同情的態度を示してゐるのである。

更に、巻一「額打論の事」に於て、「六条天皇御二歳にて御践祚あらせられたのを、「その時の有識の人々申しあはれけるは、まづ本朝に、童帝の例をたづぬるに、清和天皇九歳にして、文徳天皇の御譲を受けさせ給ふ。それはかの周公旦の成王にかはり、南面して、一日萬機の政を治め給ひしに擬へて外相忠仁公、幼主を扶持し給へり。これぞ摂政の始なる。鳥羽の院五歳、近衛院三歳にて践祚あり、かれをこそいつしかなれと申しゝに、これは二歳にならせ給ふ。先例なし。ものさわがしともおろかなり。」とあるを見ても、作者の批判的態度が、有識の言に則り、更に言へば、先例を非常に重要視してゐることは充分認識されねばならない。謂はゞ伝統的道徳律慣習規則を墨守しつゞけてゐて、当時の新興社会である武家階級の武家精神の確立はまだ浅く、しかも時代は過渡期に置かれ、この時代的蕩揺に於ける事象悉くに、彼等は旧時代的道徳的解釈と批判とを加へて行つたのである。逆に言へば、先蹤先例に背いた事件行為から更に重大な事件が勃起して来る例をも作者は筆に上せてゐる。例へば、巻一「額打論」に於ける、「先例を背いて」延暦寺の額を東大寺の次に、興福寺の上に打ちこれが原因となつて清水寺炎上に至つた如きである。

又、巻一「清水炎上の事」に於て、六条天皇「二歳にて御譲を受けさせ給ひて、わづか五歳と申しゝ二月十九日に御位をすべりて、新院とぞ申しける。未だ御元服もなくして、太上天皇の尊号あり、漢家、本朝、これや始ならむ。」とあるが如く、「物の始」を先例に照らして、叙述してある点も亦、一つの史的態度とし、見逃すわけに行かないであらう。

巻一「殿下の乗合の事」に於て、「一院（後白河法皇）も内々仰なりけるは『昔より代々の朝敵を平げたる者多しといへども、未だかやうの事はなし。貞盛、秀郷が将門を討ち、頼義が貞任、宗任を亡し、義家が武衡家衡を攻めたりしにも勧賞行はれしこと、わづか受領には過ぎざりき。今清盛が、かく心のまゝにふるまふ事こそ然るべからね。これも世末になりて王法の尽きぬる故なり。』とあるを見ても、先例に依りて是非を批判し、其の原因を末世王法の尽きしことに帰してゐる事は明らかである。

同じく巻一「殿下の乗合の事」に於ける、松殿の「還御のあさましさ」を「申すもなかなかおろかなり。」と言ひ、各摂政関白の類例をあげて、「かゝる御目にあはせ給ふこと、未だ承り及ばず。これこそ平家の悪行の始めなれ。」と言ふ叙述もまた例の筆法である。

又、巻一「鹿の谷の事」に於ける新大納言成親卿について、「神は非礼をうけずと申すに、この大納言、非分の大将を祈り申されければにや、かゝる不思議も出で来にけり。」と叙べ、分際に適合する所の地位と其れに相応せる神仏への祈願と言ふ事を主眼として、批判的な視点を向けてゐる事が判る。反対に作者の善であり是であるとする所は、多く、「さればこの大将をば、君も臣も御感ありけるとぞ聞えし。」と言ふやうに、巻一「殿下の乗合の事」に於ける重盛の正義的態度を賞讃するのである。

或は、巻一「鹿の谷の事」に於て、当時の叙位除目を欲しいまゝにする平家を叙し、更に「入道相国の嫡男小松殿、その時は未だ大納言の右大将にてましましけるが左に移りて、次男宗盛、中納言にておはせしが、数輩の上臈を超越して、右に加へられけるこそ、申すばかりもなかりしか。中にも徳大寺殿は、一の大納言にて、華族英雄、才覚優長、家嫡にてましましけるが、平家の次男宗盛の卿に、加階越えられ給ひぬるこそ、遺恨の次第なれ。定めて御出家などもやあらうずらむと、人々さゝやきあはれけれども、徳大寺殿はしばらく、世のならむやうを見むとて、大納言を辞して籠居とぞ聞えし。」とあるを見れば、当時、家系家柄、才容、家嫡を重視し、更に加階叙位序列の厳正さが要求され、従つて、こゝに批判的精神の一が向けられてゐた事を認め得るのである。

又、同じ巻同じ段に於て、新大納言成親卿の「宗盛に加階越えられ」た遺恨を述べ、その所為を「ひとへに天魔の所為とぞ見えし。」としてゐるのは、表現的技巧の然らしむるものと言ふよりも、矢張り当時の仏教的思想から由来してゐると見たい。

巻一「鵜川合戦の事」に於て、重盛の内大臣になつたのを、「大臣の大将めでたかり」と叙し、「尊者には大炊の御門の右大臣経宗公とぞ聞えし。一の上こそ先途なれども、父宇治の悪左府の御例、そのおそれあり。」と言つてゐる所、何かにつけて、先蹤先例のことが、この作者の脳裡に深くあつたことを知らねばならない。

それから、巻一「鵜川合戦の事」に於て、北面の起源と其の当時は「身の程をふるまうて」あつた様と、この当時の北面の過分なる振舞を比し、「おごれる心どもつきて、よくなき謀反にも与してげるにこそ。」と叙べ、「おごれる心」を、謀反の原因と見たのは、極めて興味ある問題であると思ふ。

同じ巻の同じ段に、「昔よりこの所は、国方の者の入部する事なし。先例にまかせて、速に入部の押妨止めよや。」と申したとあるのも、また先例を重視してゐる一例である。

巻一「内裏炎上の事」に於て、「時忠の卿こそゆゝしけれ」と、三塔三千の憤を、機智才覚によつてやすめた時忠卿を賞めてゐるのを見るのである。この一場面に於ては、時忠卿まさに英雄的ですらある。

次に、巻二「座主流しの事」に於ては、天台座主明雲大僧正が座主を辞するの止むなきに至つた事情を叙して、「かゝる尊き人なれども、前世の宿業をば免れ給はず、あはれなりし事どもなり。」と、尊き人が悲痛にも宿業の為に哀れな境涯に転落するのを同情してゐるのである。しかも、かゝる場合、この物語の作者は、類型的に「……せられたる心の中、推し量られてあはれなり。」とか、「……心の中こそ尊けれ。」と表現するのが常である。

或はまた、巻二「西光が切られの事」に於て、西行法師の行為を「讒臣は国を乱ると言へり。まことなるかな叢蘭茂らむとすれども、秋の風これをやぶり、王者明ならむとすれども、讒臣これをくらうすとも、かやうの事をや申すべき。」と批判してゐる。かやうに巧妙な比喩に依る批評は、この作者の得意とする一つであらう。又、同じ段に於ける最後の節、「これらはみな、いひがひなき者の秀で、いろふまじき事をのみいろひ、過たぬ天台座主、流罪に申し行ひ、果報やつきにけむ、山王大師の神罰、冥罰をたちどころに蒙つて、かゝる憂き目にあへりけり。」と言ひ、この作者は、神罰冥罰の正義公平を信じて、これにより、行為者の西光等を冷やかに批判してゐるのである。

巻二「小松教訓の事」――由来平家物語は、一大宗教文学――特に一つの偉大な説教だと言はれてゐる。其の意味に於て、この巻二の段は、後出の「教訓の事」と共に重要な意味を持つものでなければならない。重盛の堂々整然たる諫言はまた一面に重盛その人の性格を浮彫し、一面に作者の批判的教訓的精神を籠めてゐるのである。

続いて巻二「教訓の事」「烽火の事」の両段は共にこの物語中の一異彩を見せてゐるものと言つてもよいと思ふ。重盛の論理と熱情と苦衷とに立脚した諫言は、言々句々切々として読む人の胸臆に訴へ、深い感銘と感動とを与へずには措かない。誠に至忠至孝の人――重盛の全貌を髣髴せしめて充分である。巻二「烽火の事」の最後、『果報こそめでたうて、今大臣の大将に至らめ、容儀帯佩人にすぐれ、才智才覚さへ世に越えたるべきやは』とぞ、時の人々感じあはれける。国に諫むる臣あれば、その国必ず安く、家に諫むる子あれば、その家必ず正しといへり。上代にも末代にもあり難かりし大臣なり。」と、この作者は、口を極めて、重盛その人を高く評価し絶讃してゐるのである。

次に、巻二「新大納言の死去の事」に於ける新大納言の死去を「むげにうたてき事どもなり。例少うぞ聞えし。」と、人情的立場から、例に基づき、残酷を責めてゐるのである。又、この段の最後、「かくて時移り事去りて、世のかはりゆく有様は、たゞ天人の五衰に異らず。」と、作者の時世推移観を見せてゐる。

それから、巻二「徳大寺厳島詣の事」に於ては、徳大寺殿の聡明な手段に対して、「あはれかしこきはからひかな。新大納言もかやうな謀をばし給はで、よしなき謀反起して、わが身も子孫も、亡びぬるこそうたてけれ。」と、新大納言の拙謀と比較して、例の如く才智才覚の機宜を得た活動を賞揚してゐる。

或は次の如く、巻二「山門滅亡の事」に於て、「離山しける僧」が「坊の柱に」歌を書きつけたのを「いとやさしうぞ聞えし。」と叙べてゐる。貴族趣味、風流風雅に一つの規範を置いてゐた事が判るのである。

又、巻二「蘇武の事」に於ける、最後の節の、「漢家の蘇武は書を雁の翼につけて、古里へ送り、本朝の康頼は浪のたよりに、歌を故郷へ伝ふ。かれは一筆のすさみ、これは二首の歌、かれは上代、これは末代、胡国、鬼界が島、境を隔て丶世はかはれども、風情は同じ風情、ありがたかりし事どもなり。」とあるのを見れば、この作者の得意とする異朝先例と相交錯相対照せしめて、一つの主観的叙述批判をしてゐるのが認められる。

更に、巻三「御産の巻の事」に於ては、重盛が中宮へものを参せられたのを先例に照らし、「大臣は中宮の御兄にておはしける上、取りわき、父子の御契なれば、御馬参せたまふも理なり。」と言ひ、続けて「また五条の大納言国綱の卿も、御馬二匹参せらる。『志の至りか、徳のあまりか』とぞ人申しける。」と叙して、この作者の批判的視点が常に身の程と礼式への合致とを要求すべく向けられてゐることが判る。巻三「公卿ぞろへの事」に於ける清盛の法皇への御進上を「『これまたしかるべからず。』とぞ人申しける。」と言ふのも同例であらう。

又、巻三「有王が島下りの事」に於て、有王がその主俊寛を「さればかの信施無慚の罪によつて、今生にてはや感ぜられけり。」と思ひなすところ、やはりこの作者の仏教的立場からの批判がほのみえる。

同じく巻三「法印問答の事」に於て、静憲法印の堂々たる態度を「その座にみなゐ給へる人々、『あなおそろし、入道のあれほど怒り給ふに、ちつとも騒がず、返事うちして立たれけるよ。』とて、法印を誉めぬ人こそなかりけれ。」と叙述して、英雄的性格を賞揚してゐるのである。

又、次の如きものもある。即ち、巻三「城南の離宮の事」に於て、「君は船、臣は水、水よく船を浮べ、また船を覆す、臣よく君を保ち、臣また君を覆す。保元平治の頃は入道相国、君を保ち奉るといへども、安元治承の今はまた、君をなみし奉る。史書の文に違はず。」とある。この作者の批評眼の依る所知るべきである。

次の巻、巻四「競が事」に於て、源三位入道頼政の謀叛を「平家の次男宗盛の卿の不思議の事をのみし給ひけるに依つてなり。」と、宗盛の横暴なる振舞にその一大原因を置き、その性格と対照して、兄重盛の優にやさしき性格を想起してゐるのは、注目せらるべきである。

同じく、巻四の「鵺の事」に於て、源三位頼政の文武両備の才と事跡とを想起しながら、「さておはすべかりし人の、よしなき謀叛おこいて、宮をも失ひ参せ、わが身も子孫も亡びぬるこそうたてけれ。」と、謀叛は謀叛として悪いとしながらも、其処に何か同情的態度がほのみえるやうである。

扨、次の巻、巻五「都うつりの事」に於て、入道相国が法皇をおしこめ奉つた御所を「童などは牢の御所とぞ申しける。」と言つて、「聞くもいまいましう、あさましかりし事どもなり。」と、作者は、国體観念を極めて明確に把持してゐた事を示してゐる。而して、かゝる態度かゝる点にも、この物語が国民精神振起の一典とされる一半を認むべきである。

又、同じ巻同じ段に於て、例の如く「都うつり」の先蹤に依つて、平安城の由来沿革を説き来り、「桓武天皇と申すは平家の曩祖にておはします。先祖の君のさしも執しおぼしめしつる都を、させる故なうして、他国他所へ遷されけるこそあさましけれ。」と結んで、この作者は、祖先崇拝、伝統尊重の態度に立脚して、其の専断を冷静に批判し詰つてゐるのである。

次に、巻五「大庭が早馬の事」に於ては、「うき世をいとひ、まことの道に入り給へば、ひとへに後世菩提の外は、また他事あるまじき事なれども、善政を聞いては感じ愁を聞いては歎く、これみな人間のならひなり。」とこの作者の人間観を見せてゐる。

又、巻五「朝敵ぞろへの事」に於て、「この世こそ王位もむげに軽けれ、昔は宣旨を向つて読みければ、枯れたる草木も忽に花咲き、実なり、飛ぶ鳥も従ひき。」と言ひて、五位鷺の例を叙述してゐる如きも亦、この作者の国體観を或程度物語る物でなければならぬ。

同じく巻五、「文覚の荒行」に於て、「年頃もあればこそありけめ、今年いかなる心にて謀叛をば起されけるぞといふに、高雄の文覚上人の勧め申されけるに依つてなり。」と、してゐるのは注目すべきである。

或は、巻五「奈良炎上の事」に於て、「ことばの洩れやすきは禍を招く媒なり。ことばの慎まざるは敗を取る道なりといへり。」と前提し、これに逢つた南都の大衆を、「およそは天魔の所為とぞ見えし。」としてゐる如きは、やはり、作者に神秘思想のあつた所以を物語るものであらう。

次の巻、巻六「新院崩御の事」に於て、其の最後に、「かやうに人の願もかなはず、民の果報もつたなき、たゞ人間の境こそ悲しけれ。」と、無常観に裏づけされた作者の人生観人間観を伺ふ事が出来よう。

又巻六「廻文の事」に於ては、入道相国が法皇へ或姫君を「ひとへに女御参りの如くに」参らせられたのを「上皇かくれさせ給ひて、わづか二七日だに過ぎざるに、然るべからずとぞ、人々さゝやきあはれける。」と世評を以て、無法非礼の行為を難詰してゐるのである。

次いで、巻六「入道逝去の事」に於ては、其の遺言について、「いとゞ罪深うは聞えし。」と言ひ、「また帰り来ぬ死出の山、三途瀬川、黄泉中有の旅の空に、たゞ一所こそ赴かれけれ。されども日頃作り置かれし罪業ばかりこそ、獄卒となつて迎にも来りけめ。あはれなりし事どもなり。」と、偉大なる此の物語の主人公——一英雄の死に直面せるに同情を寄せ、「さしも日本一州に名をあげ、威をふるひし人なれども、身は一時の烟となつて、都の空へ立ち上り、屍はしばしやすらひて、浜の真砂に戯れつゝ、空しき土とぞなり給ふ。」と結んでゐる。一般に、この作者は一人物——主要な——の死毎にそれへの追憶と挿話を例の如きこの作者特有の批判的句節を添へるのであるが、こゝに於ても、又その例に洩れないのである。

次の「慈心坊の事」及び「祇園の女御の事」に於ては、入道相国の偉大さを伝説的架空的にまで高めてゐる。これは、一面何でもないやうであるが、またこの作者の例として注目さるべき描出であらねばならない。

或はまた、巻六「しはがれ声の事」に於て見るやうに、妙音院殿御院参に際して、「秋風を」あそばされたのを「何も何も風情、折をおぼしめし寄らせ給ひける、御心ばせこそめでたけれ。」と、季節に触れる事切に、機宜に適する事緊なる王朝的心ばせを「めでたし」とする、この作者の立場と批判との一面を見逃す事は出来ないのである。

次の巻、巻七「実盛最後の事」に於ては、如何にも武士道の権化たるにふさはしい老武者実盛の死を、「朽ちもせぬ空しき名のみ止め置いて、屍は越路の末の塵となるこそあはれなれ。」と、同情を寄せた書き振りをしてゐるのである。

更に次の巻、巻八「法住寺合戦の事」に於ては、木曽義仲の無智無礼を、「知らざりけるこそうたてけれ。」と述べ、こゝに至つて、既述の木曽の人格振舞を総括的に批判してゐるのは、注目さるべきであり、また極めて要を得たものと言はねばならぬ。又同じ巻同じ段に於て、「平家は西国に、兵衛の佐は東国に、木曽は都に張り行ふ。」と、天下三分立の状様を「前漢後漢の間、王莽が世をうち取つて、十八年治めたりしが如し。」と比喩してゐるのは興深い点もある。

或はまた、巻九「忠度の最後の事」に於ては、其の悲痛且つ優雅の死を「敵も御方もこれを聞いて『あないとほし、武芸にも歌道にもすぐれて、よき大将軍にておはしつる人を』とて、みな鎧の袖をぞぬらしける。」と、叙して、平家の公達中にも武芸と風雅に高名餘りあつた人の最後を、この作者は同情的に描き出してゐるのである。

同じく巻九「浜軍の事」に於ては、新中納言知盛の卿が其の子武蔵の守を討たれて、悲痛に沈んでゐられるのを、宗盛の卿の心底から同情されて「涙ぐみ給へば」、「その室にいくらもなみゐ給へる人々、心あるも心なきも、みな鎧の袖をぞぬらされける。」と叙し、人情の機微を穿つて、この作者の筆はあるものを感じさせる。かゝる場合に、殊更賞揚の辞を弄する事もなく、悲痛の景の描写の中に、至極簡明に作者の批判を籠めてゐることは、この作者の特色ある行き方であらう。

更に次の巻、巻十「熊野参詣の事」に於て、維盛卿が熊野権現に「故郷に止め置き給ひし妻子安穏にと、祈られ」たのを「憂き世をいとひ、まことの道に入り給へども、妄執はなほ尽せずと覚えて、あはれなりし事どもなり。」と述べ、大乗的立場から、煩悩妄執の檻に捕はれてゐる人間を憐み嘆いてゐるのである。

此れと同じく巻十、「大嘗会の沙汰の事」に於ては、「今日は九郎大夫の判官義経、先陣に供奉す。これは木曽などには似ず、以ての外に京慣れたりしかども、平家の中の選り屑よりもなほ劣れり。」と、この作者の批評眼は、或程度貴族的規範に基づいてゐた事をも見逃してはなるまい。

又、次の巻十一「嗣信最後の事」に於ては、嗣信の忠死を心底から弔ふ義経を「これを見る侍ども、みな涙を流して、この君の御為に命を失はむ事は、全く露塵ほども惜しからずとぞ申しける。」と叙べて、其の武将としての厚情を例の如き表現で賞揚しようとしてゐる意図が認められるのである。

次に、巻十一「内侍所の都入の事」に於て、平家滅亡の最後のシーンにあつて、主なき船の様を「主もなき船どもは、潮に引かれ風に従ひて、いづちを指すともなく、ゆられ行くこそ悲しけれ。」と描き出してゐて、漂泊と哀滅と秋風の響にも似た哀情を寄せてゐるのは、蓋し史論的とは言ひ難いが、「亡びゆくもの」への同情を籠めてゐる点では注目されてよい。同じ巻同じ段の、平氏男女の捕れ人が、明石の浦について、昔をしのぶその様を「かゝるべしとは思はざりしものをとて、忍び音に泣くぞあはれなる。」とし、更に筆を判官義経に移して、「判官は猛き武夫なれども、さこそ各〻の昔恋しう、もの悲しうもおはすらむと、身にしみてあはれにぞ思はれける。」とあるのも亦同じ例である。

又、巻十一「一門大路わたされの事」に於ては、平家一門の「捕はれ人」の「渡され」るのを見て、都の人々の嘆き泣くさまを、「さしも恐れをのゝきし人の、今日のありさま、夢うつゝともわきかねたり。心なき、あやしの賤の男、賤の女に至るまで、みな涙を流し、袖をぬらさぬはなかりけり。まして馴れ近づきたりし人々の心の中、推し量られてあはれなり。年頃重恩を蒙つて、父祖の時より伺候せし輩の、さすが身の棄てがさに、多くは源氏につきたりしかども、昔のよしみ忽に忘るべきにあらねば、さこそは悲しうも思ひけめ。みな袖を顔におし当てゝ目を見上げぬ者も多かりけり。」と叙べて、過渡期の悲劇に遭遇したる人々の心情を同情ある筆致で描出してゐる。同じ巻同じ段の最後の節、宗盛卿が「御子右衛門督に御浄衣の袖をうち著せ給へるを」「守護の侍どもが」『あはれ高きも賤しきも、恩愛の道程悲しかりける事はなし。御浄衣の袖をうち著せ給ひたればとて、何程の事かおはすべき。せめての御志の深さかな』とて、みな鎧の袖をぞぬらしける。」と叙して、篇中を通じ、比較的その性格故でもあらうし、兄重盛との対比もあつたであらうが、冷遇的に取扱はれてゐる宗盛卿の恩愛の情を同情的に描いて切である。

同じく宗盛の事でも、巻十一「腰越の事」に於ては、関東へ下向の途中、宗盛卿が判官義経に、命乞ひをされるさまを「大臣殿、『たとひ蝦夷が千島なりとも、命だにあらば』とのたまひけるこそ口惜しけれ。」と述べて、何処までも決断力のない女々しい宗盛卿の態度を難じてゐるのは、尤もであらう。

又、巻十一「大臣殿誅罰の事」に於ては、宗盛卿誅罰の折、その太刀を閃めかせた橘右馬の允公郎を、「この公郎と申すは平家相伝の家人にて、なかんづく新中納言知盛の卿のもとに、朝夕伺候の侍なり。さこそ世を諂ふならひとはいひながら、無下になさけなかりける者かなとぞ、人みな慚愧しける。」と記して、武士道的立場から、この時流に投じた無節操無気概の人を難じてゐるのである。

同じく巻十一、「大臣殿誅罰の事」に於ては、大臣殿父子の首が都入りをし、それらが更に渡されたことを、「昔より三位以上の人の首、大路を渡さるゝ事」異朝は知らぬまでも、「わが朝には未だ先蹤を聞かず。」とし、その例を示し、「西国より上りては、生きて六条を東へ渡され、東国より帰りては、死して三条を西へ渡さる。生きての恥、死しての辱、いづれも劣らざりけり。」と叙べて、この作者はこゝに、先蹤を規準とはしてゐるものゝ、それは極く軽く先蹤を尊重する立場を越えて、この大臣殿父子への一片の同情を籠めてゐる。

又次の巻、巻十二「紺掻の沙汰の事」に於ては、源二位が、文覚上人の持参せる亡父左馬の頭義朝の頭を「泣く泣く父の頭を取り給ふぞあはれなる。」と受取る様を言ひ、「これを見奉る大名、小名、みな袖をぞぬらされける。」と叙して、人情的立場から頼朝を賞揚し、更に故左馬の頭義朝に内大臣正二位を贈られたのを、「頼朝の卿、武勇の名誉長じ給へるに依つて、身を立て家を興すのみならず、亡父尊霊まで贈官贈位に及びぬることこそありがたけれ。」と述べて、流石に先蹤先例の引用はないけれど、有難き思召を蒙る頼朝を挙げ叙してゐる事は争はれない。

尚、巻十二「土佐坊斬られの事」に於ては、判官義経に捕へられた土佐坊が、何の未練もなく、斬られたのを、「さらばとて、やがて六条河原へ引き出いてぞ斬つてんげる。誉めぬ人こそなかりけれ。」とて、当時の武士道的な気概の高鳴りを高調してゐる。

或はまた、巻十二「判官都落の事」に於ける、「去んぬる二日の日は、義経申し受くる旨にまかせて、頼朝そむくべき由の院の庁の御下文をなされ、同じき八日の日は、頼朝卿の申状に依つて、義経討つべき由の院宣を下さる。朝にかはり夕に変ず。たゞ世の中の不定こそ悲しけれ。」と云ふ一節には、澆季末世を憂ふ悲憤こそなけれ、なべて世のあさましいさまを嘆く心は、作者としても言ひやうのないものであり、且つ義経への同情も加はつてこの言を発せしめたものであらうと思はれるのである。

次に、巻十二「吉田大納言の沙汰」に於ては、吉田大納言の人となりを「人をば越え給へども、人には越えられ給はず。されば人の善悪は、錐袋を通すとてかくれなし、ありがたかりし大納言なり。」と叙述して、智慧才覚の抜群さを賞揚する態度はこゝにも見られる。

同じく巻十二、「六代の事」の冒頭に「さる程に北条の四郎時政は鎌倉殿の御代官に、都の守護して候はれけるが、平家の子孫といはむ人、男子においては一人も漏さず、尋ね出したらむ輩には、所望は謂ふに依るへしと披露せらる。京中の上下案内は知つたり、勧賞蒙らむとて、尋ね求むるこそうたてけれ。」と、私欲追求に餘念なき、其の為には如何なる欺瞞も奸策も非道義もするてふ世人を嫌悪し難詰してゐるのである。

それから、巻十二、「長谷六代の事」に於ては、文覚上人に六代御前が助命された事を、一に「観音の大慈大悲は、罪あるをもなきをも助け給ふ事なれば、上代にはかゝる例もあるらむ、ありがたかりし事どもなり。」と述べてゐる。観音の慈悲を讃仰してゐる態度もまたこの作者の仏教観の一面として注目さるべきであらう。

更に、巻十二、「六代斬られの事」に於て、「その頃の主上」後鳥羽の院の御事を「御遊をのみむねとせさせおはします。政道は一向、卿の局のまゝなりければ、人の憂へ歎きもやまず。」とあるのは、内海弘蔵氏も既に指摘されてゐる如く、この点について、この作者は全く批評眼を有してゐなかつたと見るべきである。

さうして、愈々最後の巻、灌頂巻、「女院御往生の事」に於て、女院の御苦悩御悲愁を「されば父祖の善悪は、必ず子孫に及ぶといふ事は、疑なしとぞ見えける。」と、清盛公の悪行に其の因を求める此の態度も亦仏教観から来てゐるのであらう。かくして、この作者は、「六道の沙汰の事」に於て、六道輪廻を説き、巻一「祇園精舎の事」に於ける書出しの暗示的態度との或照応を発見し得るのである。

以上は、この物語の史的批判的精神を中心として、各実例に就き、考察を進めて来たのであるが、之を要するに、この作者の批判的精神は実に妥当公正であると言ふ点に注目さるべきであらう。即ち、一二の国體明徴的に言つて遺憾に思はれる点もないではなかつたが、それは他の一面に於て、国體明徴的観念の強い表出のある事を認めれば、毫も全體の価値を著しく傷つけるものではあるまい。又、極めて常識的な観方が多いと言ふ点も認められる。（尤も中には仏教的な影響から超現実的解釈批判も見えてはゐるのであるが――。）かくて、この作者は、「批判の規範を国體観念の上に、祖先崇拝の上に、伝統尊重の上に、異朝本朝の先蹤先例の上に、貴族的高踏的生活の上に、礼式礼法に適切なる起居振舞の上に、神仏尊崇の上に、武士道精神の上に、英雄的性格の上に、文武両備の風雅の上に、亡びゆくものゝ本質に、人情的同情の上に、大乗的立場からの人生観人間観の上に、神秘的な思想の上に、末世的概世観の上に求めてゐる事は以上の諸例で明らかになるであらう。

要するに、この物語の本質として推した叙事詩的精神の描く勇壮極りない合戦絵巻もさる事ながら、この項に説いた妥当公平の批判精神も亦、この物語の健全さを証するものであり、国民精神振起の一典としてのこの物語の一大要素をなすものであると思ふのである。

結　語

之を要するに、平家物語は其の創作される根本的衝動に於て、また其の本質として、㈠の「叙事詩的性格と叙事詩的精神」を有し、其の様式として㈡の「流動文学（語り物）的性格と劇的精神」を持つたのである。こゝに平家物語の音楽本と言はれる所以も存在し、又特異性も見られるが、更に此の物語には、此等流動文学としての一面に於て、中古時代から流れ来つた㈢の「固定文学（物語）的性格と浪漫精神」の浸潤を見、而も他の文学作品と同様に、この物語も当時の滔々たる宗教的――仏教的――無常観の流れを主観的燃焼に於て如実に反映せしめ、後世宗教文学と目される程の宗教的色彩を溢れしめるに至つたのである。

しかも、此等の中に極めて公正妥当な史的批判的精神をこめてゐるのである。

かくて、此等諸性格諸精神の渾然妙絶なる統整の上に、吾々はこの物語の傑出する所以を認識するのである。

――一九三九・八・二十六・午後――

このレポートの末尾に、林実先生は、鉛筆で、「考察といひ行文といひ老成振はおそろしい程である。大成を期せられたい。」と記してくださった。当時の「日記」によれば、昭和一四年八月二二日（火）に、「『平家』読破。」と記している。レポート作成のため、ともかく「平家物語」を読み通し、その叙述に即して考察を進めたのであった。稚拙そのもので赤面するばかりであるが、原文に取り組んで、なにかをとらえようとしている熱意のようなものは認められる。

五　林　実教授との出会い

三学期（昭和一五年一月〜三月）になって、林実教授は、「平家物語」講読のレポートとして、「平家物語」に取材して、短編小説をまとめるように言われた。わたくしは、「平家物語」に登場してくる一女性「千手の前」をヒロインとして、短編小説をまとめた。

昭和一五年（一九四〇）二月一四日（水）の「日記」に、「平家の短編は『春逝きぬ』とした。」と記しており、翌二月二五日（木）に清書している。一学期のレポート（前掲）の中にも、「又巻十『千手』に見る、千手の前の三位の中将にひかされて『やがて様をかへ、濃き墨染にやつれはてゝ』しまつたと言ふが如きもまた此の物語に見る』あはれな女性』の一人であらう。」と記していたように、「千手の前」、「重衡卿」の愛を描こうとしたのであった。「平家物語」の中から、とくに後半からまだあまり発見されていないものを形象化し造型しようとしたのであった。――この短編小説は、林先生の手もとにおかれて、返していただけなかった。

高師二年になって、間もなく、林実教授は、病臥され、休講がつづくようになった。「枕草子」の講読を担当され、夏休みには、「平家物語」のばあいと同様に、「枕草子」のレポートが求められた。学友の服部敬之・三好和博両君と、昭和町のお宅にお見舞にあがったことがあった。玄関までお出になった先生は、めっきり痩せていられた。昭和一五年二学期、先生は再び教室にお出になり、授業をされたが、やがてまた臥床された。

昭和一六（一九四一）五月二一日（水）、午後一時半、林実先生は逝去された。先生ご逝去の訃に接し、わたくしは級友の服部敬之君と二人、府中町のお宅に参上し、先生にお別れをした。夕陽真紅、霞深いゆうべ、田蛙がしきりに鳴いていた。静かに焼香して、わたくしたちはおいとまをした。翌五月二二日（木）、ご葬儀に参列した。いろいろとねんごろに指導してくださった林実先生への敬愛の念は深かった。のち、わたくしは、つぎのような挽歌を詠んだ。それは、昭和一六年九月号の「言霊」誌上に載せられた。

故林教授　――挽　歌――

はりつめて俊寛の歎き云ひければ言葉賜びたる師の君の瞳《まみ》

平家物語講読

ほめられし喜びもちて窓の外《と》の木槿を見たる日は忘らえぬ
思ほえば木槿はわびし師の君の声のふるひは今にひびくを
天涯に下り行きたる有王の心一つが身に溢れ来ぬ

レポート

薄色の短き評にあたたかき御心ありて心はげみぬ
一心にさすらひのあはれ綴りたるこの心などひそかにとどけ

作文

学会大三島行

この島の深秋に来て寂然と沈み光れる鎧見たりし

府中町

熟《う》れ枇杷の淋しき色に雲沈むこの里にして師は逝き給ふ
病み給ふ身にも沁みけむ田蛙のひそかに嘆く春の行方は
枕頭に匂へる花もなくてあはれひそかに香をたきつぎにけり
（歌誌「言霊」、昭和16年9月号、昭和16年9月1日、
言霊社刊、一八～一九ぺ）

右の一〇首中、「作文」とあるのは、当時高師では、毎学年一回、作文を書かせて提出させられた。昭和一四年は、林実先生が担当された。自由選題であったが、わたくしは、「秋思」と題して書いた。高師入学このかた、「漂泊文学」の研究に心をひそめていたので、そのことをも書いたのであった。これは、昭和一四年一一月二七日（月）、授業中にしたためた。

高師国漢学会の主催で、大三島に渡ったのは、同じく昭和一四年一一月一二日（日）のことであった。帰りに竹原町へ寄って、山陽ゆかりの跡を見学したこともおぼえている。

――いずれにしても、昭和一四年四月に高師に入学して、一年間、林先生に「平家物語」の講読を担当していただき、ここでわたくしは、林先生にめぐりあったのであった。それはまた、「平家物語」に出あったということでもある。

六　自主研究「戦記文学と我が国民性」序説

さて、昭和一五年(一九四〇)四月から、広島高師二年生になった。この学年からは、「精究」と称する特別自主研究があって、その指導教官は当時文科第一部（国語漢文科）主幹の鶴田常吉先生であった。

わたくしは、「精究」のテーマを、「戦記文学と我が国民性」序説と決め、第一学期の試験が七月一〇日（水）に終了すると、夏休みにはいっても、すぐに帰省することをせず、できるだけ附属図書館に通って、戦記文学関係の書物にあたって調べることにした。学期末試験がすむと、七月一一日（木）から一五日（月）まで、兵器廠へ勤労奉仕に出向いた。この期間も、勤労奉仕のあいまを見て、図書館に通っていたが、七月一六日（火）から七月三一日（水）まで、図書館にこもるようにして、読むこと、書き抜くことに努めた。級友の多くが帰郷してしまい、ひとり休み中を広島に残るのは、ずいぶんさびしい気もしたが、がんばり通した。この半月ばかりの間に読んだのは、調べて抄出したものを除くと、「源平盛衰記」（読了、7月19日〈金〉）。「義経記」（読了、7月21日〈日〉）。「太平記」（読了、7月30日〈火〉）などであった。

このようにして、レポート「戦記文学と我が国民性」序説（三三〇枚）を完成させたのは、昭和一五年(一九四〇)八月一八日（日）午後二時半ころであった。（このあと、林実教授へ提出する、「枕草子」のレポートの準備にかかった。）

「戦記文学と我が国民性」序説は、つぎのように構成されていた。

はしがき
　第一篇　戦記文学概論
　　第一章　戦記文学総論

第一節　戦記文学の概念
　(一)　意　義
　(二)　範　囲
　(三)　源　流
　(四)　発　展（その一）
　(五)　発　展（その二）
第二節　戦記文学の本質
　(一)　時代展望
　(二)　戦記文学の組織
　(三)　戦記文学の本質
第二章　戦記文学各論
第一節　先行戦記文学の横顔
　その一、記紀歌謡戦争詩雑観
　その二、将門記
　その三、今昔物語
　その四、陸奥話記
　その五、奥州後三年記
第二節　鎌倉室町戦記文学の概観
　その一、保元物語
　その二、平治物語
　その三、平家物語
　その四、源平盛衰記
　その五、太平記
　その六、義経記
　その七、曽我物語
第三節　軍記類群落の瞥見
第四節　近世準戦記文学の諸相
　その一、西鶴と武家物
　その二、近松と時代物
　その三、その他
第五節　肉弾その他と近代戦争
第六節　日支事変と新戦争文学の創建

第二篇　戦記文学と我が国民性顕示
第一章　戦記文学と我が国民性
　序　説　我が国民性と文学
　第一節　まことと叙事的精神
　第二節　美と人間性（もののふの一面）
　第三節　ことあげと時代と戦記文学
　第四節　戦記文学に顕著なる我が国民性
　　その一、敬神崇祖
　　その二、忠君愛国
　　その三、家の尊重
　第五節　河野博士の三性説
　第六節　武士道と戦記文学
　　その一、武士道概説
　　その二、太平記と武士道
　　その三、義経記と武士道
　第七節　判官贔屓と曽我贔屓

― 240 ―

第二章　戦記文学の我が国民性鍛鋳
第一節　直接的影響鍛鋳
第二節　間接的影響鍛鋳
その一、各作品の後世文学に及ぼせる影響
その二、国語教育を通しての戦記文学の影響
——高木市之助氏の「戦記物と国語教育」——

むすび

一年のときの「平家物語」のレポートの構成に比べれば、いくらかくわしくひろくなってはいるが、全体として先学諸家の所説を引き、かつ編成配組したのみで、独自の考究をし見解をうちだすまでには至っていない。

このレポートの「はしがき」に、わたくしは、つぎのように述べている。

「しかしよく考へて見ると、(1)西先生も云はれる如く、国民性と云ふ時、先づ民族性と区別しなければならぬ。所謂民族性は天であるが、国民性は天人合一である。即ち(2)『勉むれば存し、怠れば廃る』底のものである。故に国民性とは(3)自然の民族性が民族的自覚によつて程度いろいろに修練せられて成れる歴史的所産であり、又歴史を維持存続せしめる原動力である。国民の全生活面に亘つてはたらく国民性は国体を支持する全地盤である』と云はれ、また(4)『民族性と区別せられる国民性は政教の努力によつて勉めて之を保ち、之を養はねばならぬ。』と云はれ得るのである。

かく考へ、更に現下の世界情勢と我が国の立場と己が責務とに思ひ及ぶ時、我々はやはり『我が国民性』を深く反省追求し、更にこれが深奥の認識と自覚とに地盤して、この立場から、国語教育を通して、わが国民性の生成発展を期することこそ、我々の前途に与へられた重大なる責務の一つであると思ふ。

それには、種々なる反省尋求の方法と手段とがあるであらうが、先づ我々としては、国民性の反映とも見らるべき文学を通じ、これに即して我が国民性を反省自覚認識把握することが最善の途であると信ずる。」（同上レポート、六～七ぺ、注(1)(2)(3)(4)、西晋一郎先生著「我が国体及び国民性について」）

ともかく、こうした意図をもって、戦記文学の領野にはげしく体あたりして、一応の視野を確保することができた。しかし、戦記文学を深く掘り下げて、自己のものとすることは、なお容易ではなかった。

七　原文解釈における藤原与一先生の感化

わたくしが「平家物語」の原文の解釈について影響を受けたのは、藤原与一先生が講師として、高等師範の学生に講読を指導されたのを通じてであった。淳風寮で同室だった、小川利雄氏（前附属小学校教諭、現安田女子大助教授）らが藤原与一先生から、「国語音声楽」の講義をきき、「平家物語」の講読を受けたのであった。わたくしは、当時二級下の小川利雄氏から、藤原与一先生のご講義・ご授業のすばらしさをくわしく聴いて、感銘を深くしていた。「国語音声学」についても、小川利雄氏のノートを借りて、学年末（昭和

一七年三月）の春休みに写した。

当時の「平家物語」講読のテキストは、「流布本平家物語抄」（野村宗朔編、昭和16年12月15日、武蔵野書院刊、第四版）であった。藤原与一先生の「平家物語」講読の模様をくわしく小川利雄氏に話してもらう一方、わたくし自身も、このテキストを求めて、小川利雄氏のテキストへのこまかな書きこみを、そのまま丹念に書き写したものであった。

この「平家物語」の講読において扱われたのは、

巻第一――祇園精舎・殿上の闇討・鱸
巻第三――赦文・足摺・少将都還り
巻第五――富士川
巻第七――倶利伽羅落し・実盛最後・忠度の都落
巻第九――敦盛
巻第十一――能登殿最後
灌頂巻――小原御幸

などであった。

たとえば、巻一「祇園精舎」の「ま近くは、六波羅の入道前《の》太政大臣平《の》朝臣清盛公と申しゝ人の有様、伝へ承るこそ、心も言も及ばれね。」の一文の解釈など、精細をきわめたものであった。「こそ」の強調であることを説かれるとき、藤原与一先生は、音声面にその「こそ」の強めを具現させて示されるのであった。

また、「その御子高望《の》王の時、初めて平の姓を賜はつて、上総《の》介になり給ひしより以来《このかた》、忽ちに王氏を出でて人臣に連なる。」（同上テキスト、二ぺ）の「忽ちに」にしても、これは時間的な速さというより、場所的なうつりゆきをはっきりとさせているのだと説かれた。そして、この「忽ちに」に、「ころっと」ということばをあてられた。従来わたくしどもが受けてきた、古文の口語訳ないしは通釈の教育においては、想像することのできないような、弾力性に富む、柔軟でさわやかな解釈方法が採用されて、ぐいぐいと生徒たちをひきつけていかれたのであった。

語句と語句との緊密な照応についても、的確に指摘され、文章の展開についてもたえず意を用いられた。解釈作業というもののありかたについて、啓示されるところ、まことに多大なるものがあった。

わたくしは、林実先生の「平家物語」講読において、精密にねんごろに解釈していくことを教えられ、藤原与一先生の「平家物語」講読によって、これはその受講生（小川利雄氏）のノートによる間接的なものではあったが、力動的ないきいきとした解釈のしかたを教えられた。古文解釈について、ともにえがたい教導を受けたのであった。

――教育実習において、附属中学校四年生に、「平家の都落」の授業をするまでに、わたくしには右のような「平家物語」受容ならびに解釈あるいは研究があった。「平家の都落」の授業直前の準備・計画もさることながら、授業の根底に据えられていたものはなにかが問われるとするなら、わたくしのばあいは、林実先生との出あい、「精究」による自主研究、藤原与一先生との間接的出あいなど、運命的ともいえるようなものがそこには見いだされる。授業成立の淵源の深さを、そこに見るおもいもするのである。

八　小学校での「平家物語」との出会い

さて、わたくし自身の「平家物語」（あるいは戦記物語）との出あいは、さらにさかのぼることができる。小学校、旧制中学校における学習経験がすなわちそれである。

小学校二年生のとき、那須の与一の「扇のまと」を学んだ。それは、つぎのような口語文であった。

十七　扇　の　まと

屋島　のたたかひ　に、げんじ　は　をか、へいけ　は　海　で、向ひあつて居ました時、へいけ方　から　舟　を　一そう　こぎ出して　来ました。見れば　へさき　に　長い　さを　を　立て、其の　さを　の　先　には、ひらいた　赤い　扇　が　つけて　あります。一人　の　くわんぢよ　が　其の　下　に　立つて、まねいて　居ます。さを　の　先　の　扇　を　い　よ　といふ　の　でせう。

舟　は　なみ　に　ゆられて、上つたり　下つたり　します。扇は　風　に　吹かれて、くるくる　まはつて　居ます。いくら弓　の　名人　でも、これを　一矢　で　いおとす　こと　は、なかなか　むづかし　さう　です。

げんじ　の　大しやう　よしつね　は　家来　に　向つて、

「だれ　か　あの　扇　を　いおとす　もの　は　ない　か。」

と　たづねました。其の　時　一人　の　家来が　すすみ出て、

「なす　の　よ一　と　申す　もの　が　ございます。空　をとんで　居る　鳥　でも、三羽　ねらへば、二羽　だけ　は　きつと　いおとす　ほど　の　上手　でございます。」

といひました。よしつね　は

「それ　を　よべ。」

と、すぐに　よ一　を　よび出しました。

よ一　は　じたいしました　が、よしつね　が　ゆるしません。

よ一　は　心　の　中で、もし　これ　を　いそこなつたら、生きて　は　居まい　と　かくごを　きめて、馬　に　またがつて、海　の　中　へ　のり入れました。

弓　を　とりなほして、向ふ　を　見わたす　と、舟　が　ゆれて、まと　が　さだまりません。しばらく　目　を　つぶつて、神様　に　いのつて　から　目　を　ひらいて　見る　と、今度は　扇　が少し　おちついて　見えます。よ一　は　弓　に　矢をつがへ、よく　ねらひ　を　さだめて、　ひようと　いはなしました。

赤い　扇　は　かなめ　の　きは　を　いきられて、空　に　高く　まひ上つて、ひらひらと　二つ　三つ　まはつて、なみ　の上　におちました。

をか　の　方　では　大しやう　よしつね　をはじめ、みんなが　馬　の　くら　を　たたいて　よろこびました。海　の　方でも　へいけ方　が　ふなばた　を　たたいて、一度に　どつとほめました。（『尋常小学国語読本巻四』、昭和3年3月20日、文部省、六一〜六七ぺ）

緊張しながら読み進んだのを思い出す。形象を鮮明に描くことができた。

さらに、小学三年生のとき、「くりから谷」を学んだ。それは、つぎのような文章であった。

第六　くりから谷

木曽義仲が都へせめ上ると聞いて、平家はあわてて討手をさしむけました。大将は平維盛で十万騎を引きつれて、越中の国の礪波《となみ》山にぢんを取りました。義仲は五万騎を引きつれて、これもおなじく礪波山のふもとにぢんを取りました。

両方からおしよせて、ぢんの間がわづか二町ばかりになりました。

其の夜のことです、《ママ》義仲はひそかにみ方の者を敵の後へまはらせて、両方から一度にどつとときのこゑをあげさせせました。

不意を討たれた平家方は、上を下への大さわぎ、弓を取つた者は矢を取らず、矢を取つた者は弓を取らず、人の馬には自分が乗り、自分の馬には人が乗り、後向に乗る者もあれば、一匹の馬に二人乗る者もあります。暗さは暗し、道はなし、平家方はにげ場がなくて、後のくりから谷へ、なだれをうつて落ちました。

親が落ちれば其の子も落ち、弟が落ちれば兄も落ち、馬の上には人、人の上には馬、かさなりかさなつて、ずゐぶん深いくりから谷が、平家の人馬で埋まりました。

大将維盛は命から〴〵加賀の国へにげました。（「尋常小学国語読本、巻六」、昭和7年4月11日、文部省、二二一〜二二六ペ）

右の文章を、わたくしは、くりかえしくりかえし読誦した。表現に即してじゅうぶんに想像力をはたらかせることはできなかったが、奇異なまでの異常なできごとを、想い描きつつ読み進めた。声をはりあげて、遠くの峠の上まで声がとどくほど、音読に夢中になったものだった。対句・強調などの表現に魅きつけられたところもあった。

――小学校時代、他の散文教材に比べて、こうした物語教材に、とくに心を魅きつけられたことはたしかであった。

九　旧制中学校で学んだ戦記物教材

旧制中学時代、わたくしが学んだのは、「現代国語読本新制度用」（全一〇冊、八波則吉編、開成館刊）であった。この読本には、つぎのような教材が収められていた。

巻五
一二　薩摩守の都落　〈源平盛衰記〉
一三　性格の人平忠度　高須芳次郎
三〇　空行く雁　〈曽我物語〉
巻六
一四　扇の的　〈平家物語〉
巻七

四　落花の雪　〈太平記〉
三〇　重盛の諫言　〈平家物語〉
巻九
一二　大原御幸　〈平家物語〉
一八　鎮西八郎　〈保元物語〉
巻十
八　光頼の参内　〈平治物語〉

主として、三年（巻五・六）から五年（巻九・十）にかけて学んだのであった。かなり多彩な採録ぶりである。

これらのうち、「平家物語」から採られた、「扇の的」・「重盛の諫言」・「大原御幸」などは、いずれもその場面が印象に残っている。重厚で切迫した、悲痛な感じは、「重盛の諫言」につよく、優雅であわれを濃くたたえていたのは、「大原御幸」であった。

五年生のときに、白田時太先生から学んだ、「光頼の参内」も、心に残っている教材の一つである。どういうものか、「光頼卿かやうに振舞ひ給へども、急ぎても出でられず、殿上の小蔀の前、見参の板たからかに踏みならして立たれたりけるが、」（前掲教科書、巻十、四八ぺ）の、「見参の板たからかに」など、その踏みならす音が耳にひびいてくるかのように感じられる。白田時太先生の話し方には力がこもっていて、「光頼の参内」の場面をくっきりと形象化して、その叙事的迫力を的確にとらえられた。

「光頼の参内」の冒頭、「内裏には同じき十九日公卿僉議とて催されけり。」など、白田時太先生が、「僉議」を「全体会議」と説かれたのが印象に残っている。白田時太先生の原文に即した講義によって、つぎつぎと場面がいきいきとして、光頼卿の挙動・面目が躍如としてきたのを思い起こすのである。

こうした一群の戦記物教材について、深い関心と特別の興味とを持って学習したのではない。しかし、学習の結果、胸底になにかが印象づけられていったのは確かである。解釈も自主的に深めえたわけではなく、多分に受動的であった。すぐれた指導をせいいっぱいに受け入れようとは努めたのであるが。

一〇　高木市之助氏の「戦記物と国語教育」

さて、高木市之助氏は、その論考「戦記物と国語教育」において、国語教育（小・中・高）における戦記物教材の意義ならびにその扱いについて精到・鋭利な論究をされている。

高木市之助氏は、「私見によれば、国語教育に於ける、古典文学の、特に古典文学としての意味は、人間的とりわけ国民的な精神の把握といふ事にある。随つて古典文学を教授する場合、吾々が何よりも先づ念頭に置かなければならない事は、其教材の持つ精神である。」（レポート「戦記文学と我が国民性」序説、二八二ぺ）と述べ、さらに「戦記物に看取される最も重要な精神は、一言にして尽せば叙事詩的精神である。尤もかう言つただけでは用語の置換に過ぎないかも知れないが、一般に民族が勃興し、文化が躍進する時代には、往々にして『叙事詩』又は『叙事詩的文学』と呼ばれる文学が興つてその民族乃至時代を反映し表現するのであるが、かうした文学の持つ精神を仮りに叙事詩的精神と呼びたいのである。」(同上、二八七〜二八八ペ)そして、論をさらにわけて、1初等教育と戦記物、2中等教育に於ける戦記物、3専門教育に於ける戦記物、について、戦記物を学習させる根本となるそれぞれの叙事詩的精神について、具体的に考察を加えていかれた。

　高木市之助氏は、この論考の結びとして、

「さて、叙事詩的精神なるものは、その素朴にして動且つ英雄的な点に於て東西の文学を通じて共通に感得される、謂はゞ極めて普遍的な一の精神であるが、この精神が現在並びに将来に於て重ぜられるのは、それが頗る創造性並びに改造性に富むがために外ならぬ。姑く我《ママ》国に例を採るならば、我《ママ》古代に於て、始めて、固有の文化を創造せしめたものは、少くともこの創造に一大原動力となつたものは、この叙事詩的な精神であり、更に中世に於て旧来の文化を改造して所謂武家文化を樹立したものも亦この同じ精神であり、更に又近世末期に於て、明治維新を導いたものも、若しそこに国学者の運動を考へて差支ないならば、それは古典(主として古事記)を通して彼等に働きかけた同じ精神でなければならぬ。この消息は恐く、将来に於ても同様であつて、文化が行詰り、文学が停頓する度に、之を打開し、新興の文化文芸を蘇らしめるもの、或は少くとも、之に与つて力あるものは、此同じ精神でなければなるまい。して見れば我が叙事詩的精神なるものは、人或は民族が自己を養ひ育《ママ》くんで行く上に、永久に求めて已まない一の精神である。こゝに我国語教育によつて、叙事詩的精神を把握せしめることの、一つの併し最も重要な意義があるであらう。」(同上、三二六〜三二八ペ)
と述べていられる。
　これらは、わが国における古典教育論として、まさに不易のものといってよい。この高木市之助氏の論考を、高師二年生の夏のレポート「『戦記文学と我が国民性』序説」に引用しながら、そのすぐれた論述から学びとり摂取することが、わたくしにはできなかった。この論考の国語教育学としての論の深さ・高さ・ゆたかさにまだまだ気づいていなかったのである。したがって、この論考の真の主眼を、自己の「平家の都落」の授業にじゅうぶんに生かしていくことはできずじまいであった。国語教育の本質に対する自覚・認識がいまだ不充分なのであった。

一一　川端康成氏の「平家物語」文章観

川端康成氏は、「平家物語」の文章について、つぎのように述べている。


「たいていの明治文学は、言葉がきたなくて読むに堪へない。『太平記』や『平家物語』がきたないのと同じである。『平家物語』がなぜ名文なのか、私はいまだに分らない。

　家にゐる娘のために、時々『平家物語』などの講義をさせられたものだが、その文章の鈍さに腹が立つた。そのついでに、女学校の国語読本を読んでみて、いい文章の少い《ママ》ことに驚いた。」(「小

説の研究」所収、「文章について」、昭和15年9月15日第八刷、第一書房刊、三一一ぺ）

わたくしは、右の文章を、戦後昭和二一年一二月二七日に読んだ。「平家物語」の文章をきたないとし、「平家物語」がなぜ名文なのか、私はいまだに分らないとし、その文章の鈍さに腹が立ったとされているのに接して、わたくしは強い衝撃を受けた。そこに川端康成氏の文章への好みと鑑識眼とを見た。この鋭い見解は、川端康成氏の立場からは、当然のように思われる。しかし、それゆえに、「平家物語」の教材としての価値が減殺されてしまうものではない。「名文」とはなにか、文章・文体の創造とはなにかが、改めて問われなくてはならない。

一二　おわりに

以上、授業「平家の都落」の成立の過程と淵源とを見てきた。

ある国語科授業の成立過程の現象面の追跡は、比較的に容易であるが、その内面・内部に立ち入って、これを明らかにしていこうとするのはむずかしい。授業成立の基底にあるものは、巨大な「無」ともいえる。そこに授業の淵源を求めるとしても、成立地盤を形成しているものが、たえず有機的力動的に作用しているとはかぎらない。

それにしても、一つの「授業」の成立に、どれだけの営みが、その基底・その背後にあるのか、またあったのか。このことは、改めて考えられ、探索されなくてはならない。「授業」は、その学習史の淵源にまでさかのぼって、その成立が求められるとき、そこにおのずと運命的なものを見いださずにはいられない。それはまた、明らかに授業者の非力のほどを、貧しさのほどを、思い知らされるということでもある。

――このたび、小稿を草するにあたり、篤実な研究者であられ、あたたかい教育者であられた林実先生のみ霊に、その恩頼の深かったことをおもい、感謝のまことを捧げたい。

Ⅲ　国語教育経験課程の事例

一　教育実習への準備

わたくしが芦田恵之助先生のご著書に接したのは、広島高師四年生のころからであった。昭和一七年(一九四二年)の四月ころから、つぎのように読んでいる。

1　国語教育易行道　昭和10年5月20日
　同志同行社刊――昭和17年4月13日　読了
2　読み方教授　大正5年4月21日
　育英書院刊――昭和17年5月3日　読了
3　恵雨読方教壇　昭和12年5月18日
　同志同行社刊――昭和17年5月4日　読了
4　綴り方教授　大正2年3月18日
　育英書院刊――昭和17年5月11日　読了

なお、古田拡先生のものは、

1　読方教授体系　昭和12年2月10日
　岩波講座国語教育――(昭和16年7月27日　読了
　　　　　　　　　　　昭和16年8月9日　読了
2　教室論　昭和12年9月10日
　岩波講座国語教育――(昭和16年8月1日　読了
　　　　　　　　　　　昭和16年8月10日　読了

西尾実先生のものは、

1　国語教室の問題　昭和16年1月25日
　古今書院刊――(昭和16年4月14日　読了
　　　　　　　　昭和16年8月14日　再読了
2　国語教育の新領域　昭和14年9月15日
　岩波書店刊――(昭和16年4月27日　読了
　　　　　　　　昭和16年8月13日　読了
3　国語国文の教育　昭和4年11月21日
　古今書院刊――昭和16年8月16日　読了

なお、垣内松三先生のものは、

1　国語教授の批判と内省　昭和2年8月1日
　不老閣書房刊――昭和16年7月23日　読了
2　国語の力　大正11年5月8日
　不老閣書房刊――昭和17年1月25日　読了

のように読んでいる。

ここにも示されているように、わたくしが国語教育関係の文献を読みはじめたのは、およそ昭和一六年(一九四一年)四月ころからである。そのうち、芦田先生のご著書に接しはじめたのはずっとおくれ、およそ一年後の、昭和一七年四月ころから、広島市東観音町の下宿において、読みはじめたのであった。

国語国文専攻の一生徒にすぎなかったわたくしは、国語教育の実践の経験をまったくもたぬわたくしは、これらの諸先生のご著書のどれほどのことを理解することができたのであろうか。当時は、ただ通読することをのみ念頭において、入手しうるかぎりのものを、つぎつぎに読み進んでいったというまでであった。

けれども、平浅な理解におわったとしても、こうした読書を通じて、わたくしは教育実習に対する準備をし、ひいては、国語教育者としての勉強をはじめたのであった。

二　教育実習日程

昭和一七年六月一日から、教育実習がはじまった。教育実習は、

1　附属国民学校　　昭和17年6月1日〜6月17日

2　附属中学校(旧制)　昭和17年6月18日〜7月4日

の二つに分かれていた。当時の附属国民学校における実習日程表は、つぎのようになっていた。

高師教育実習日程表　前期の部　(六月一日〜六月十七日)

月日	曜／時	第一時 前 七、四〇—八、二〇	第二時 八、三〇—九、一〇	第三時 九、三〇—一〇、一〇	第四時 一〇、二〇—一一、〇〇	第五時 後 三、三〇—一、一〇	第六時 一、二〇—二、〇〇	備考
6 1	月	校長訓示七、三〇ヨリ 於講堂 紹介式八、二〇ヨリ 於屋内体操場	教生心得講話	学級授業参観	同上			前期教生授業配当表提出(二通づつ教務へ)
〃 2	火	国民科修身指導授業(一ノ五) 堀之内訓導		国語 野地		国民科修身指導講話 堀之内訓導		
〃 3	水		理数科算数指導授業(一ノ六) 佐伯訓導			理数科算数指導講話 佐伯訓導		(訓導会)
〃 4	木			主事講話	同上		国民科地理指導授業(二ノ五) 岡部訓導	国民科地理指導講話 岡部訓導
〃 5	金	国語 野地						

6 6	土						
〃 7	日						
〃 8	月	国語 野地	理数科算数研究授業 一ノ四				理数科算数研究会 司会者 近藤訓導
〃 9	火						
〃 10	水				習字 野地	通学分団修練	
〃 11	木					国民科国史研究授業 二ノ五	国民科国史研究会 司会者 野田訓導
〃 12	金		算数 野地			海軍軍事事務教習	
〃 13	土					同前	
〃 14	日						
〃 15	月	国語 野地	国民科国語研究授業 一ノ一				国民科国語研究会 司会者 辻内訓導
〃 16	火			理数科理科研究授業 二ノ四			理数科理科研究会 司会者 守屋訓導

高師教育実習日程表　後期の部　（自六月十八日　至七月四日）

月日	曜	第一時 前七、四〇—八、二〇	第二時 八、三〇—九、一〇	第三時 九、三〇—一〇、一〇	第四時 一〇、三〇—一一、〇〇	第五時 后三、三〇—一、一〇	第六時 一、三〇—二、〇〇	備考
6 17	水	修身 野地			送別式（屋内体操場）一〇、一〇ヨリ			（訓導会）
6 18	木	紹介式（七、三〇ヨリ）（屋内体操場）教生心得講話		主事講話	同上			後期教生授業配当表提出（二通づつ教務へ）
〃 19	金					国民科国史指導授業（高一）大島訓導	国民科国史指導講話 大島訓導	
〃 20	土							
〃 21	日							
〃 22	月			理数科理科指導授業（二ノ六）守屋訓導			理数科理科指導講話 守屋訓導	
〃 23	火				国民科国語指導授業（二ノ四）原田訓導		国民科国語指導講話 原田訓導	
〃 24	水							

6 25	木						
〃 26	金				理数科理科研究授業（二ノ三）		理数科理科研究会 司会者 佐々木訓導
〃 27	土						
〃 28	日						
〃 29	月						
〃 30	火		国民科地理研究授業（高一）				国民科地理研究会 司会者 伊藤訓導
7 1	水						（訓導会）
〃 2	木	理数科算数研究授業（一ノ六）					理数科算数研究会 司会者 佐伯訓導
〃 3	金	国民科修身研究授業（一ノ五）					国民科修身研究会 司会者 堀之内訓導
〃 4	土				送別式（屋内体操場）10、10ヨリ		

わたくしは、附属国民学校では、田上新吉先生が指導教官で、二部二年に配属された。きょう行って、あすはすぐに「一寸法師」の授業をしなくてはならなかった。

三　最初の授業の教材――「一寸ぼふし」――

最初の授業の教材は、「よみかた　三」「十四　一寸ぼふし」で、つぎのようなものであった。

㈠

一寸ぼふしは、都へ　行って、りっぱな　さむらひに　ならうと　考へました。

そこで、針の　刀を　こしに　さして、おわんの　舟に　のり、はしの　かいで　こぎながら、川を　のぼって行きました。

㈡

都に　ついて、とのさまの　けらいに　なりました。

ある日、おひめさまの　おともを　して、たびに　出かけました。すると、おにが　出て　来て、おひめさまを　たべようとしました。一寸ぼふしは、針の　刀をぬいて、おにに　向かいました。

㈢

おには、一寸ぼふしを　つまんで、一口に　のんで　しまひました。一寸ぼふしは、おにの　おなかの中を、針の　刀で　ちくり　ちくりと　つつきました。おには、

「痛い、痛い。」

といひました。

㈣

一寸ぼふしは、おにの　おなかの　中から　のどへ　のぼり、鼻を　通って　目へ　出て　来ました。目から　地めんへ　とびおりました。

おには、おなかも、のども、鼻も、目も　痛いので、あわてて逃げだしました。その時、だいじなうち出の　小づちを　おき忘れて　行きました。

㈤

うち出の　小づちを　ふると、一寸ぼふしは、せいが　だんだん　高く　なりました。さうして、だれにも　まけない、りっぱな　さむらひになりました。

各項ごと(つまり、各ページごと)に上部に、色ずり挿絵がはいっている。

四　「一寸ぼふし」の教材研究

この「一寸ぼふし」についての教材研究は、つぎのようになっている。

＜1＞　当時のノートには、まず、「おときさうし」の「一寸法師」の原文を写しとっている。

中頃のことなるに、津の国難波の里に、おうぢと、うばと侍り。

うば四十に及ぶまで、子のなきことを悲しみ、住吉にまゐり、なき子を祈り申すに、大明神あはれとおぼしめして、四十一と申すに、たゞならずなりぬれば、おうぢ、よろこびかぎりなし。やがて十月と申すに、いつくしきをのこをまうけり。

さりながら、生れおちてより後、せい一寸ありければやがて其名を、一寸ぼふしとなづけられたり。年月をふるほどに、はや十二、三になるまでそだてぬれども、せいも人ならず、つくづくと思ひけるは、たゞものにてはあらず、たゞばけ物ふぜいにてこそ候へ。われいかなる罪のむくいにて、かやうのものをば、住吉より給はりたるぞや。あさましさよと、みるめも不憫なり。夫婦思ひけるやうは、あの一寸法師めを、いづかたへもやらばやと思ひけると申せば、やがて一寸法師、此よしうけ給り、おやにもかやうに思はるゝも、くちをしき次第かな。いづ方へもゆかばやと思ひ、*かたなくてはいかゞと思ひ、針を一つうばに乞ひ給へば、とりいだしたびにける。すなはちむぎはらにてつかさやをこしらへ都へのぼらばやと思ひしが、しぜん舟なくてはいかゞあるべきとて、又うばに、ごきと、はしとたべと申しうけ、なごりをしくとむれども、たち出でにけり。住吉の浦上りごきを舟としてうち乗りて、都へぞのぼりける。

すみなれし難波のうらをたちいでゝ　都へいそぐわがこころかな

かくて、鳥羽の津にもつきしかば、そこもとにのり捨て、都へのぼり、こゝやかしことみるほどに、四條五條の有様、心も詞もおよばれず。さて三條の宰相殿と申す人のもとにたちよりて、物申さんといひければ、宰相殿はきこしめし、おもしろきこゑと聞き、縁のはなへたちいでて、御覧ずれども人もなし。一寸法師かくて人にもふみ殺されんとて、ありつる足駄の下にて、物申せば、宰相殿ふしぎのことかな、人はみえずして、おもしろき聲にてよばはる、出でゝみばやとおぼしめし、そこなるあしだはかんとめされければ、あしだの下より、人なふませ給ひそと申す。ふしぎにおもひてみれば、いつきやうなるものにて有りけり。宰相殿御覧じて、げにもおもしろきものなりとて、御わらひなされけり。

かくて年月おくるほどに、一寸法師十六になり、せいはもとのまゝなり。さる程に、宰相殿に、十三にならせ給ふ姫君おはします。御かたちすぐれ候へば、一寸法師姫君をみたてまつりしより、おもひてなり、いかにもしてあんをめぐらし、わが女房にせばやと思ひ、ある時みつものゝうちまきとり、茶袋に入れ、ひめぎみのふしておはしけるに、はかりごとをめぐらし、姫君の御口にぬり、さてちやぶくろばかりもちてなきゐたり。宰相殿御らんじて、御たづねありければ、姫君の、わらはがこのほどとりあつめておき候うちまきを、とらせ給ひ御まゐり候と申せば、宰相殿大いにいからせ給ひければ、あんのごとくひめぎみの御口につきてあり、まことは偽ならず、かゝるものをみやこにおきて何かせん、いかにも失うべしとて、一寸法師に仰せつけらる。一寸法師申しけるは、わらはが物をとらせ給ひて候程に、とにかくにもはからひ候へと　ありけるとて、心のうちにうれしく思ふ事かぎりなし。ひめぎみはたゞ夢の心ちして、あきれはてゝぞおはしける。一寸法師とく〳〵とすゝめ申せば、やみへとほくゆくふぜいにて、都を出でゝ、足にまかせてあゆみ給ふ。御心のうち、おしはからひてこそ候へ。あらいたはしや、一寸法師は、姫君をさきにたてゝぞ出でにける。宰相殿はあはれ此ことをとゞめ給ひしかとおぼしけれども、さしてとゞめ給はず。女房たちもつきそひ給はず。姫君あさましき事におぼしめして、かくていづかたへもゆくべきならねど、難波の浦へゆかばやとて、鳥羽の津より舟にのり給ふ。折ふし風あらくして、きやうかるしまへぞつけにける。舟よりあがりみれば、人すむともみえざりけり。かやうに風わろく吹きて、かの島へぞふきあげける。とやせん、かくやせんと思ひ煩ひけれども、かひもなく舟よりあがり、一寸法師はこゝかしことみめぐれば、いづくともなく鬼二人来りて、一人はうちでのこづちを持ち、いま一人が申すやうは、のみてあの女房とり候はんと申す。くちよりのみ候へば、めのうちより出でにけり。鬼申すやうは、是はくせものかな、くちをふさげば目より出づる。一寸法師は鬼にのまれては、めよりいでゝ飛びありきければ、鬼もおぢおののきて、是はたゞ者ならず、たゞ地獄に乱こそいできたれ。たゞにげよといふまゝに、うちでのこづち、杖にもつ、なにに至るまでうち捨てゝ、極楽浄土のいぬゐのいかにもくらき所へ、やうやうににげにけり。さて一寸法師は是をみて、まづうちでのこづちをらんばうし、われわれがせいをおほきになれとぞ、どうとうち候へば、程なくせいおほきになり、さて此ほどつかれにのぞみたることなれば、まづまづめしをうちいだし、いかにもうまさうなるめし、いづくともなくいでにけり。ふしぎなり。仕合となりにけり。其後金銀うちいだし、姫君ともに都へのぼり、五條あたりにやどをとり、十日ばかりありけるが、此事かくれなければ、内裏にきこしめされて、いそぎ一寸法師をぞめされける。すなはち、参内つかまつり、太王御らんじて、まことにいつくしきわらはにて侍る。いかさまこれはいやしからず、先祖をたづね給ふ。おうじは堀河の中納言と申す人の子なり。人の讒言により、流され人となりたまふ。ゐなかにてまうけし子なり。うばは、伏見の少将と申す人のこなり。幼きときより父母に後れ給ひ、かやうに心もいやしからざれば、殿上へめされ、堀河の少将にし給ふこそめでたけれ。父母をも呼びまゐらせ、もてなしかしづき給ふ事よのつねにてはかなかりけり。

さる程に少将殿中納言になり給ふ。心かたちはじめより、よろづ人にすぐれ給へば、御一門のおぼえいみじくおぼしける。宰相殿きこしめしよろこび給ひける。そのうち若君三人いできにけり。めでたくさかえ給ひけり。

住吉の御ちかひに、末繁昌にさかえたまふ。よのめでたきためし、これにすぎたることはあらじとぞ申し侍りける。

「一寸法師」の出典をたしかめ、その原文にあたっておく必要を感じ、附属図書館へ行って調べたのである。(「一寸法師」の授業にあたって、下宿のおばさんに、針を一本もらい、むぎわらのさやを作って、その刀とさやを、教室に持っていったのは、この原文の＊の箇所からヒントをえたのであった。)

〈2〉 つぎに、ノートには、教科書の「一寸ぼふし」の本文全部を、ていねいに筆写している。

〈3〉つぎに、つぎのように記している。

一｜針の刀を……こしにさす　都へ
二｜針の刀を……ぬく……おにに
三｜針の刀で　つつく　ちくりちくり
四｜うち出の小づち
五｜うち出の小づち

これは、各節の重要語句を整理して、まとめたものである。形式的にまとめすぎたきらいがある。

〈4〉なお、ノートでは、つぎに語釈について、メモしている。

(1)　一寸ぼふし——(1)〔法師〕又ホウシ、ホツシ、法ノ師。僧の通称。出家。僧。(2)一寸法師、身の丈の低い人を嘲りていふ。矮人。侏儒。(3)一目小僧《こぞう》、一、幼き僧　二、小童丁稚などを賤めて呼ぶ語。

(2)　都《おほざと》——みやこ「宮處の義《みやこノこあそこ》」。帝王の住ませらるる地の称、みさと。京。京城の所在地。(都)《おいかんむり》老

説文　従白—自の古文で息を出す義。米声(旅の古文)

(3)　りっぱな——立派、一派を立つる意かと云ひ、おごそかに麗しきこと。いかめしくみごとなること。厳美。

○りっぱな心こころ——美しい
○りっぱなからだ——つよい

(4)　さむらひ——さぶらひに同じ。武家に仕ふるもの。武士。親王・摂家・大臣以下の家人の称。さぶらふもの。

○さむい　○ねむたい　○さみしい
　さぶい　　ねぶたい　○さびしい
○すさぶ　は(ひ)(ふ)へほ
○すさむ　ま(み)(む)めも

(5)　考へる——心におもひはかる。勘考す。思案す。

(6)　針——シンハリ。↓釘。

(7)　かい——水をかいてはゆくからかい。艪に似て、小ク直ニシテ、ふなばたに掛け、水を搔きて、舟をやるもの。

(8)　川——

(9)　とのさま——殿様。主君貴人を尊び呼ぶ称。○とのさまがえる

(10)　けらい——家に仕ふるもの。家人、従者。大名、幕府直参の士の敬称。江戸時代。

(11)　おひめさま——貴人の娘の称。

(12)　おとも——おとも衆。室町幕府の制。将軍に近侍し、おなりのとき、ともをする役。○とも——みちづれ。後に従ふ人。とどりべ。従者。

(13)　つまむ——爪にてとる。指先にてはさみとる。はさみもつ。

(14) 一口に――一返《ママ》にくふこと
(15) つつく――しばしばつく。ついてはつく。つきつくの略。
(16) のどへ――のど。
(17) 鼻――もと自の字がハナの形を象りし字。畀は音符。
(18) 地面《ヂメン》――地の表面、又地所。清音チ、呉音ヂ。撥音・鼻音
　――地神・地獄・地盤。ぢめん――平地の表。一
区の地。地所。
(19) あわてて――うろたへさわぐ。俄におどろきてまどひさわ
ぐ。
(20) うち出の小づち――大黒天の手に持ちて居る槌の名。種々
の財宝衣食を、心のまゝにうち出すべ
しと云ふ。
(21) つち――物を打ちたゝくに用ふる具。頭は円柱形をなして、
横に柄をさしたるもの。
(22) せい――みのたけ。
(23) 行く――ゆく。いく――ゆくに同じ。

以上の語釈では、最初の授業に臨むという緊張感から、どの語句についても、辞書にあたっておかないと、安心することができなかったことを示している。また、語句の扱いについて、国民学校二年生に対して、どのようにすればいいのかも、まったくわかっていなかったことを示している。語い教育について、また、註解教育について、具体的にどのようにすればいいのかについて、まったくわかっていなかったのである。

〈5〉当時の附属国民学校教案用紙は、つぎのような記入様式になっていた。

科　学年組　科教案　昭和年月日　曜　時（自 時分 至 時分）				
授業担当者	大学高師（学科）		指導教官	大学高師附国小

（附国教案用紙）

「一寸法師」の教案草稿は、ノートにつぎのようにしるしている。

1題材――よみかた　三　十四　一寸ぼふし
2教材観
この教材は、よみかた三　に於ては、六牛わか丸　二十六うらしま太郎等と相聯関する国民説話――童話の一環である。前者が義経

伝説群から生れた武勇説話なるに対して、後二者は、室町（近古後期）に於けるお伽草子の群落から誕生したものである。これらは、「行きつまった現実から離れて、ほしいまゝに空想の世界をめぐらした所に」発現したものであり、「而して一面には教訓的要素が加へられて居る」（藤村作氏著「日本文学史概説」）

叙述の様式も三課それぞれ特色があるが、この課は全体を五節に分叙して、毎節粋を採りつゝ、次々と飛躍を重ねて、多くの暗示をひそめると共に、学習者の想像・空想の翼を思ふままに、飛翔させるやうに仕組まれてゐる。

一寸法師は、時と所とこそちがへ、神話の中の少彦名命様の如き地位を占めてゐる人物であると云ってもよい。それは、諧謔の中に、学習者のむせぶやうな共感を呼ばずにはおかない。大志、奮闘、栄誉、一つ一つが国民説話として、素朴にほゝゑましいものをもりあがらせてゐる。

さうして、非現実の世界が美しい倫理で貫かれてをり、而もその生々とした空想性・想像性の豊富さの故に、現実に強くひゞく力となるところにも、この教材の深さと汲めどもつきぬ味はひがあるやうに考へられる。この話の力瘤はこゝにあらねばならぬ。

3目的——「想像性を養はう」

この教材を通じて、かくの如き素朴且つ愉快な説話を生みつたへつづけて来た日本人特有の、あかるく、悲しみに屈せずたちあがるこころ、常に不撓阡仭、勇猛精進して、現実をたくましく拓いてゆく魂——しかもそれらがひろびろとした夢——につゝまれはぐくまれて咲いてゐる——このやうなこゝろねにひたらせ、それをよすがとして、かゝるこころね、魂を児童の胸によびさまさせたい。夢は、児童の独自のものである。しかもその夢は、この国のこのみおや達の血筋の上に抱かれ育てらるべきものである。日本人にふさはしい想像性の涵養と云へばことさらめく言葉になるであらうか。

4方法

一　通読（各個読み　三回）読む

二　あっさりと読みの検討と指導　特に新字に注意。

　寸　都　針　鼻　高く

三　話合ひ——筋・挿絵との聯携。

四　書く——段落の区別

五　読み——板書。機構↑

（三～五）←まとめる

六　節の把握

七　読み一回（斉読）——次への道——

5メモ

1　希望

　出発

2　さむらひ　都

　おとも

3　はらの中

4　地面へとびおりたところ

5

6　板書機構

　十四　一寸ぼふし

一　都へ　針の刀 ——りっぱなさむらひ——

二　都に　舟　かい　針の刀　おなかの中　も

三　針の刀　のどへ　も

四　鼻を　目へ　—も　—も　痛い

五　うち出の小づち　うち出の小づち　高くい

五　「一寸ぼふし」の授業

以上のように、「一寸法師」教材研究をし、教案を書いて、六月二日(火)第三時限に、最初の授業をした。

二年生の学力実態・学習状況については、まったくわからなかった。六月一日(月)、田上先生のご授業を二時間参観しただけであった。

生まれて、はじめて教壇に立つという気持で、わたくしはひどく緊張していた。

その時の座席配置は、次のようになっていた。

二部二年　田上組　座席表

教生の席

先生の机						
山内	田村	井田	林	横山	久保(男)	
土井	原	横田	伊達	森永	宮本	吉岡(女)
池田	平田	川瀬	新田	土井	小川	大槻(男)
江藤	德永	八幡	平塚	藤谷	荻野	中出(女)
三島	大上	中尾	松本	島	今井	村上(男)
桂	鬼武	寺原	山崎	倉田	秋山(女)	

出入口　出入口

教卓

教壇

黒板

はじめは、教卓の上にあった座席表によって指名したかと思う。はたして、わたくしの発問に、こどもたちがこたえてくれるであろうかという不安があった。あがってしまって、しどろもどろになるということはなかったが、教案にしたがって、かつかつすすめることができたというありさまであった。

具体的な指導過程については、記録をしていないので、くわしいことはわからない。

六　「一寸ぼふし」の授業への批評

放課後の、批評会で、田上先生は、まず、

1　師範を卒業したのか。

2　教壇に五六年立ってきたように思えるが、教壇経験はどうか。

3　芦田恵之助先生について学んだことがあるか。

この三つについて、たずねられた。わたくしは、これに対して、中学を卒業して高師にはいったこと、教壇に立ったのは、きょうが生まれてはじめてであること、芦田先生には、直接ご指導をいただいたことはなく、すべてそのご著書を通じて、学んだにすぎないことをこたえた。

その時の田上先生のご批評については、つぎのようにメモしている。

＜1＞固有名詞。
＜2＞芳賀矢一先生、国語調査会送仮名法。
　（向かふの山
　（向かうの山
　（生まれる
　（生む
＜3＞本からはなれる。
＜4＞一段
＜5＞左にかかせる。
＜6＞こゑ
＜7＞身体をなゝめにして板書する。
＜8＞一人に注視する時も、双眼の中に児を全部をさめてしまふ。
　▽。立脚地
＜9＞まなこをきかす。修練。『せみをポケットに入れて、なかせるこども』があったこともある。

以上のメモは、まったく断片的であって、尽くしていないが、田上先生には、やや低い声でしずかに批評していただき、指導していただいた。

余暇には、先生ご自身が、美しい水彩画（静物）をおかきになり、つぎつぎとこどもにくばっていらしたのを印象ぶかくおぼえている。

なお、この日の「日記」には、「はじめての教壇である。『一寸ぼふし』をあつかふ。前半はよく、後半はこしをれ。ガンバルベシ。」としるしている。なお、この日、仲田庸幸先生の「田舎教師の記」（新紀元社、昭和17年5月20日刊）を読みおわっている。

七　「一寸ぼふし」二回目の授業

つぎに、二日おいて、六月五日（金）第一時限に、「一寸ぼふし」の二回目を扱った。

この時の教材研究および教案草稿は、つぎのようにノートにしるしている。

＜1＞題材　よみかた　三　十四　一寸ぼふし（第五時）
＜2＞教材観　第一時教案参看
＜3＞本時の目的
本時までの取扱いに、前時に引続き読みを鍛へつつ、更に理解を深め、想像を拡げて、この物語を本文に即して、児童各自に諳誦させる。即ち、物語の理解から、物語の発表へ——物語を物語るところまで導いてゆく。

＜4＞方法

1　読み（一人一節宛三回）

2　話合ひ　前時までの補説をあたゝめながら、文表現の底に流れてゐる出場人物の気持を汲ませ探らせてゆく。

一、父母の気持。
二、川をのぼって行く一寸ぼふしの気持
三、都についた時の一寸ぼふしの気持
四、とのさまのけらいになったときの一寸ぼふしの気持
五、おひめさまのおともをしてたびに出たときの一寸ぼふしの気持
六、おにに向かった時の気持
七、おにに一口にのまれたときの気持、おなかの中の気持
八、「いたい、いたい」といった鬼の気持
九、おなかの中――のど――鼻――目――地面へとびおりたときの一寸ぼふしの気持
一〇、おにがにげたときの、おひめさまの気持とそのときのことば
一一、おにのあわてかた
一二、うちでのこづちをふって、せいがだんだん高くなったときの一寸ぼふしの気持。とのさまの気持
一三、だれにもまけない、りっぱなさむらひになったときの一寸ぼふし、父、とのさま、おひめさまの気持
一四、おにのあわてかた。もっとひどくあわてたのはいつか。

3　読み　物語る心情をねる。立読者以外は目を閉ぢる。一人五節一回。

4　諳誦　教壇上に立って、しっかり語らせる。本文通りでなくても、或はもっと詳しく話してもよい。

5　むすび

この第二回目には、児童の名前を全部おぼえて教壇に立った。批評会の時、田上先生からは、各部に小題目をつけるようにと言われた。

ノートには、つぎのようにメモしている。

一、都のぼり
二、とのさまにつかへる
　ひめのおとも　たびだち
三、おにのまれる
四、おにをたいじる
五、うちでの小づち

なお、この日の日記には、「第一時限、一寸法師をもった。先回より格段の進歩だと田上先生が仰言せになった。山内君のことばはきれいである。土井さんの笑顔はあいらしい。子供達と鬼ごっこをする。食事を共にする。」としるしている。

第二回目の授業は、「一寸ぼふし」の最終でもあって、各登場人物の気持を汲みとらせていこうとする話合いに重点をおいた。＜4＞

方法のうち、2話合いの、一四、おにのあわてかた。もっとひどくあわてたのはいつか。というのは、本文にはないけれども、鬼がうちでの小づちを忘れてきたことに気づいて、大いにあわてることを、読みとらせたいと考えてのことであった。

また、＜3＞本時の目的のところで、「物語の理解から、物語の発表へ――物語を物語るところまで導いてゆく。」というのは、「一寸ぼふし」の読解の発展として、位置づけようとしたものであった。しかし、言語教育としての自覚に立っていたのではなかった。

八　実地授業をささえていたもの

最初の授業を、ささえていたのは、芦田恵之助先生のご著書や古田拡先生のご著書を通じて、得ていたものであった。先生の教式・指導法についての、まったき理解をもつことはできなかった。けれども、国語の指導を実地にすすめるにあたって、しぜんによりかかっていたものであった。

わたくしの国語教育実践は、原理的に芦田恵之助先生に導かれ、田上新吉先生によって、直接のご指導をいただいたことによって、出発した。このことを、わたくしはしあわせなことだったと、しみじみ感謝せずにはいられない。

まったく夢中であったが、与えられた国語教育の経験課程を、いっしょうけんめいにすることができたのも、芦田先生や諸先生の、また、田上先生の、いちずなご精進ぶりに心をひらかれ、はげまされたことによる。こどもたちの名前を、四日間でおぼえてしまったのも、こどもたちとうちとけて、すごすことのできたのも、国語教育者へとスタートするのには、このうえもなくうれしいことであった。

九　国語教育への旅立ち

わたくしの国語教育への出発は、以上みてきたように、わが国の国語教育のすぐれた伝統にまもられていたと思う。そのすぐれた伝統の理解は不備であり、うけつぎは不十分であったとしても、かえりみれば、そのような伝統に導かれていたことを思わずにはいられない。

当時は、梅雨期も近づいていて、緊張とゆるみとが、こもごも気分をひたしていた。授業のない日には、気分もゆるみがちだった。しかし、できるだけの準備をし、くふうをして教室にのぞもうと努めた。また、学習者との親しみも深めて、教育にしたがうことのよろこびをあじわうことのできたのも、大きなみのりの一つだった。

ただ、田上先生のご批判をまとめて、くわしく記録することをおこたっているのは残念に思われる。また、他の教生の授業を参観して、その観察記録をのこしていないのも、惜しまれるのである。

一〇　芦田恵之助先生との出会い

芦田先生に、わたしがよそながらお目にかかったのは、戦後、昭和二五年六月二三日、東京都港区氷川小学校での、文化集会の席上であった。古田拡先生にも、この時はじめてお目にかかったのであった。

席上、大村浜先生が、しずかにあいさつをなさっていらした老先生――その先生こそ、うかがえば、芦田恵之助先生であった。

文化集会での、あの老先生が、芦田先生とわかった時の感動は、おさえがたいものであった。そして、そのままに、直接お教えをいただく機会はこなかった。それはよそながらお目にかかっただけの一期一会であったけれども、この一会から、わたしはどれほど深い力をえたことか。

二　みずからの国語教育実践の源流

わたくしのはじめての教壇は、幼稚未熟ながら、以上述べてきたような形ですすめられた。記録は一端にすぎず、また不備であるが、国語教育へ歩みを一歩ふみ出そうとして、心をこめて努めようとした自己の姿を思いうかべることができる。

それにつけても、最初の教壇を、芦田先生の恩頼に導かれて、たどたどしくも経験しているさまは、今にして、いっそう感謝の念にみたされながら、思いかえされる。

芦田先生に学ぶ、そのいとぐちが、この実習の授業からひらけてきたのである。自己の国語教育実践史を考える時、わたくしがいつも、その源流に、芦田先生の国語教育精神を仰ぐのも、ここに由来している。

三　みずからの国語教育実践の課題

わたくしの国語教育への出発は、芦田恵之助先生を源流とするわが国の国語教育の生きた伝統にまもられていたと思う。そのすぐれた伝統の理解は不備であり、うけつぎは不十分であったとしても、かえりみれば、やはり生きた伝統に導かれていたことを思わずにはいられない。

一期一会であっても、よそながらお目にかかっただけであっても、わたくしはその後もながく、先生のご著書に学びつづけている。そのうち、先生に学んだ最も大きいものはなんであろうか。それは、近代国語教育史のうち、とりわけ、国語教育精神史について、眼をひらいていただいたということである。国語教育精神史の、実践による形成と深化――これは、先生が身をもって示された境涯であり、また、わたくしどもにおのこしになった最大の課題であると思う。

先生のお示しになられた、国語教育精神史の深遠な大森林にわけいるのは、これからのことである。日本の、東洋の、国語教育精神史として、その特質をよく考えて、自己のこれからの実践に生かしていきたいと思う。

あとがき

本書に収めた諸稿は、昭和三二年（一九五七）五月に執筆した一編（第Ⅲ章）のほかは、昭和四三年（一九六八）秋から昭和四六年（一九七一）秋にかけて執筆し、発表したものばかりである。

各稿の発表誌（文献）名・発行所名・刊行年月等は、左のとおりである。

（題　名）	（所載文献・紀要）	（発行所）	（刊行年月）
Ⅰ　わたくしの国語教育実習個体史			
（1）第一節～第一一節	『国語科研究紀要』創刊号	広島大学教育学部附属中高等学校	昭和43〈'68〉年12月
（2）第一二節～第二〇節	『国語科研究紀要』第二号	広島大学教育学部附属中高等学校	昭和44〈'69〉年12月
（3）第二一節	『国語科研究紀要』第三号	広島大学教育学部附属中高等学校	昭和45〈'70〉年12月
（4）第二二節～第二四節	『国語科研究紀要』第四号	広島大学教育学部附属中高等学校	昭和46〈'71〉年12月
Ⅱ　国語科授業成立の過程と淵源 ―「平家の都落」を中心に―	『研究紀要』14	大下学園（広島市）国語科教育研究会	昭和44〈'69〉年12月
Ⅲ　国語教育経験課程の事例	『国語教育学研究』	白鳥社	昭和36〈'61〉年3月

（一部は、『回想の芦田恵之助』　実践社　昭和32〈'57〉年7月）

なお、第Ⅰ章所収の四稿〈前掲（1）～（4）〉の発表時の題目は、いずれも「昭和前期（一〇年代）の国語教育―教育実習を中心に―」であった。

教育実習における指導教官の示範授業に使用された教材をはじめ、教生として実地授業にとり上げた各種教材については、本書にこれらを引用収録させていただいた。また、教育実習に際して、附属中学校から配布された資料の類についても、これを収載させていただいた。関係方面にあつく感謝申し上げるしだいである。

本書に収めた諸稿の整理については、里村佳子さん（前広島大学附属中高等学校非常勤講師、現山口県立徳佐高校教諭）の助力を得た。記して、感謝の意を表したい。

昭和五六年八月七日

野　地　潤　家

本書第一刷の発行は、昭和五六年（一九八一）九月二〇日で、当時、私は広島大学教育学部に勤めていたが、爾来二〇年を経て、ここに第二刷を刊行することにした。本書と「野地潤家著作選集」（九八年、明治図書刊）所収の個体史関係（第一巻～第四巻）の報告を、あわせご覧いただければ幸甚である。

平成一三年（二〇〇一）二月七日

＜著者紹介＞

野　地　潤　家（のじ・じゅんや）

大正９（1920）年，愛媛県大洲市生まれ。
昭和20（1945）年，広島文理科大学文学科（国語学国文学専攻）卒業。
愛媛県立松山城北高女教諭，広島高等師範学校教授・広島大学教育学部附属小学校長（併任）・同附属中高校長（併任）・同附属学校部長（併任）・同教育学部長・鳴門教育大学教授・同副学長・同学長を経る。

現在　広島大学名誉教授，鳴門教育大学名誉教授，教育学博士

専攻　国語教育学―国語教育原論・同各論・国語教育史・国語教育学史―

主著　「話しことばの教育」（昭和27)，「教育話法の研究」（昭和28)，「国語教育個体史研究」（３冊，昭和29)，「国語教育」（昭和31)，「国語教育学研究」（昭和36)，「作文教育の探究」（昭和47)，「国語教育原論」（昭和48)，「幼児期の言語生活の実態Ⅱ」（昭和48)，「読解指導論」（昭和48)，「国語教育学史」（昭和49)，「国語教育通史」（昭和49)，「幼児期の言語生活の実態Ⅲ」（昭和49)，「話しことば学習論」（昭和49)，「作文指導論」（昭和50)，「幼児期の言語生活の実態Ⅳ」（昭和51)，「国語科授業論」（昭和51)，「幼児期の言語生活の実態Ⅰ」（昭和52)，「個性読みの探究」（昭和53)，「わが心のうちなる歌碑」（昭和55)，「話しことば教育史研究」（昭和55)，「国語教育実習個体史」（昭和56)，「国語教育の創造」（昭和57)，「綴方教授の理論的基礎」（昭和58)，「芦田恵之助研究」（３冊，昭和58)，「国語教育の根源と課題」（昭和59)，「国語教材の探究」（昭和60)，「国語教育の探究」（昭和60)，「大村はま国語教室の探究」（平成５)，「古文指導の探究」（平成８)，「国語科教育・授業の探究」（平成８)，「教育話法入門」（平成８)，「野地潤家著作選集」（12冊，別冊１，平成10)

編著　「作文・綴り方教育史資料(上・下)」（昭和46)，「世界の作文教育」（昭和49)，「国語教育史資料」第一巻理論・思潮・実践史（昭和56)，「国語教育史資料」第６巻年表（昭和56)

国語教育実習個体史

定価　三、五〇〇円

昭和五六年九月二〇日　初版発行
平成一三年三月一〇日　第二刷

著者　野地潤家
発行者　木村逸司
発行所　株式会社　溪水社
広島市中区小町一―四
電話　(〇八二)二四六―七九〇九
振替　広島一―八二八二

ISBN4－87440－644－0　C3081